工业和信息化普通高等教育 "十四五"规划教材立项项目 | 职业教育**经济管理类** 新形态系列教材

广告实务

理论、案例与实训

ECONOMICS AND MANAGEMENT

李东进 / 主编

武奇 吴春 肖念 / 副主编

人民邮电出版社

北京

图书在版编目（CIP）数据

广告实务：理论、案例与实训：微课版 / 李东进
主编. -- 北京：人民邮电出版社，2023.10（2024.6重印）
职业教育经济管理类新形态系列教材
ISBN 978-7-115-62043-9

Ⅰ．①广… Ⅱ．①李… Ⅲ．①广告学－职业教育－教
材 Ⅳ．①F713.80

中国国家版本馆CIP数据核字(2023)第115024号

内 容 提 要

　　本书采用项目式编写体例，以任务驱动为主线，以学以致用为原则，注重案例和实训教学。本书系统介绍广告学的基础理论与实务，共 4 篇 10 个项目。本书主要内容包括广告概述、广告媒体策略、广告调查、广告创意、广告文案、广告设计与制作、广告效果、广告模特、网络广告和广告监管等。本书应用型特色鲜明，内容丰富，书中设置了项目情境导入、项目分析、项目学习任务书、任务引入、相关知识、任务实训、微课堂、课堂讨论、知识链接、延伸学习、思考题、案例讨论等模块。本书注重技能训练，强调对学生解决实际问题能力的培养。

　　本书既可作为应用型本科院校及各类职业院校广告学课程的教材，也可作为相关从业人员的学习参考书。

　◆ 主　　编　李东进
　　副主编　武　奇　吴　春　肖　念
　　责任编辑　刘向荣
　　责任印制　李　东　胡　南

　◆ 人民邮电出版社出版发行　　北京市丰台区成寿寺路 11 号
　　邮编　100164　电子邮件　315@ptpress.com.cn
　　网址　https://www.ptpress.com.cn
　　北京市艺辉印刷有限公司印刷

　◆ 开本：787×1092　1/16
　　印张：12　　　　　　　　　　2023 年 10 月第 1 版
　　字数：328 千字　　　　　　　2024 年 6 月北京第 2 次印刷

定价：49.80 元

读者服务热线：(010)81055256　印装质量热线：(010)81055316
反盗版热线：(010)81055315
广告经营许可证：京东市监广登字 20170147 号

前　言

PREFACE

随着信息技术的不断发展及应用型本科院校和职业院校教育培养方式的转变，微课、在线教学、任务实训等学习形态越来越受到广大师生的青睐。本书结合应用型本科院校和职业院校的教学特点，将广告学的理论知识与广告活动的实践训练进行整合，具有较强的实用性和一定的创新性。

本书采用项目式编写体例，以任务驱动为主线，以学以致用为原则，注重案例教学和实训教学。本书在吸收同类优秀教材精华的基础上，在内容设计和体系设计方面均进行了优化。

在内容设计方面，本书将内容划分为 4 篇，分别为基础篇、媒体篇、运作篇和专题篇。其中基础篇主要介绍广告的含义、构成要素、分类、作用、组织系统及我国广告的发展历程，目的是为后续学习奠定基础。媒体篇对广告媒体及广告媒体策略进行阐述，内容包括广告媒体类别、广告媒体的选择策略、广告媒体的组合与发布策略等。通过对本篇的学习，读者可以对广告媒体和广告媒体策略有全面的了解。运作篇是本书的重点，包括实施广告调查、探究广告创意、创作高水平的广告文案、设计与制作广告和评估广告活动的效果等 5 个具体的学习项目。通过对本篇的学习，读者可以对广告活动的一般流程和运作实务有全面的了解，为今后从事广告实践工作打下坚实的基础。专题篇是对全书内容的补充和完善，包括解读广告模特、开展网络广告活动，以及遵守政府、行业及社会对广告的监管等 3 个学习项目。本篇知识可以帮助读者更好地在新的媒体环境和监管环境下开展广告活动。

在体系设计方面，本书采用了项目-任务驱动编写模式。全书共 10 个项目，每个项目下设若干具体的学习任务。各项目设置了项目情境导入、项目分析、项目学习任务书、任务引入、相关知识、任务实训、微课堂、课堂讨论、知识链接、延伸学习、思考题、案例讨论等模块。本书注重技能训练，强调对学生解决实际问题能力的培养。此外，本书还通过二维码技术对数字化教学资源与纸质教材进行同步建设，大大拓展了学习空间。

本书在编写过程中融入了价值教育，通过案例分析、课堂讨论等形式，帮助学生树立正确的广告价值观。

本书提供丰富的配套教学资源，包含 PPT 课件、补充教学案例、教学大纲、电子教案、题库、课后思考题答案、辅助教学视频、补充阅读资料等，并将持续更新。用书教师登录人邮教育社区（www.ryjiaoyu.com）关注本书并认证后即可下载。

本书由李东进担任主编，武奇、吴春、肖念担任副主编，在编写过程中得到了企业界朋友的大力支持，在此深表感谢。本书参考了众多专家、教师和读者的宝贵建议，在此向他们表示最诚挚的谢意！

鉴于编者学识有限，书中难免有不足之处，敬请广大读者批评指正。

编者

2023 年 8 月于南开园

目　录
CONTENTS

第一篇　基础篇

第二篇 媒体篇

第三篇 运作篇

第四篇 专题篇

第一篇

基础篇

导语： 广告是企业促进销售、塑造品牌形象的重要手段之一。企业开展市场营销活动，离不开广告的支持。本篇为全书的基础篇，包括 1 个学习项目，下设 4 个任务，具体内容包括广告的含义、广告的构成要素、广告的分类、广告的作用、广告组织系统及我国广告的发展历程等。对本篇的学习能够帮助我们了解广告的含义与构成要素，正确认识广告的分类，熟悉广告的作用与广告组织系统，并充分了解我国广告的发展历程。

形成广告印象

 项目情境导入

2022 年 5 月中旬，一个沙县小吃的文旅创意广告片上线，并迅速在网上引发热议。"沙县小吃终于有广告啦！福建省文旅厅带着沙县小吃'支棱'起来了。"有人这样评价道。

该片为福建省文化和旅游厅委托，东南卫视主导，真传有道制作的特别文旅宣传片。该片之所以能够引发热议，除了因为沙县小吃本身受欢迎，更多是因为其采用创新的拍摄手法制作，大胆起用搞笑、偶像剧、王家卫等风格，向网友们呈现了福建各地的美味佳肴。

这支广告片将为全国人民熟知的沙县小吃作为主角，融入地方文化旅游特色，直观展现福建美食的多样性和丰富性，唤醒福建的"福味"文化，用更有创意的方式传播家乡之美，在创意策划和内容输出上都是一次品牌年轻化的尝试。

问题：结合本案例，请谈谈你对广告的初步认识。

 项目分析

在当前的市场经济时代，商品日渐丰富，同类商品间的竞争日趋激烈，"酒香不怕巷子深"的传统经营观念已不再适用。为了赢得有利的市场地位，企业需要借助广告的力量开展有效的营销活动。

那么，什么是广告？广告由哪些要素构成？广告该如何分类？广告的具体作用体现在哪些方面？广告组织系统是什么？我国广告的发展历程如何？本项目将对以上问题进行解答。

 项目学习任务书

本项目学习任务书如表 1-1 所示。

表 1-1　项目一学习任务书

任务编号	任务主题	需要掌握的知识点	技能目标	建议课时数
任务一	了解广告的含义与构成要素	广告的含义； 广告的构成要素	准确理解广告的概念	0.5
任务二	熟悉广告的分类与作用	广告的分类； 广告的作用	正确区分广告的类别并理解广告的作用	1.0

续表

任务编号	任务主题	需要掌握的知识点	技能目标	建议课时数
任务三	了解广告组织系统	广告组织系统的构成； 广告主； 广告公司； 媒体广告组织； 广告团体	了解广告组织系统的构成与运行	1.0
任务四	了解我国广告的发展历程	我国古代广告； 我国近代广告； 我国现代广告	对我国广告的发展历程有清晰的认识	0.5

任务一 了解广告的含义与构成要素

任务引入

广告学课程下学期就要开课了，立志今后从事广告职业的市场营销专业大二学生小孙对此非常期待。为学好这门课程，小孙提前买好了教材，打算在开课前先自学一下。可小孙翻开教材第一页后就感到了困惑：教材中居然列举了这么多的广告定义，而且这些定义还各不相同。小孙看完后掩卷长思：广告学到底是一门什么样的学科？为何时至今日广告仍未有统一的定义？小孙盼望着尽快开课，他要带着疑问向老师当面请教。

问题：如果你是小孙的广告学课程老师，你将如何为小孙答疑解惑？

相关知识

一、广告的含义

广告一词来源于拉丁语 "adverture"，其原意是吸引人注意、诱导和披露。在英文环境中，人们常用 "advertising" 来指代广告，与之类似的词语还有德语的 "reklame"、法语的 "relame" 和拉丁语的 "clame" 等。

广告的定义有多种，并随着时代的发展而不断变化。1932 年，美国《广告时代周刊》征求广告定义，最后将广告定义确定为："广告是个人、商品、劳务、运动，以印刷、书写、口述或图画为表现方法，由广告主出费用做公开宣传，以促成销售、使用、投票或赞成为目的。" 1948 年，美国市场营销协会（American Marketing Association，AMA）对广告做了如下定义："广告是可确认的广告主以有偿的方式进行的有关构思、商品、服务的非个人接触的提示或促销。" 这一定义强调了广告的促销功能。1992 年，博韦和阿伦斯从综合的角度对广告做了如下定义："广告是可确认的广告主通过不同的媒体传递有关商品、服务或思想信息的事实上劝说性的传播，而这一传播一般是付费的，是非个人接触的。"

学术界对广告的定义有狭义和广义之分。广义的广告是指一切面向目标受众的告知行为，即所谓的"广而告之"，它不仅包含商业性质的广告，也包含非商业性质的广告。而狭义的广告是指商业广告，是指商品经营者或服务提供者为促进商品销售，支出一定的费用，通过各种媒体向目标受众传递商品或服务等有关的经济信息的大众传播活动。

综上，从市场营销的角度可将广告简单定义为：所谓广告，是指可确认的广告主为了促进商品交换或树立企业及品牌形象，主要以付费的方式，通过各种媒体所进行的单向或双向的营销传播活动。

此定义主要强调以下 5 点。

（1）广告的目的具有多重性，除了促进商品的交换外，还包含树立企业形象等其他目的。

（2）广告是可确认的广告主的活动。在广告中，广告主不能用歪曲的方式表示自己的身份，且广告主的身份必须是确定的。

（3）广告一般是以付费的方式进行的。但这并不是说所有的广告都需要支付费用。例如，企业可以通过自己的网站免费发布广告。

（4）广告是通过各种媒体以单向或双向的方式进行的。广告主可以借助传统媒体进行单向的信息传递，也可以利用网络等新兴媒体实现信息的双向传播。

（5）广告是营销传播活动。广告是市场营销的重要组成部分，是实现营销目标的有效手段。广告活动要在营销计划的框架下进行。

二、广告的构成要素

广告的构成要素即广告活动的基本组成单位，主要包括广告主、广告信息、广告费用、广告媒体、广告公司和广告受众等。

（一）广告主

广告主是广告活动的行为主体，包括各类组织和个人。为了促进商品的交换，广告主需要设计、制作并在各种媒体上发布广告。通常情况下，广告主会将广告业务外包，委托广告公司代为完成。广告主支付广告费用，对广告发布具有一定的支配权，在整个广告活动中居于主导地位。同时，广告主也是广告的责任主体，需要对所做广告承担相应的法律责任。

（二）广告信息

广告信息是指广告主所传递的广告内容，包括商品或服务的信息以及广告主的某种主张或理念。广告主对广告信息的发布具有决定权，广告公司创作的广告作品必须得到广告主的认可后方能在广告媒体上发布。

（三）广告费用

广告费用是广告主开展广告活动所需支出的各种费用，包括广告调研费、广告设计费、广告制作费、媒体发布费等。广告费用的多少取决于多种因素，如广告媒体的地位和影响力、广告发布时间段及持续时间的长短、版面的位置和大小、广告发布的频率、广告制作的复杂程度等。如今，一些广告主为了吸引受众的关注，热衷于请名人代言，由此产生的代言费也是一笔巨大的开支。

（四）广告媒体

广告媒体既是广告信息的载体，又是联结广告主和广告受众的纽带。没有广告媒体，广告内容就无从展示，因此广告媒体在广告运作系统中具有极为重要的作用。

广告媒体种类很多，传统的广告媒体主要有电视、广播、报纸、杂志、户外屏幕等。如今，以互联网为代表的新媒体异军突起，对传统广告媒体产生巨大冲击，已经成为当今毫无争议的第一大广告媒体。

（五）广告公司

广告公司，俗称广告代理商，是指专门从事广告业务活动的企业。广告公司为广告主提供广告调查、策划、设计、制作、发布等多项服务，并从中获取收益。经济高度发达的城市，往往也是广告公司云集的地方，如美国的纽约、日本的东京和英国的伦敦等。

我国广告公司在 20 世纪 80 年代初期获得了良好的发展契机，一部分广告公司快速成长，取得了良好的业绩。

（六）广告受众

广告受众是广告信息的传递对象，可以是组织和群体，也可以是个人。广告信息只有有效传递给广告受众并为广告受众所接受，广告活动的目标才有可能实现。正如广告大师李奥·贝纳所言："一个广告在没有印刷出来、没有播放出来、没有张贴出来时，或在一切应该刊播的方式应用之前，以及在已经刊播出来但没有发挥传播作用时，都不能称为真正的广告。"因此，在广告活动中，企业应该重视对广告受众的研究，策划和创作出广告受众乐于接受的广告作品，同时要选择广告受众方便接收信息的媒体。

 任务实训

1. **实训目的**

掌握广告与广告类似用语的区别。

2. **实训内容及步骤**

（1）以小组为单位成立任务实训团队。

（2）各任务实训团队搜集与广告类似的用语。

（3）分析各种与广告类似用语的特点，并从传递的主体、目的、费用和目标受众的接触方式等方面分析其与广告的不同。

（4）根据分析结果，撰写实训作业。

（5）提交实训作业到班级学习群，由课代表组织同学们在线讨论。

3. **实训成果**

实训作业——广告与广告类似用语的区别。

任务二 熟悉广告的分类与作用

任务引入

小孙在自学广告的分类时又产生了新的困惑。他觉得教材中有关广告类别的划分过于杂乱。一是划分的标准过多，按照不同标准划分的广告类别存在交叉，如按照媒体划分的某一广告类别既可能是按照目的划分时的营利性广告，也可能是非营利性广告。二是按照每种标准划分的广告类别都不足以反映该类广告的特征，如按照媒体，广告可分为电波广告、印刷品广告、户外广告、网络广告等，这只能区分广告传播媒体的不同，并不能体现广告在目的、受众对象等方面的区别；而按照目的，广告可分为营利性广告和非营利性广告，这种划分方法虽然区分了广告的目的，但又无法区分广告的传播媒体和广告的受众对象；同样，按照受众对象划分也存在类似的不足。因此，小孙想找到一种更好的广告分类方法，以弥补上述分类方法的不足。

问题：你觉得小孙的想法可行吗？请说明你的理由。

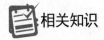相关知识

一、广告的分类

在电波媒体出现之前，报纸和杂志是最主要的广告媒体。被誉为"现代广告之父"的阿尔伯特·拉斯克把广告称为"印刷品上的推销人"（salesman in print），正是基于这一原因。如今，新的广告媒体不断涌现，广告信息的传播方式呈现新的特征，广告的形式和种类也日趋多样化。

广告的分类方法很多，常见的主要有以下几种。

（一）根据媒体进行分类

根据媒体对广告进行分类是最常见的分类方法，采用此种分类方法可以将广告分为以下 7 类。

1. 电波广告

电波广告是指主要通过电波手段来传递广告信息的广告形式，主要包括电视广告和广播广告，电视和广播均属于传统的四大广告媒体。此外，电影广告和用幻灯片播放的广告亦属于电波广告。

2. 印刷品广告

印刷品广告是指主要通过印刷品传递广告信息的广告形式，其载体包括报纸、杂志、招贴、函件、册子、日历、产品目录、传单等。其中，报纸和杂志也都属于传统的四大广告媒体。

3. 户外广告

户外广告是指通过存放于开放空间的媒体而发布的广告。户外媒体主要有交通类和建筑类两种。户外广告的发布媒体具体包括户外的电子显示屏、悬挂在建筑物上的大型广告牌、霓虹灯、专门设置在公路旁及重要交通路口的路牌、流动广告车，以及车体、船体内外等。

4. 网络广告

网络媒体是指在各种数字技术和网络技术的支持下，通过计算机、智能手机、数字电视等各种网络终端，向用户提供信息和服务的传播形态。网络广告是继报纸、广播、电视等传统媒体广告之后兴起的一种全新的广告形式，近年来获得了飞速的发展。2015 年我国网络广告的收入就已超过了传统四大广告媒体的收入总和。另据 QuestMobile 发布的数据，2022 年我国整体广告市场出现 9.4% 的下滑，但互联网广告市场依旧增长了 1.4%，突破 6600 亿元，视频、社交媒介广告容量均出现明显提升。

5. 直接邮递广告（direct mail advertising，DM）

直接邮递广告是指直接将印刷品、录像带、影碟，甚至产品实物等寄送给广告受众对象的广告形式。在国外，直接邮递广告是一种非常常见的广告形式。1998 年，美国直接邮递广告费用达到 392 亿美元，直接邮递广告成为与无线电视广告并列的第二大广告形式。但近年来随着网络媒体的兴起，直接邮递广告逐渐被电子邮件（E-mail）广告等新兴的广告形式所代替，影响力已经大不如前。

6. 售点广告（point of purchase advertising，POP）

售点广告是指在销售现场所做的广告（见图 1-1），它是购物场所内外悬挂、设置的一切广告的总称。从建筑物外悬挂的巨幅旗帜，到商店内外的橱窗广告、商品陈列、商品的价目表及展销会等，都属于售点广告的范畴。

7. 其他广告

此外，还有许多利用其他媒体发布广告信息的广告形式，如利用飞艇等飞行物悬浮标语（见图1-2），喷洒烟雾组成特定图案的空中广告；利用包装物和手提袋传播广告信息的包装广告等。这些媒体丰富了广告媒体的形式，也发挥了较好的作用。

图1-1　超市里的加多宝售点广告　　　　　　　图1-2　固特异轮胎做的空中广告

（二）根据广告主进行分类

根据传递广告信息的主体即广告主进行分类，广告可以分为以下 3 种。

1. 制造商广告

制造商广告（manufacturer's advertising）是指直接生产或制作产品的广告主所做的广告。

2. 中间商广告

中间商广告（retailer's advertising）是指商业批发企业或零售商所做的广告。

3. 合作广告

合作广告（cooperative advertising）是指由经销商制作，制造商共同承担部分费用的广告。

（三）根据受众对象进行分类

根据受众对象的不同，广告可以分为消费者广告和商务广告。

1. 消费者广告

消费者广告（consumer advertising）是指以最终消费者为受众对象的广告，一般使用大众媒体。在全部广告活动中，这类广告占有较大的比例。我们平常接触的广告大都属于此类。

2. 商务广告

商务广告（business advertising）以企业为受众对象，主要通过专业媒体进行发布。商务广告又可分为主要针对工业企业，以原材料、生产设备为主要广告内容的产业广告，以及主要针对批发商、零售商等商业流通企业，以商品交易为主要广告内容的商业广告。

（四）根据内容进行分类

按照广告内容的不同，广告可以分为产品广告和非产品广告。

1. 产品广告

产品广告（product advertising）是指企业为吸引消费者直接购买产品，而突出产品本身的性能、特点及价格等方面优势的广告。

2. 非产品广告

非产品广告（non-product advertising）是指企业为提升知名度和美誉度及树立良好的社会形象而做的广告。非产品广告不直接宣传产品，而是传递企业的精神、理念等，以在消费者心目中树立良好的形象，所以这类广告也被称为企业形象广告。

（五）根据目的进行分类

按照目的，广告可以分为营利性广告和非营利性广告。

1．营利性广告

营利性广告（commercial advertising）也叫经济广告，是指以谋求利润为目的的广告。企业所做的大部分广告都是营利性广告。

2．非营利性广告

非营利性广告（non-commercial advertising）的目的不是谋求利润，而是表明立场、态度及对社会问题的关切。公益广告是其中最主要的一种。

公益广告的目的是以倡导或警示等方式把有关社会公众利益的信息或社会公众关心的信息传递给社会公众。因此，公益广告更容易引起社会公众的共鸣，能够起到营利性广告所无法替代的作用。

与一般的营利性广告相比，公益广告有以下特征。

（1）公益性。公益广告最显著的特征是公益性，公益广告是纯粹的"公益服务广告"，其中不含有任何商业目的。公益广告虽然也具有诱导性，但是其内容均围绕社会公众的利益，而不是广告主的利益。

（2）义务性。从事公益活动、履行社会责任是每个社会组织应尽的义务。公益广告虽然与广告主的利益无直接关系，但能够体现广告主对社会公益事业的责任和义务。

（3）社会性。公益广告的主题及公益广告所产生的效益带有显著的社会性。公益广告存在深厚的社会基础，取材于社会公众的日常生活，再以鲜明的立场、健康的方式实现正确引导，解决的是与社会公众生活息息相关的社会问题。请看下面一则公益广告"光盘行动"（见图1-3）。

（4）大众性。公益广告的受众对象是最广泛的社会公众，这类广告是面向全体社会公众的信息传播。公益广告从性质上讲是公众服务类广告，从内容上讲是社会性题材广告，从目标上讲是宣传教育类广告，这些都决定了公益广告具有最大的受众面。

下面一则公益广告"常回家看看"（见图 1-4），表现了一家三口在瑞雪纷飞的寒冬即将踏进老人家门的那种喜悦的心情，提醒年轻人即使工作再忙也不能忘记亲情，要多回家看看老人。

图1-3 "光盘行动"公益广告　　　　　　　　图1-4 "常回家看看"公益广告

（5）教育性。公益广告以广告的表现手法和独特的艺术魅力，对社会公众产生教育作用，负有教育使命。

公益广告寓宣传教育于情理之中，以倡导、鼓励、规劝、警醒，甚至批评等方式引起社会公众的共鸣，从而实现一般教育所不及的社会效应。图1-5和图1-6所示为交通安全公益广告图片，目的在于警示人们"驾驶时拨打电话是一件非常危险的事情",这两张图中虽然没有血腥的画面,但足够触目惊心。

图1-5 交通安全公益广告1

图1-6 交通安全公益广告2

 案例

江西消防的公益广告

黑色老爷车、有轨电车、大公报和旗袍女子……这些元素组合在一起,往往能营造出往昔大上海的街头氛围,不由得让人想起电影《上海滩》里的场景。2020年江西消防推出的公益广告中便融入了这些元素,该广告在让人好奇的同时,再次"刷新"了人们对消防宣传的认知。

在人们的印象中,消防宣传往往注重反复讲道理,虽然说的都是正确的话,但很难让人记住。而江西消防发布的一支防火公益广告《我的店铺,为啥不能住?》(见图 1-7),却通过一则小故事,向人们揭示了"店铺住人"导致的安全隐患,让人印象深刻。

图1-7 《我的店铺,为啥不能住?》公益广告画面截图

短片讲述了民国时期一位店老板因长期住在自己的店铺中而被邻居轰赶的故事。短片中,店老板遛完鸟回店,看到别人正将他的东西往外扔,原来是邻居认为其"店铺住人,害人害己",要求店老板赶紧"搬走"。

这位店老板不想搬,请正好路过的女房东为他做主,女房东顺势用他手里的鸟笼打了个比方,"店铺住人,犹如这笼中鸟",言下之意一旦遇到火灾,全家都跑不了,吓得老板赶紧搬家。

案例分析

比起注重知识输出的传统防火公益广告，江西消防发布的这支公益广告在信息密度上肯定有所不及，但在受众注意力被极度分散的当下，通过娱乐化的民国影视故事情节吸引受众注意力，进而让受众对主题内容产生深刻印象，不失为一种成功的宣传策略。

（六）根据产品生命周期进行分类

在产品生命周期的不同阶段，企业常采用不同的广告策略。例如，在产品引入期，企业发布广告的主要目的是通过向消费者介绍产品，让消费者尽快了解和认识产品，所以企业一般采取认知性的广告策略。具体而言，根据产品生命周期进行分类，广告可以划分为认知性广告、竞争性广告和提醒性广告 3 种。

1. 认知性广告

认知性广告（awareness advertising）通过向消费者介绍产品的性能、用途、价格等，促进消费者加深对产品的认知，并产生初步的需求。

2. 竞争性广告

竞争性广告（competitive advertising）是一种以说服为目的的广告，通过有效的说服手段促使消费者加深对某品牌产品的印象，进而刺激其产生需求。

3. 提醒性广告

提醒性广告（remind advertising）也叫备忘性广告，是指针对消费者已有使用习惯和购买习惯的产品，提醒他们不要忘记这种产品，刺激其重复购买的广告。

（七）根据诉求进行分类

广告诉求是指通过广告传播来促使消费者认知和行动的，也就是广告诉说有关内容，促使消费者按广告内容指示采取行动。根据诉求，广告可分为感性广告和理性广告。

1. 感性广告

感性广告（emotional advertising）也叫情感广告，是指广告内容的选择主要从感性的角度出发，寻求产品特色与消费者情感之间的共鸣。感性广告可分为以下两种。①愉悦感性广告。这类广告着重运用富有人情味的诉求，吸引消费者为获得幸福感去购买广告宣传的产品。多数产品广告会采用这种方式，如温馨广告、幽默广告等。②恐惧感性广告。这类广告强调不幸情景，促使消费者为预防或阻止其出现而购买广告宣传的产品。药品、保险等广告多用这种方式，如严重性广告、恐惧广告等。

 案例

"100 年润发" 经典广告

"如果说人生的离合是一场戏，那么百年的缘分更是早有安排。青丝秀发，缘系百年。"多年过去，我们依然会被"100 年润发"广告所感动。

"100 年润发"广告堪称中国广告史上"文化"与"商业"完美结合的典范。在京剧的背景音乐声中，该广告为观众讲述了一段温婉感人的爱情故事。演员的精彩表演将广告中男女主人公从相知相恋到离别重逢，再到牵手一生的丰富的情绪淋漓尽致地展现了出来（见图 1-8）。尤其是男主人公一往情深地给女主人公洗头的一幕，更是让人久久不能忘怀。

图1-8　"100年润发"广告截图

"100年润发"是当时名不见经传的重庆奥妮化妆品有限公司的洗发产品。借助这则广告，该产品迅速走红。当时的一项调查显示，众多观众被广告中的故事情节和演员的表演深深打动，广告刊播后为该公司创造了近8亿元的销售收入。这不能不说是中国广告史上的一个奇迹。

案例分析

"100年润发"广告道尽了人们对美好事物的向往，是意境与情感、商业与文化、品牌与明星完美融合的典范。该广告将中国夫妻从青丝到白发、相好百年的山盟海誓都融入产品之中，定位独特，传统文化气息浓郁，堪称具有中国传统文化特色的经典广告之作。

2. 理性广告

理性广告是指主要从理性的角度出发，直接陈述产品的好处或产品能给消费者带来的利益，从而促使消费者产生理性购买行为的广告。理性广告主要有产品提示性广告、比较广告等。

（八）根据传播范围进行分类

按照传播范围的不同，广告可分为以下3类。

1. 全国性广告

全国性广告是选择全国性媒体，如全国性的报纸、杂志、电视、电台等所进行的广告活动形式。这类广告以全国市场为目标市场，所以根据全国市场的特点进行设计与制作。同质性较强的产品及在全国范围内销售的品牌产品，可能会更多地采用这类广告。

2. 区域性广告

区域性广告是选择区域性媒体所进行的广告活动形式。由于我国幅员辽阔，各地区之间经济发展不平衡，消费水平也有较大的差距，所以许多产品不以全国市场为目标市场，而是在区域市场内销售。因此，大量广告是针对此类市场的特点进行设计与制作的。区域性广告与全国性广告相辅相成、各具特色，从而可以优化总体广告效果。

3. 国际广告

国际广告是选择国际媒体所进行的广告活动形式。国际广告又可分为标准化国际广告和本土化国际广告。标准化国际广告是把同样的信息传递给各国市场的广告形式，这种广告要求忽视各国市场的个性，强调各国市场需求的一致性。本土化国际广告是指通过向不同的国家传递不同的信息，强调各国市场的差异性。采取哪种国际广告形式，实际上是国际广告策略的选择问题。

二、广告的作用

（一）广告对市场经济发展的作用

在理想的市场环境下，有限的社会资源是按照市场需求进行合理配置的。但要实现这一目标，必须先实现全面的信息传播，而广告在实现信息传播的过程中起着非常重要的作用。广告活动使社会资源能够在更大的市场范围内进行优化组合，在更有效率的条件下进行配置，从而有力地促进市场经济向更高的发展阶段迈进。

（二）广告对企业生存和发展的作用

1. 广告是企业获取竞争对手信息的重要途径

在竞争日趋激烈的市场环境下，企业要想在竞争中求得生存和发展，就必须充分掌握大量的市场信息，做到"知己知彼，百战不殆"。在广告传播过程中，任何一家企业都会在一定程度上将自己的经营理念、市场定位、产品特色、渠道、价格策略等重要信息通过广告传播给目标受众，以此来吸引受众关注并进而购买企业的产品。因此，企业可以根据竞争对手的广告活动，获取大量有价值的信息，从而有效制定自身的经营策略。

2. 广告有助于提高企业的知名度和美誉度

企业知名度和美誉度的提高是一个较为漫长的过程，需要企业长期不懈的努力。一旦美誉度建立，企业就拥有了一项重要的无形资产，这是企业发展的巨大财富。在此过程中，广告往往发挥关键性作用。例如，我国的海尔公司一贯重视对企业形象的广告宣传，因而在市场中拥有良好的口碑，其"真诚到永远"的服务理念深入人心。

3. 广告支持业务人员进行销售活动

业务人员是直接与消费者打交道的企业员工。业务人员业绩的好坏，与企业的广告活动密切相关。良好的广告活动能够帮助业务人员顺利实现销售目标。

4. 广告能够帮助企业降低成本，增加收益

广告活动有助于企业提高产品销量，实现规模经营，从而有效降低成本。成本的降低，可以使企业在同样的价格水平下获得更多的利润。

5. 广告有助于增强企业的竞争意识

市场经济是竞争经济，企业的一切策略都归因于竞争。竞争推动企业关注市场信息，加强技术开发，注重营销策略及内部经营管理。自1978年我国实施改革开放以来，国内企业的竞争意识不断加强。在这一过程中，广告起到了巨大的作用。我们无数次见证了这样的案例：一家默默无闻的小企业通过广告提高了知名度和产品销量，从而迅速发展壮大，最终成为一家大企业。相反，一些原本具有较强实力的企业坚信"酒香不怕巷子深"的说法，从不注重广告宣传，因而最终被市场无情淘汰。

不过值得注意的是，广告并非企业的万能良药，获得央视广告"标王"称号也不能保证企业的经营一帆风顺。1995—2017年，央视总共诞生了17位广告"标王"（有企业多次上榜，所以广告"标王"企业数不到23），其中现在已经销声匿迹或出现经营危机的企业超过了1/3。曾经风光无限的秦池、爱多、步步高等品牌，早已成了明日黄花。目前现在还在正常运营的广告"标王"企业到底从当年"标王"的身份中获取了多少收益，投入与产出是否对等，实在难以统计，但是多家广告"标王"企业走向衰落确是不争的事实。

（三）广告对消费者的作用

1. 广告是消费者获取商品信息的重要渠道

随着广告媒体的飞速发展和广告制作水平的不断提高，广告信息的渗透力和影响力都在进一步增强，广告很自然地被消费者作为获取商品信息及知识的重要途径。

2. 广告影响消费者的消费观念、消费行为和消费结构

广告信息往往是具有时代感和流行性的，而崇尚流行和求美尝新是消费者共有的心理偏好。因此，广告的示范作用自然会影响人们的消费观念，从而导致其消费行为乃至整个消费结构发生变化。

例如，戴比尔斯公司"钻石恒久远，一颗永流传"的经典之语将钻石与婚姻联系起来，这句广告语用钻石的永恒品质象征爱情的美好、婚姻的永恒，引发了无数男女对幸福的联想，并促使他们将钻石作为定情信物或象征爱情之物而永存，进而形成"无钻不结婚"的全新消费理念，从此之后，钻戒成了婚礼的必备之物，备受消费者的青睐，从而掀起一股经久不衰的"钻石流行风"。①

3. 广告影响消费者社会阶层的归属

广告的创意表现必须围绕广告商品的市场定位展开，通过向消费者展现商品利益，引起他们的注意，进而促使其产生购买行为。市场细分将整个消费群体划分为多个不同的社会阶层，每一阶层的消费者有相似的消费习惯和特征。广告以此为创意的基础，使受众的社会阶层归属得以强化。

4. 广告影响消费者的生活态度

广告所传递的内容丰富多彩，有些广告能够从商品的特征与企业的理念间找到共通之处。这些理念的阐释，会对消费者产生一定程度的影响，甚至会起到警示的作用。例如，海尔的广告语"真诚到永远！"其实就是一种生活态度的写照，它的作用也许超越了广告信息的传递，而上升为对消费者生活态度的影响。

广告可以帮助消费者树立积极、健康的生活态度，但也可能会对消费者的生活态度造成负面的影响，这是广告策划者必须正视的问题。例如，很多广告将女性刻画为贤妻良母的形象，向消费者传递这样一种观念：已婚的女性就是做家务的家庭主妇。又如，在某洗衣机的电视广告中，丈夫为妻子买了台洗衣机，妻子收到后，竟然因为丈夫对自己的关心而感激流泪，这显然是在强化家庭中以男性为主导的落后观念。再如，在某食用油的电视广告中有这样一组画面，一边是厨房中妻子在烧饭做菜忙得不亦乐乎，另一边是客厅中，丈夫在悠闲地看报，儿子则在起劲地打电子游戏。笑容满面的妻子从厨房中走出来，摆好饭菜，招呼丈夫和儿子吃饭。丈夫与儿子边吃边夸："老婆，你真行""妈妈，你做的菜真好吃"。镜头拉近，妻子脸上浮出幸福而得意的笑容："全靠某食用油。"这则广告很有代表性，它向我们描述了某些人心中的幸福家庭。女性的角色被定义为伺候丈夫和儿子的贤妻良母，女性的幸福来自丈夫与儿子对于她的厨艺的赞美，厨艺是衡量一个家庭主妇好坏的重要标准，男性主外，女性主内，男性的世界是工作与事业，而女性的世界则是家庭，女性是一个为了让老公和孩子幸福而甘愿付出的家庭保姆。这显然与当今社会我国女性独立、自信、追求事业成功的态度不符。

（四）广告对媒体发展的作用

广告信息必须通过媒体传播，没有媒体的存在，广告就失去了传播的载体。媒体的存在和发展需要大量的资金支持，其来源主要是广告收入。电视、报纸、杂志、网络等媒体能够越办越好，

---

① 王敬超. 广告口号对消费心理的影响[J]. 新闻世界，2016（6）：84-88.

节目能够日益丰富多彩，主要原因在于媒体获得了不菲的广告收入。例如，腾讯公司受惠于平台整合及算法升级，以及来自教育、互联网服务及电子商务等行业的广告主的需求增加，2020年广告收入同比增长20%，达到823亿元；社交及其他广告收入同比增长29%，达到680亿元。广告收入的增加进一步推动了媒体的发展。因此，广告与媒体同生存、共繁荣，相互促进、相得益彰。

（五）广告对艺术发展的作用

为更好地引起受众的注意、激发其购买欲望，广告需充分利用各种艺术表现形式来传递信息。这些艺术表现形式包罗万象，包括文字、诗歌、歌曲、舞蹈及音乐等。而为使广告更具感染力，广告创作又往往将几种艺术表现形式进行综合加工处理。广告虽然时间很短或篇幅很小，但却蕴含深厚的文学艺术功底，可以说是文学艺术水平的一种集中体现。

例如，五粮液集团企业形象推广MTV《爱到春潮滚滚来》，不仅曲调委婉悠扬，画面唯美感人，而且歌词也颇具浪漫气息，让人难以忘记。

（六）广告对城市环境的作用

广告尤其是户外广告对城市环境起重要的美化作用。好的户外广告的制作和设置，能装扮城市的街道，营造良好的人文环境。当夜幕降临，华灯初上时，城市中无数的霓虹灯广告光芒四射，变化万千，展示着城市的美丽和繁华（见图1-9和图1-10）。

图1-9　霓虹灯广告1　　　　　　　　　图1-10　霓虹灯广告2

 课堂讨论

除了上文提及的6个方面作用外，广告的作用还包括哪些？

 任务实训

1. 实训目的

通过实地调查，了解广告对城市环境的美化作用。

2. 实训内容及步骤

（1）确定调查的主题与目标。

（2）确定本次调查的方式、调查的对象、调查的区域，制定本次调查的方案。

（3）将班级成员划分为若干调查小组开展实地调查。

（4）将收集到的调查资料进行整理、分析，并参考相关文献，由课代表牵头完成调查报告的撰写。

（5）提交调查报告，由授课教师评阅。

3. 实训成果

调查报告——关于广告对城市环境美化作用的调查报告。

 了解广告组织系统

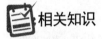 任务引入

天火公司是一家由5位应届大学毕业生共同创立的广告公司。最近，公司的4位创始人为是否加入当地的广告协会而展开了激烈的争论。有两位创始人坚持认为，加入当地的广告协会有助于了解行业动态，获取最新的广告资讯和广告监管政策，同时也能结识更多的业界同行和潜在客户，虽然需要交纳一定的会费，但综合来看显然是有益的。但另外两位创始人坚决反对，他们的理由是很多行业协会都是徒有其名，在业务上无法提供实质帮助，而且公司刚刚成立，资金紧张，每一分钱都要花在"刀刃"上，所有的精力都应放在开拓市场上，其他事宜不必考虑。双方争执不下，最后征询第五位创始人的意见。该创始人却说："我对广告协会不了解，无法发表意见，你们来定。"看来，天火公司内部围绕是否加入广告协会的争论还将持续下去。

问题：你支持哪一方的观点？请阐述你支持的理由。

相关知识

一、广告组织系统的构成

广告组织是参与广告活动的机构，广告组织系统由在广告传播过程中承担不同职能的专门机构所组成。我们将广告组织系统归纳如下（见图1-11）。

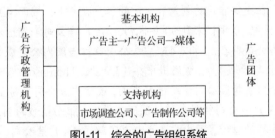

图1-11　综合的广告组织系统

广告活动的主体是广告主，但大部分广告活动却是由专业的广告公司来完成的，广告信息也是发布在第三方媒体平台的。广告公司的工作包括为广告主制订广告计划，确定广告信息内容，以及通过广告媒体向消费者传递广告主的信息，等等。因此，广告主、广告公司、媒体就构成了广告组织系统的基本机构。

广告组织系统的基本机构在执行相关职能时，一般需要得到诸如市场调查公司、广告设计公司、广告制作公司及专门的广告创意公司等机构的支持，上述机构构成了广告组织系统的支持机构。

广告行政管理机构是广告组织系统的重要组成部分。为防止虚假广告和违法广告损害消费者权益，必须有广告行政管理机构实施监管职能。此外，广告组织系统还包括由与广告相关的企业和个人自愿组成的广告团体这一社会性组织。

二、广告主

广告主是直接或委托广告经营者（主要指广告公司）实施广告活动的主体，是广告信息的发出者。广告主可以是企业、事业单位，也可以是机关、社会团体和自然人。一般情况下，广告主无法独立完成全部的广告活动，因为除了缺乏专业的广告创意、设计及制作人才外，也缺乏相应的广告制作设备，同时也不太可能拥有具有广泛营销力的广告媒体。因此，广告主需要通过付费的方式，与广告公司、广告媒体及广告支持机构合作完成广告活动。不过也有例外，例如广告主在自媒体或自己的网站上发布自行设计的广告，则无须与其他广告机构合作，也无须付费。

三、广告公司

广告公司是指专门从事广告代理与广告经营的商业性服务组织。广告公司按照服务功能与经营业务的不同，可以分为广告代理公司、广告制作公司和媒体购买公司3类。

 知识链接

4A 广告公司

我们在媒体平台上常看到 4A 广告公司，但很多人不太了解其真正的含义，甚至误以为 4A 是一种信用或实力评级，其实不然。

那么 4A 到底是什么呢？

4A 一词源于美国，代指美国广告代理商协会（the American association of advertising agencies），因其英文名称里有 4 个单词以字母 A 开头，故简称 4A。

美国广告代理商协会是 20 世纪初由美国各大著名广告公司协商成立的组织，成员包括 Ogilvy&Mather（奥美）、J.Walter Thompson（智威汤逊）、McCann（麦肯）、Leo Burnett（李奥·贝纳）、DDBO（天联）等。该组织最主要的协议是关于收取客户媒体费用的约定，以避免恶意竞争，此后各广告公司都将精力集中在提供非凡的创意和优质的客户服务上，因而 4A 也成为众多广告公司争相加入的组织。从 20 世纪 70 年代末到 90 年代初，4A 广告公司渐渐进入我国，但由于当时我国尚未允许外商独资广告公司存在，所以 4A 广告公司往往与国内公司成立合资广告公司，如盛世长城（Saatchi & Saatchi 与长城）、智威汤逊中乔（J.Walter Thompson 与中乔）等。

20 世纪 80 年代末 90 年代初，随着跨国公司纷纷进入我国，国际广告公司也纷至沓来。当时，国内的广告业尚未大规模发展，4A 广告公司凭借良好的国际声誉、大胆而精妙的创意、高超的导演和拍摄技术树立了其在国内广告界的口碑，国内广告界渐渐了解了 4A 广告公司，4A 广告公司便成了国际品牌广告代理公司的代名词。

（一）广告代理公司

广告代理公司是为广告主提供广告代理服务的机构，一般可根据规模大小分为综合型广告代理公司和专项服务型广告代理公司两类。

综合型广告代理公司为广告主提供全方位的广告代理服务，包括产品的市场调查和研究、广告战略的策划与执行、广告计划的设计与制订、广告媒介的选用与广告的发布、广告效果的跟踪与反馈等。它还能为广告主提供信息咨询、企业形象设计、大型公关活动等战略层面的服务和建议。

专项服务型广告代理公司的经营范围较小，服务项目较单一，其一般不承担广告活动的整体策划和实施。但能满足特定广告主的特殊需要，具有一定的专业优势，同时顺应了广告专业化分工的趋势，有利于广告专业水平的提高。一般来说，专项服务型广告代理公司的业务又可分为 3 类：一是某一特定产业的广告代理专项服务，如房地产广告代理；二是广告活动中某一环节的广告服务，如广告创意、广告调查等；三是特定媒介的广告服务，如户外广告服务、交通广告服务等。

（二）广告制作公司

广告制作公司是指专门提供广告制作服务的公司，如平面广告制作公司、影视广告制作公司及路牌、霓虹灯、喷绘等专营或兼营制作机构等都属于这类公司。它可以直接为广告主提供广告制作服务，也可以接受广告代理公司的委托，通过提供广告制作服务收取广告制作费用。与广告代理公司相比，广告制作公司最大的优势在于拥有专业的广告制作人才和精良的设备。所以一些大型的广告代理公司，也日益倾向于将广告制作业务外包给广告制作公司，公司内部不再设置广告制作部门。

（三）媒体购买公司

媒体购买公司专门从事媒体研究、媒体购买、媒体策划与实施等与媒体相关的业务服务。媒体购买公司一般设有媒体研究、媒体策划、媒体购买与媒体执行等几大业务部门。媒体购买公司对广告媒体有系统的研究，能够帮助广告主更合理地选择广告媒体，并有很强的媒体购买能力和价格优势。

四、媒体广告组织

媒体广告组织是指媒体内部设立的专门从事广告经营的广告组织，如报社、杂志社、广播电台、电视台的广告部均属媒体广告组织。早期的媒体广告组织集招揽广告、设计与制作广告以及发布广告等多种职能于一身，但随着广告行业的业务分工越来越专业化，媒体广告组织逐渐转变为专司广告发布之职。

五、广告团体

广告团体是由从事广告业务、广告研究、广告教育或与广告业有密切关系的组织和人员自愿联合组成的社会团体。其宗旨是通过组织活动，交流广告理论和经验，互相参观学习，评选优秀广告作品，出版广告刊物，加强广告业组织之间、人员之间的联系，共同振兴广告事业。我国主要的广告团体有中国广告协会、中国商务广告协会（前身为中国对外经济贸易广告协会）等。

其中，中国广告协会是我国最大的全国性广告行业组织，会员为团体会员，由国内的广告经营单位联合组成，每两年举行一次会议。其最高权力机构是会员代表大会。它对我国的广告行业具有较强的指导力和监督力。

 任务实训

1. 实训目的

每个城市都有众多的广告制作公司，其中以专门制作展架、灯箱、海报、铭牌等作坊式的小微广告制作公司最为常见。由于行业门槛低，业务同质化严重，这些广告制作公司间的竞争十分激烈。本实训的目的是通过实地调查了解学校所在城市有代表性的小微广告制作公司的生存与发展现状，加深对广告制作业务的了解。

2. 实训内容及步骤

（1）以班级为单位实施此次调查。根据任务需要，对班级成员进行分工。

（2）确定调查对象，设计和制定调查方案。

（3）设计调查问卷和访谈提纲，按既定方案完成实地调查。

（4）对调查所获得的资料进行整理、统计和分析。

（5）根据分析结果撰写调查报告，并提交给授课教师批阅。

3. 实训成果

调查报告——我市小微广告制作公司的生存与发展现状调查报告。

 任务四 了解我国广告的发展历程

 任务引入

在古代，由于广告媒体不发达，口头广告是一种极为常见的广告形式。宋代孟元老的《东京梦华录》有这样的记载："是月季春，万花烂漫，牡丹芍药，棣棠木香，种种上市，卖花者以马头竹篮铺排，歌叫之声，清奇可听。"明代冯梦龙《警世通言·玉堂春落难寻夫》中也有"却说庙外街上，有一小伙子叫云：'本京瓜子，一分一桶，高邮鸭蛋，半分一个'"的广告叫卖及叫卖词的记载。口头广告发展到后来，用工具来代替吆喝或两者配合使用，产生了声响广告，如卖布商人的拨浪鼓、货郎担子的小铜锣、卖油的油梆子等。

如今我们已进入了网络社会，各种网络广告不断涌现，对传统广告产生了极大的冲击。但在农贸市场、乡村集市甚至城市的临街小店，口头广告仍不绝于耳。

问题：为何口头广告有如此旺盛的生命力？它有哪些其他广告形式所不具备的优势？

相关知识

一、我国古代广告

广告在我国最早可以追溯到原始社会。在原始社会初期，人们只能以渔猎和采集的方式，利用自然界现成的动植物维持生活。人们为了生存，需要相互交往，原始的信息传播即社会广告在社会发展中发挥了重要的作用。我国古代传说中的燧人氏教人钻木取火，以及伏羲氏教人结网捕鱼、狩猎的故事，反映了一万年前母系氏族时期繁荣兴盛的景象。

在原始社会后期，生产力的进一步发展和社会分工的产生，导致了剩余产品的出现，从而奠定了私有制的基础。随着社会分工的精细化，剩余产品的数量和种类日趋增多。为了把用来交换的产品交换出去，人们必须把产品陈列在市场上；同时，为吸引他人，势必需要叫卖。因此，实物陈列和叫卖成了最早的广告形式。

在奴隶社会时期，我国出现了农业、手工业与商业的分工，行商阶层开始出现。随着商业的发展，商品交换日趋频繁和广泛，做买卖除了走街串巷以外，还有固定的时间和场所，如"日中为市"（《易经·系辞下》）、"百工居肆，以成其事"（《论语·子张》）等描述。封建社会以前的广告形式主要是叫卖广告和实物陈列广告，这些广告形式是我国最初的处于萌芽状态的广告。

在漫长的封建社会时期，自给自足的小农经济占主导地位，商品经济仅在一定程度上缓慢发展。因此，广告的发展也十分缓慢。在这一时期，主要的广告形式是口头广告、旗帜广告、招牌广告和印刷广告。

二、我国近代广告

近代广告主要指从鸦片战争爆发到中华人民共和国成立这段时间的广告。1840年后，随着外国资本和商品的大量涌入，民族工商业与外国资本之间互相争夺市场，刺激了广告的发展。从广告发展史来看，这一时期广告的发展突出表现在对报纸和广播电台的利用上。

概括起来，我国近代广告主要有以下几个特点。

（1）政府对广告管理不力。虽然政府及有关行业对广告采取了监管措施，但这些措施显然没有起到应有的作用，许多人仍把广告与欺骗，甚至谋财害命画等号。

（2）产生了一批有一定水平的专业广告公司和广告人才。在经济发达地区，特别是上海，广告发展是令人瞩目的。我国近代后最早的一批广告就是在这个基础上发展起来的。这时也出现了一些广告画师，如擅长水粉画广告的胡伯翔、专攻青工图案广告的张光宇等。

（3）广告对经济生活，特别是发达地区的经济生活产生过较大影响。这也证明了广告与经济发展的联系，经济发展是广告发展的根本原因。

三、我国现代广告

我国现代广告是指从中华人民共和国成立至今这一时期的广告，大致可分为两个阶段的广告。

（一）改革开放以前的广告

1949年，中华人民共和国成立后，为期3年的经济恢复时期开始了。为了把广告业引上有益于经济建设的轨道，上海、北京、天津和重庆等地成立了广告管理机构，对广告进行管理，并在全国相继成立了广告业同业公会；针对当时广告业中存在的一些问题，对广告业进行了整顿，解散了一批经营作风不正、业务混乱、濒临破产的广告社。各地区以人民政府的名义发布了一批地方性的广告管理办法，如天津市卫生局在1949年发布的《医药广告管理办法》、上海市人民政府公布的《广告管理规则》、重庆市在1951年成立广告管理所后公布的《重庆市广告管理办法》。

1953年，我国开始执行第一个五年计划，开展大规模的经济建设，并在全国范围内开展对农业、手工业和资本主义工商业的社会主义改造，在流通领域实行计划收购、计划供应和统购包销的政策，其指导思想是建立一个以社会主义全民所有制和集体所有制为基础的社会主义经济制度。1956年，我国完成了社会主义改造，计划经济被作为社会主义的优越性越来越得到加强，商业广告的发展受到了一定的影响。这一时期，报纸广告版面减少，广播广告日益萎缩，一些城市取消了商业电台。

1957年，国际广告工作会议在布拉格召开，包括我国在内的13个社会主义国家的代表参加了该会议。此次会议做出了题为"从人民利益出发，发展社会主义商业广告"的决议。1958年，商业部（现为商务部）和铁道部（现为国家铁路局）联合发出通知，为使商业广告更好地为生产和消费服务，要求利用车站、候车室、车厢及列车内使用的用具等作为媒介开展广告业务，从而使广告业得到了一定程度的恢复。1978年，党的十一届三中全会召开，广告业迎来了新的发展时期。

（二）改革开放以后的广告

党的十一届三中全会以后，我国广告业开始快速发展。1979年初，广告恢复全面启动。1979年被称为我国的"广告元年"，这一年发生的广告大事件主要有：

1月4日，《天津日报》率先恢复商业广告（天津牙膏厂产品，见图1-12）；

1月23日，《文汇报》刊登了第一条外商广告（瑞士雷达表）；

1月28日，上海电视台播出了中华人民共和国成立后的第一条电视商业广告（参桂补酒，见图1-13）；

图1-12　1979年1月4日《天津日报》刊登的广告

图1-13　参桂补酒广告

3月5日，上海人民广播电台恢复广告业务；

3月15日，上海电视台播出了第一条外商广告（瑞士雷达表）；

4月17日，《人民日报》刊登了汽车、地质仪器等产品的广告。

1979年11月，中共中央宣传部发出《关于报刊、广播、电视台刊登和播放外国商品广告的通知》，提出"广告宣传要着重介绍四化建设中可借鉴参考的生产资料，消费品除烟酒外，也可以刊登"，并要求"调动各方面的积极因素，更好地开展外商广告业务"，从而使广告业迅速扩大。

改革开放以后，我国的经济发展取得了举世瞩目的成就。1979—1997年，我国国内生产总值的年平均增长率为9.8%，其中，1990—1995年的年平均增长率为12.8%，远远高于全球同期2.0%的平均增长速度。高速发展的经济推动了广告业务的井喷式发展。1980—1997年，我国广告营业额平均每年增长43.93%，其中1985年的增长率高达65.7%。1981年，我国广告营业额为11800万元，占国内生产总值的比重为0.024%；而到2008年，我国广告营业额已达到1899.56亿元，增长了1609倍，其增速远远超过同期国内生产总值的增速。2009年，我国广告营业额首次突破2000亿元。2011年，我国广告业又有了新的突破，年人均广告费首次超过200元，达到234元。

 课堂讨论

改革开放以来，我国广告业得以迅猛发展的原因是什么？

近年来，随着国家宏观经济的稳步发展，以及移动通信、互联网、社交媒体等的飞速发展，广告业进入了蓬勃发展时期。2010—2019年，我国互联网广告市场规模复合增速超40%。2019年，我国互联网广告总收入约为4367亿元，较2018年增长18.22%，增速较2018年略有放缓。2010—2019年我国互联网广告市场规模如图1-14所示。

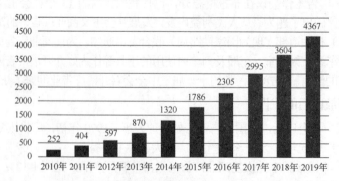

■市场规模（亿元）

图1-14　2010—2019年我国互联网广告市场规模

资料来源：产业信息网。

　　近年来我国广告整体市场出现波动，2022 年首次出现负增长，但电商平台广告的增长确保了互联网广告市场平稳发展。据 QuestMobile 2023 年 3 月发布的《2022 中国互联网广告市场洞察》，我国互联网广告流量基础继续扩大，用户黏性显著提升长；视频媒体、社交媒体广告容量显著提升；当前广告市场变革正在进行，广告主广告投放向较新广告形式/产品倾斜，既有模式呈下降趋势。2020—2024 年我国互联网广告市场规模变化情况如图 1-15 所示。

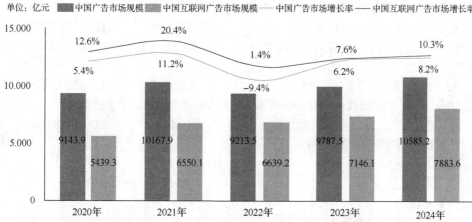

注：参照分开财报广告收入数据，结合 QuestMobile AD INSIGHT 广告洞察数据库进行估算。互联网广告未包含：（1）联运等渠道合作费用（即应用商店内广告）；（2）游戏内广告、音频内广告；（3）扣除广告收入中含佣金的部分。

图1-15　2020—2024年我国互联网广告市场规模变化情况

　　总之，改革开放之后，我国广告市场快速发展，取得了巨大成就。虽然近几年来广告整体市场的增速变缓，但互联网广告仍处于发展上升期。

 **任务实训**

1. 实训目的

观看纪录片《中国广告四十年》，了解改革开放以来我国广告业的发展历程。

2. 实训内容及步骤

　　改革开放以来，中国广告业从零开始，经过 40 年的奋斗，已经成为世界第二大广告市场。为纪念 1979—2019 年这 40 年间中国广告业的辉煌发展历程，中国商务广告协会联合中国传媒大学广告学院、中国广告博物馆，共同拍摄了行业纪录片《中国广告四十年》。该片以中国广告业波澜壮阔的奋斗史为背景，真实、全面、客观地记录与反映了中国广告 40 年来的产业发展历程。

　　该片于 2018 年开拍，历时两年多拍摄完成，于 2021 年 3 月正式发布。从中国传媒大学官网获悉，该片第一季广告产业篇共 10 集，采取周播的方式通过哔哩哔哩平台陆续推出。与此同时，依托中国广告博物馆的宣传矩阵与《中国广告四十年》纪录片的优质内容，挖掘和创作适合短视频传播的创新内容，以达到多次传播的效果。

　　请同学们利用课余时间认真观看《中国广告四十年》这部反映我国改革开放以来广告业发展历程的行业纪录片，然后从经济与广告业发展的视角完成观后感的写作。

3. 实训成果

实训作业——《中国广告四十年》纪录片观后感。

思考题

一、单选题

1. （　　）既是广告信息的载体，又是联结广告主和广告受众的纽带。
   A. 广告中介机构　　B. 广告信息　　　　C. 广告媒介　　　　D. 广告公司
2. 广告活动的行为主体是（　　），包括各类组织和个人。
   A. 广告公司　　　　B. 广告主　　　　C. 广告媒介　　　　D. 广告管制机构
3. （　　）是指企业为吸引消费者直接购买产品，而突出产品本身的性能、特点以及价格等方面优势的广告。
   A. 商务广告　　　　B. 消费者广告　　　C. 非产品广告　　　D. 产品广告
4. 如今（　　）已取代传统的大众媒体，成为人们获取信息最重要的渠道。
   A. 电视媒体　　　　B. 广播媒体　　　　C. 网络媒体　　　　D. 报纸媒体
5. 广告在我国最早可以追溯到（　　）。
   A. 原始社会　　　　　　　　　　　　B. 奴隶社会
   C. 封建社会　　　　　　　　　　　　D. 半殖民地半封建社会

二、多选题

1. 下列属于印刷品广告媒介的有（　　）。
   A. 报纸　　　　　　B. 电视　　　　　C. 杂志
   D. 网络　　　　　　E. 海报
2. 根据广告主进行分类，广告可以分为（　　）。
   A. 产品广告　　　　B. 制造商广告　　　C. 中间商广告
   D. 合作广告　　　　E. 感性广告
3. 广告的特征主要有（　　）。
   A. 具有明确的广告主　　　　　　　　B. 主要目的是促进商品交换
   C. 一般要付费　　　　　　　　　　　D. 是一种营销传播活动
   E. 要受到法律的制约
4. 广告组织系统应该包括（　　）。
   A. 广告协会　　　　B. 广告主　　　　C. 广告公司
   D. 广告制作公司　　E. 广告媒体
5. 我国古代主要的广告形式有（　　）。
   A. 口头广告　　　　B. 旗帜广告　　　C. 招牌广告
   D. 电波广告　　　　E. 印刷广告

三、名词解释

1. 广告　　2. 广告信息　　3. 营利性广告　　4. 广告组织　　5. 媒介广告组织

四、简答及论述题

1. 广告的构成要素有哪些？
2. 公益广告的特征有哪些？
3. 专项服务型广告代理公司的业务有哪3类？
4. 试论述广告对消费者的作用。
5. 试论述我国近代广告的特点。

案例讨论

从广告语变迁看格力的发展

"通过广告，你可以发现一个国家的理想。"同样，通过广告，你也可以发现一个品牌的理想。

在改革开放初期，广告作为商品经济的产物，在国内刚刚复苏。对这个新鲜事物，人们还很陌生。当时在各大媒体打广告的，多是舶来品，像桑塔纳、可口可乐……这些品牌都是在当时进入中国，并依靠广告进入中国人的日常生活的。本土品牌大规模投放广告，是20世纪90年代的事。

1992年，党的十四大确立经济体制改革目标，明确提出建立社会主义市场经济体制，这无疑为各类型经济实体的发展开了绿灯。我们如今熟知的大多数本土品牌，都是20世纪90年代发展起来的，其中就包括空调行业的翘楚：格力。

创立初期，格力打出的广告语是"格力电器创造良机"，其主要目标，是让品牌为更多的人知晓。那么产品的诉求点是什么？格力虽然当时还在蹒跚起步的阶段，但已意识到质量的重要性，开始以抓质量为中心，提出了"出精品、创名牌、上规模、创世界一流水平"的质量方针，实施了"精品战略"，建立和完善了质量管理体系，出台了"总经理十二条禁令"，推行"零缺陷工程"。格力董事长董明珠说："那个时候意识到要创造一个好的产品。"几年的狠抓质量工作，使格力产品在质量上实现了质的飞跃，奠定了格力产品在质量上的竞争优势，创出了"格力"品牌，使格力在消费者中树立了良好的口碑。1995年，格力家用空调产销量在中国市场首次排名第一，奠定了格力空调的龙头地位。

1997年，格力商标被国家工商行政管理总局商标局（现为国家知识产权局商标局）认定为"中国驰名商标"。因此，品牌口号转变为"好空调，格力造"。这个口号的提出恰逢"洋品牌"节节败退、本土品牌发扬光大的难得机遇，口号虽然短，却铿锵有力、底气十足。

在"好空调，格力造"口号的鼓舞下，2001年11月，在广西北海召开的中高层干部会议上，格力提出"整顿工作作风，打造百年企业"的目标，开始深化内部管理，健全完善各种制度，向管理的现代化、科学化、规范化迈进。2003年初，格力提出了"争创世界第一、打造国际品牌"的目标，向世界冠军发起冲击。2005年，格力家用空调销量突破1000万台，顺利实现销量世界第一的目标。"好空调，格力造"也成为格力创立以来使用时间最长的品牌口号。

进入21世纪，科技日益转化为生产力，产品的革新越来越依赖科技创新。以此为背景，"掌握核心科技"取代沿用了十几年的"好空调，格力造"，宣告格力转型升级的信心和决心。董明珠表示，没有自己的技术，永远不可能做到"好空调，格力造"。据董明珠介绍，格力发展的前10年，是营销支撑了发展。当时格力在没有技术的条件下，只能依赖于别的品牌的压缩机，把关键部件买回来组装。格力所能做的创新，仅仅是让外观面板发生一些变化，所以当时格力并没有掌握核心技术。格力在2000年之前的10年拥有的所谓的专利有298项，其中90%甚至更多只能说是修改型的。2000年以后，直到现在，格力拥有的专利已经超过5000项，现在格力每天从实验室诞生2项专利，已经是今非昔比。

到了2011年，格力意识到即使掌握了核心科技，改善了消费者的生活，也是远远不够的。所有人都在关注空气污染，格力也要肩负起环境改善责任，因此提出"让天空更蓝，大地更绿"的口号。董明珠也不止一次在公开场合表示，要"用格力的行动，用格力的技术让天空永远是蓝的"。格力不仅在研发和生产线上为国家节能减排的目标以及消费者的健康生活贡献企业力量，更先后在长沙、郑州、石家庄、芜湖、天津投资建设了5家绿色拆解基地，倾心打造循环经济，为创建资源节约型和环境友好型社会做出不懈的努力，力求实现"科技改变生活"的品牌愿景。

随着中国制造 2025 行动纲领的出台，有识之士都认识到"中国制造 2025"是夯实国内制造业基础、提升产业竞争力的必由之路，作为肩扛中国制造大旗的责任企业，格力广告语的更改无疑是其对中国制造许下的承诺。

从"格力电器创造良机"到"好空调，格力造""掌握核心科技""让天空更蓝，大地更绿"，再到如今的"格力，让世界爱上中国造"，品牌口号的每一次革新都象征着格力的每一次飞跃。5 个品牌口号清晰勾勒出格力的发展路径：品牌初创，奠定基础，以技术为先导，拥抱社会责任，扛起中国造的大旗。格力的愿景越来越宏大，越来越包容，从一家公司、一个品牌的生存得失，拓展为为全社会、全人类谋福利的美好愿望。

（资料来源：搜狐网。）

问题讨论

1. 格力广告语不断变迁的内在逻辑是什么？
2. 结合案例，请谈谈环境对企业广告的影响。

第二篇

媒体篇

导语： 广告媒体是广告信息的载体。广告媒体的选择关系到广告活动的成败。因此，在开展广告活动时必须要充分了解不同广告媒体的特点，并掌握广告媒体的选择与发布策略。本篇专门对广告媒体及相关策略进行阐述，内容包括主要的广告媒体类别、广告媒体的选择策略、广告媒体的组合与发布策略等。通过对本篇的学习，我们可以对广告媒体及相关策略有全面的了解。

项目二

实施广告媒体策略

 ## 项目情境导入

在当今网络时代，我们获取新闻资讯的渠道逐渐从传统媒体转变为智能移动端。在移动端，我们的阅读具有极强的选择性。我们关注的是内容，而很少会留意广告。因此，尽管我们在手机上每天都会滑过几百条广告，但真正能让我们记住的却少之又少。此外，在观看娱乐节目时，很多人从电视转向了网络，通过购买会员的方式在网上能看到比在电视上更为丰富的娱乐节目。

在当今这个注意力稀缺的时代，在传统媒体上刊播的广告已经越来越难引起受众的关注了，传统广告媒体的寒冬似乎已经到来。但是网络新媒体的兴起，给广告媒体带来了新的活力，推动着我国广告媒体不断向前发展。

问题：近年来我国广告媒体发生了哪些变化？传统广告媒体未来的发展方向在哪里？

 ## 项目分析

凡是能刊载、播映广告作品，在广告宣传中起传播广告信息作用的媒体都可称为广告媒体。除了常见的广播、电视、报纸、杂志和网络外，路牌、交通工具、霓虹灯、商品货架、橱窗、包装物、产品说明书、企业名录等也都属于广告媒体。

那么，不同类别的广告媒体有何特点？企业该如何对这些广告媒体进行选择？可供选择的广告媒体的组合与发布策略又有哪些？本项目将对以上问题进行解答。

 ## 项目学习任务书

本项目学习任务书如表 2-1 所示。

表 2-1　项目二学习任务书

任务编号	任务主题	需要掌握的知识点	技能目标	建议课时数
任务一	了解主要的广告媒体类别	大众广告媒体；小众广告媒体	熟知各类广告媒体的优缺点	2.0
任务二	掌握广告媒体的选择策略	广告媒体的评价指标；影响广告媒体选择的因素	能够为企业选择广告媒体提供建议	1.0
任务三	熟悉广告媒体的组合与发布策略	广告媒体的组合策略；广告媒体的发布策略	学会广告媒体的组合与发布策略	1.0

了解主要的广告媒体类别

任务引入

广告媒体的分类方法有很多。根据受众规模的不同，广告媒体可以分为大众广告媒体和小众广告媒体两大类。其中，大众广告媒体主要包括电视、广播、报纸、杂志、网络、电影等。小众广告媒体种类众多，我们比较熟悉的有户外广告牌、交通工具等。这是最为常见的广告媒体分类方法，也是本书所要介绍的分类方法。

此外，根据传播内容的不同，广告媒体可以分为综合性广告媒体和专业性广告媒体；根据传播范围的不同，广告媒体可分为全球性广告媒体、全国性广告媒体和区域性广告媒体；根据受众对广告信息的接收形式的不同，广告媒体可分为视觉广告媒体、听觉广告媒体、视听综合广告媒体及其他广告媒体等。

问题：你知道的广告媒体分类方法还有哪些？请举例说明。

相关知识

一、大众广告媒体

大众广告媒体，顾名思义，就是传播范围大、受众广泛、影响力较大的媒体，这是一个相对的概念。电视、广播、报纸、杂志、网络、电影等媒体均属于此类。其中电视、广播、报纸、杂志是传统广告活动中最为常见的媒体，通常被称为四大广告媒体。但近年来网络媒体异军突起，已成为当今第一大广告媒体。

（一）电视广告媒体

电视广告媒体是自20世纪30年代以来发展迅速，覆盖面广泛的一种广告媒体。如今电视早已进入千家万户，成为人们生活中获取信息、愉悦身心的重要工具。

与其他媒体广告相比，电视广告具有以下优点。

（1）直观性强，具有视听效果的综合性。电视广告集声音、图像于一体，可以直观、真实、生动地反映商品的特性，能够给受众留下深刻的印象。例如，富有故事情节而又温馨的南方黑芝麻糊电视广告（见图2-1），一经播出，就引发了受众强烈的共鸣。

图2-1　南方黑芝麻糊电视广告截图

（2）信息传播范围广、速度快。电视具有极高的普及率，受众广泛。电视广告能在节目覆盖的地域范围内迅速传播，易于配合商家上新、促销等活动。

（3）有较强的冲击力和感染力。电视广告借助声波和光波信号直接刺激受众的感官和心理，因而具有较强的冲击力和感染力。

（4）利于说服受众，激起受众购买商品的信心和决心。电视广告就像一位上门的推销员一样，直观地把商品展示在每一位受众眼前，容易使受众对商品产生好感，进而引发其购买兴趣和欲望。

与其他媒体广告相比，电视广告具有以下缺点。

（1）针对性不强，诉求不精准。电视广告媒体属于典型的大众广告媒体，受众的收入水平、职业、年龄、性别以及受教育程度等千差万别，电视广告媒体受众的这个特点决定了电视广告具有针对性不强、诉求不精准的缺点。不过近年来传统电视广告也在努力寻求转型，力求跟上网络时代的步伐，实现个性化精准投放。

（2）受众被动接收，缺乏自主选择权。绝大多数受众看电视的目的是娱乐、接受教育和获取新闻资讯，而不是接收电视广告传播的信息。但受众只能观看电视台播放的节目和广告，缺乏自主选择权。

（3）费用较高，一般中小企业无力承受。电视广告的费用较高，除了媒体使用费外，还包括广告设计费、广告制作费、模特代言费（不是全部都有）、场地费等，因此大多数中小企业无力负担。

（4）受时间所限，不利于传递完整的信息。单条电视广告播放时长多在 30 秒以内，企业很难在这么短的时间里将商品的卖点完整地展现给受众。

（5）电视台播放的广告过多，受众容易产生抗拒情绪。为了谋求较高的经济利益，大多数电视台竭尽所能地插播广告，正常的电视节目因此常常被广告打断，这容易引起受众的不满和抵触情绪。

（二）广播广告媒体

广播广告媒体运用语言、音乐等元素来传达商品或企业的信息。特点是采用电声技术，专门刺激受众的听觉。

与其他媒体广告相比，广播广告具有以下优点。

（1）覆盖面广，收听方便。无论城市还是乡村，无论在路上还是在家中，人们都可以通过特定设备方便地接收广播信号，选择自己喜爱的广播节目。

（2）以声带响，亲切动听。广播广告最突出的特点就是用语言来弥补无视觉形象的不足。广播广告运用声音的艺术，能够生动地模拟各种场景，给人以身临其境的感受。

（3）制作容易，传播迅速。与电视广告相比，广播广告的制作就要容易很多，广播广告一般不需要外景，整个制作过程在录音棚里就可以完成。同时，制作周期短使广播广告能够快速地传播出去。

（4）经济实惠。广播广告的制作和刊播费用要远低于电视广告的，因而一般的中小企业也能够承担。

与其他媒体广告相比，广播广告具有以下缺点。

（1）缺乏视觉感受。与其他媒体广告相比，广播广告缺少视觉支撑。对受众来说，广播广告是"只闻其声，不见其人"，因而难以给其留下深刻的印象。

（2）时效短，无法保存。广播广告传递的声音信息转瞬即逝，无法保存，也无法查询。

（3）受新兴媒体的冲击巨大。由于受到网络媒体等新兴媒体的巨大冲击，广播广告的影响力在逐渐下降，其受众也越来越少。

（4）受众被动接收，选择性不强。广播广告很少被受众主动接收，受众一听到广告往往会很快换台，转而收听其他电台的节目。

（三）报纸广告媒体

报纸是传统的四大广告媒体之一。报纸运用文字、图像等印刷符号，定期、连续地向受众传递新闻、时事评论等信息，同时传播知识、提供生活服务。报纸一般以散页的形式发行，版数具有一定的伸缩性，其能够刊载的信息量较大。报纸是较早向受众（消费者）传播广告信息的媒体，现在依然是重要的广告媒体之一。

与其他媒体广告相比，报纸广告具有以下优点。

（1）覆盖面广，发行量大。除少数专业性强或是面向特定较小区域的报纸以外，一般公开发行的报纸都具有较大的覆盖面和发行量。

（2）广告信息传播迅速。报纸以日报为主，出版周期短，因此很适合那些对时效性要求较高的广告主刊登广告。

（3）选择性强，读者阅读时比较主动。广告主可以根据各种报纸的覆盖范围、发行量、知名度、读者群等情况，灵活地选择某种或某几种报纸进行广告宣传。由于报纸的可读性强，受众阅读时可以自由地选择喜爱的栏目。

（4）受众广泛而稳定。报纸能满足各种受众的共同需要，因此它有极广泛的读者群。不同的读者群，其兴趣、偏好各不相同，在一定时期内兴趣、偏好是不易改变的，这就使得报纸的目标市场具有相对的稳定性。

（5）表达方式灵活多样。报纸传播信息的方式多种多样，或图文并茂，或只用文字，或理性阐述，或抒发情感。

（6）易于保存，便于查找。不同于电视和广播，报纸易于保存，可随时阅读或重复阅读。

（7）可以借报纸的信誉优化广告效果。由于报纸以报道新闻为主，其传递的信息容易使受众产生信赖感。

（8）费用相对较低。报纸广告的费用要远低于电视广告的费用，而且广告主还可以根据预算灵活选择不同报价的版面刊登广告。

与其他媒体广告相比，报纸广告具有以下缺点。

（1）有效时间短。报纸以日报为主，时效性强，出版周期短，被受众留存的时间不长，因此在报纸上刊登的广告很难对受众产生长期的影响。广告策划者要准确把握报纸广告诉求点，即精心安排"说什么"和"怎么说"，尽可能让广告在有限的时间内给受众留下深刻的印象。

（2）注目率低。报纸广告通常不会占据版面上最醒目的位置，而受众阅读报纸时又倾向于阅读新闻报道和其他感兴趣的栏目，因此大多数报纸广告会被受众忽视。

（3）印刷不够精美。由于纸张材料和印刷技术的局限性，以及发行者对报纸印刷成本的考虑，不少报纸广告常常显得粗制滥造，容易引起受众的不信任感。

（4）表现形式单一。报纸广告仅能使用文字或图片，表现形式单一，对受众来说缺乏听觉与动态视觉刺激，因此吸引力不强。

（5）广告相互干扰。报纸的售价一般很低，报社大都靠广告收入来维持运营。为了增加收入，报社往往会尽可能在报纸上多安排广告，大量的广告被排列在空间有限的报纸版面上，广告之间会产生干扰效应，从而进一步影响受众对广告的关注。

（四）杂志广告媒体

杂志是一种具有一定间隔周期、定期发行的出版物，与报纸一样同属印刷媒体。杂志一般分为周刊、半月刊、月刊、双月刊和季刊等。杂志比报纸具有更强的针对性，往往针对特定的受众群体。

与其他媒体广告相比，杂志广告具有以下优点。

（1）针对性强，受众明确。杂志是针对某一特定人群的出版物，受众较为明确。例如，《大学英语》杂志的主要受众就是对英语学习有需求的在校大学生，如果在该杂志上发布大学英语四六级考试和考研英语培训广告，往往能达到很好的效果。

（2）有效时间较长。杂志的出版周期较长，专业性和知识性较强，受众阅读时较为专注，反复阅读和传阅的概率较高。因此，在杂志上刊登的广告往往具有较长的有效时间。

（3）印刷质量较高，表现力较强。杂志上刊登的广告一般采用铜版纸彩色印刷，印制精美，表现力较强。因此，杂志广告（见图2-2）能够对受众产生较强的视觉刺激，给其留下深刻的印象。

图2-2　杂志广告制作精良

（4）编排整洁、灵活性强。杂志版面小，每页编排较为整洁，内容不像报纸那样繁杂，因此每则广告都比较醒目。同时，杂志广告可承载较多的信息，可以比较自由地运用文字、图片、色彩等表达信息内容。杂志还可以通过多页或折页来延展版面空间，运用一些特殊形式来表现广告商品，营造震撼的画面效果。

（5）因为面向的受众比较固定，所以杂志广告的效果较其他媒体广告更容易测定。

与其他媒体广告相比，杂志广告具有以下缺点。

（1）时效性差。杂志一般为月刊、双月刊或季刊，出版周期较长，因而刊播广告的时效性较差。

（2）受众不够广泛。杂志的读者往往为特定的人群，受众面有限，不太适合刊登面向大众的商品的广告。

（五）网络广告媒体

互联网的兴起与迅猛发展，为广告业提供了一种全新的媒体和一次全新的机遇。它所创造的信息平台为广告市场提供了一个巨大的潜在传播渠道，它的发展带来了传媒生态的新变化。互联网通过一系列互相连接的终端设备，在全球范围内实现信息交换和传播，具有电视、广播、报纸、杂志等传统媒体所不具有的优势。当然，发展中的网络媒体也有不完善的地方。有关网络广告的内容，本书将在项目九中详细阐述。

（六）电影广告媒体

电影广告是以电影或其衍生媒体为载体的广告形式。电影广告一般在正片之前放映，此时环境较舒适，受众的心情较放松，其对广告的排斥情绪较少，注意力较集中，因此电影广告的效果比较好。随着我国广告业的发展，电影广告逐渐受到重视，已被不断开发和利用。

但电影广告因受放映时间和场地的限制，传播范围有限，且电影广告的拍摄费用也比较高，因此，广告界对电影广告媒体的重视程度不及其他媒体高。

不过自1999年中国银行的广告被植入电影《没完没了》之后，将广告植入电影便成为一种新的广告宣传手段。恰当的广告植入不仅能娱乐受众，还能使商业利益最大化，让制片方和广告主实现双赢。图2-3～图2-5所示是一组电影中的广告镜头。

图2-3 电影《父子雄兵》中神州专车的广告镜头

图2-4 电影《港囧》中中国人寿的广告镜头

图2-5 电影《天下无贼》中淘宝网的广告镜头

除了电影外，不少电视剧中同样存在着大量的植入广告。例如，以东北农村生活为题材创作的系列电视剧《乡村爱情》，从第二部开始，就尝试植入广告。剧中大脚超市的规模不断扩大，超市门口开始摆摊位，雪糕饮品应有尽有，村里的墙上也开始刷字打广告。《乡村爱情》第九部更是结合剧情大量植入广告（见图2-6～图2-8）。

图2-6 《乡村爱情》第九部中飞鹤奶粉的广告镜头

图2-7 《乡村爱情》第九部中施可丰复合肥的广告镜头

图2-8 《乡村爱情》第九部中58同城的广告镜头

 延伸学习

我国广播电视广告行业收入构成呈现新变化

中国国家广播电视总局2022年4月27日发布《2022年全国广播电视行业统计公报》（以下

简称《公报》）。《公报》显示，2022 年中国全国广播电视行业总收入为 12419.34 亿元（人民币，下同），同比增长 8.10%。

其中，广播电视和网络视听业务实际创收收入 10668.52 亿元，同比增长 10.29%。按主体分，网络视听服务机构总收入达 6687.24 亿元，同比增长 23.61%，占行业总收入的比例超过一半。

《公报》显示，2022 年传统广播电视广告收入下降，新媒体广告收入持续增长。2022 年全国广电行业广告收入 3342.32 亿元，同比增长 8.54%。其中，广播广告收入 73.72 亿元，同比下降 28.09%；电视广告收入 553.23 亿元，同比下降 19.11%；广播电视和网络视听机构通过互联网取得的新媒体广告收入 2407.39 亿元，同比增长 20.28%。

资料来源：中国新闻网。

二、小众广告媒体

除了大众广告媒体外，还有很多用来传播广告信息的媒体，其传播范围较小，受众群体有限，故被称为小众广告媒体。这些媒体往往可以直接影响消费者的购买行为，促进销售，是对大众广告媒体的有益补充。小众广告媒体有时也被称为促销媒体。

小众媒体广告主要有以下几种形式。

（一）售点广告

售点广告是围绕销售点现场内外的各种设施所做的广告，旨在吸引消费者，唤起消费者的购买欲，具有一定的推销效力。它可直接影响销售业绩，是完成购买阶段任务的主要推销工具。

（二）直邮广告

直邮广告通过邮寄将宣传品送到消费者家里或公司所在地。美国广告函件协会对直邮广告下的定义是："对广告主所选择的对象，用邮寄印刷品的方法传递广告主所要传达的信息的一种手段。"

直邮广告在西方国家被广泛应用，许多企业将其作为重要的促销手段。在我国，由于消费者对直邮广告的信任度普遍较低，故其不是主流的广告形式。

（三）户外广告

户外广告指设置在室外的广告，如霓虹灯广告、路牌广告（见图 2-9）、灯箱广告、LED 看板广告等。其种类繁多，特点各异。总体来看，户外广告一般传播主旨比较鲜明，主题突出，引人注目。但它也具有受时空限制、传播范围小、广告信息量小、消费者接触时间短等缺点。

（四）交通广告

交通广告是指利用公交车、地铁、飞机、船舶等交通工具及其周围的场所等媒体所做的广告，其中，车体广告如图 2-10 所示。交通广告费用比较低，并且有着较好的传播效果，所以对企业有很强的吸引力。

图2-9　路牌广告

图2-10　车体广告

 **任务实训**

1. 实训目的

观看电影《变形金刚3》，对其中植入的广告进行分析。

2. 实训内容及步骤

在电影《变形金刚3》中，美特斯邦威的T恤、伊利舒化奶、TCL3D电视、联想计算机的植入成为焦点。有观众笑称："国产品牌广告的植入成了《变形金刚3》最大的亮点，男主角穿着美特斯邦威的衣服出现了1分多钟，女主角也一样，但不仔细看的话看不出来；电影中所有的计算机都是联想的，Logo的特写不少于5次，尤其是女主角喜欢的那个小机器人，最后竟变成了联想的新款笔记本电脑……"

其中伊利舒化奶的广告植入方式最让人称奇，甚至有观众表示"看完《变形金刚3》，大黄蜂、霸天虎到底做了什么都不记得了，就记得国产牛奶了"。

请同学们在观看该电影之后，对电影中植入的广告进行分析。

3. 实训成果

实训作业——《变形金刚3》的广告植入分析。

任务二　掌握广告媒体的选择策略

 **任务引入**

根据国家广播电视总局发布的《2022年全国广播电视行业统计公报》，2022年我国传统广播电视节目销售收入和电视购物频道收入下滑明显。传统广播电视节目销售收入330.68亿元，同比下降24.54%；电视购物频道收入81.59亿元，同比下降29.43%；付费数字电视内容与播控收入20.86亿元，同比下降10.85%；节目制作相关服务收入252.81亿元，同比下降6.99%；技术服务、游戏、主题乐园及衍生产品等其他创收收入1243.99亿元，同比增长1.58%。

与此同时，网络视听相关业务收入带动行业收入增长，2022年网络视听收入达到4419.80亿元，同比增长22.95%。其中，用户付费、节目版权等服务收入大幅增长，达1209.38亿元，同比增长24.16%；短视频、电商直播等其他收入增长迅速，达3210.42亿元，同比增长22.51%。

可见，尽管互联网的发展给广播电视媒体带来了挑战，但它同时也为媒体经营改革提供了机遇。如今的广播电视媒体，已经逐渐摆脱了单纯对广告和电视售卖收入的依赖，营收结构变得更加多元化。

问题：面对移动端网络媒体带来的巨大压力，传统的广电媒体该如何突围？

相关知识

广告媒体选择是指根据广告目标的要求，通过选择最合适的传播媒体，以最低的广告投入把广告信息传达给目标受众，并保证受众的数量及其接触广告的次数。其中心任务就是比较不同广告媒体的优缺点，并根据广告目标的要求选择恰当的广告媒体。

一、广告媒体的评价指标

不管何种广告媒体，都有自身的特性。评价这些特性需要有客观公正的标准。在广告媒体的选择中，量化的评价指标是重要的选择依据。这些指标包括视听率、开机率、节目视听众占有率、总视听率等，下面分别进行介绍。

（一）视听率

视听率（rating）是指在一定时间内收看（收听）某一节目的人数占媒介覆盖区域内的总人数的比例。其计算公式如下。

$$视听率=\frac{收看（收听）节目的人数}{媒介覆盖区域内的总人数}\times100\%$$

视听率是广播电视媒体最重要的评价指标之一。广告主和广告公司根据该评价指标购买广播节目和电视节目的广告位，以判断他们的广告信息能触达多少人，计算这些人将会多少次暴露于广告信息之下。外国的广播电视经营者常用该评价指标来评价节目的普及情况，如果某一节目的视听率高，该节目就可继续播放；反之，节目就有可能停播。视听率也是媒体经营者确定广告价格的重要依据，通常来说，节目视听率越高，广告价格也就越高。

（二）开机率

开机率（homes using TV，HUT）是指在一天中的某一特定时段内，拥有电视的家庭中收看节目的户数占总户数的比例。例如，某一目标市场上有 1000 户家庭拥有电视，在 2020 年 12 月 3 日 14:00—18:00，有 125 户在看 A 节目，100 户在收看 B 节目，50 户在收看 C 节目，25 户在收看 D 节目，此时的开机率为 30%。

开机率因季节、一天中的时段、地理区域以及目标市场的不同而异。这些变化反映了目标受众的生活习惯和学习、工作等的状态。早晨，人们外出学习、工作等，开机率低；傍晚，人们回到家中，开机率高；深夜，人们逐渐入睡，开机率又降了下来。

（三）节目视听众占有率

节目视听众占有率（program audience share）是指在一定时间内，收看（收听）某一特定节目的户数占总开机户数的比例。依照上例，B 节目的节目视听众占有率约为 33.3%（总开机户数为 300，而收看 B 节目的户数为 100）。

节目视听众占有率主要由以下因素决定（以电视节目为例）。

（1）何时播映。黄金时段播出的节目比在其他时段播出的节目通常具有更高的收视率。这也是电视台对不同时段收取不同广告费用的重要原因。

（2）该节目播映时与其他电视台有关节目的竞争状况。

（3）该节目前后播出的节目。如果在该节目前播出的节目非常有吸引力，观众就不会立即转换频道。同样，如果在它之后播出的节目很精彩，观众就会非常留意该频道。

（4）节目内容。精彩的节目自然具有较高的节目视听众占有率。

（5）节目的发展情节等。

（四）总视听率

总视听率（gross rating points，GRPs）是指在一定时期内某一特定的广告媒体所刊播的某广告的视听率之和。例如，一个媒体或媒体节目的视听率为 30%，广告刊播 5 次，则总视听率为 30%×5=150%。表 2-2 所示为 4 个节目插播 13 次广告的具体情况，总视听率为 200%。

表 2-2　总视听率计算表

节目名称	家庭平均视听率	插播次数	总视听率
A 节目	20%	2	40%
B 节目	15%	4	60%
C 节目	25%	2	50%
D 节目	10%	5	50%
合　计			200%

（五）视听众暴露度

视听众暴露度（impressions）是指特定时期内收看（收听）某一媒体或某一媒体特定节目的人数总和。视听众暴露度用人数（或户数）来表示，而不用百分数来表示。视听众暴露度的计算公式如下。

$$视听众暴露度=视听总数×视听率×发布次数$$

（六）到达率

到达率（reach）是指媒体到达目标受众的人数占媒体目标市场总人数的比例，到达率为非重复性计算数值，即在特定期间，不论一位受众暴露于特定广告信息之下多少次，都只能计算一次。到达率的计算公式如下。

$$到达率=\frac{媒体到达目标受众的人数}{媒体目标市场的总人数}×100\%$$

到达率适用于一切广告媒体，唯一不同之处是表示到达率的时间周期长短各异。一般而言，电视、广播媒体到达率的周期是 4 周，这是因为收集、整理电视、广播媒体有关资料要花费大约 4 周的时间。

（七）暴露频次

暴露频次（frequency）是指受众在特定时期内暴露于某一媒体特定广告信息之下的平均次数。暴露频次与到达率一样，适用于所有广告媒体。需要强调的是，暴露频次是平均指标。其计算公式如下。

$$暴露频次=\frac{总视听频次}{到达率}$$

国外广告学家对最佳的暴露频次做了大量的研究，得出以下结论。

（1）广告暴露一次没有任何价值；

（2）广告第二次暴露时才会有效果；

（3）在一个月或一个购买周期中广告需要暴露 3 次，才能产生预期的效果；

（4）广告在达到一定的暴露频次以后，其效果递减；

（5）广告在达到某一暴露频次时，效果为零，甚至会产生负效果。

广告专家丹·E. 舒尔茨认为，如果暴露频次少于 3 次，则广告没有效果，最佳的暴露频次是 6 次，当暴露频次超过 6 次后，受众就会对广告信息感到厌倦，其后的广告暴露将没有任何效果，甚至会产生负效果。

（八）千人成本

千人成本（cost per thousand method，CPM，M 源自罗马数字"千"）是指把广告信息送达 1000 人（户）所需的广告费用。其计算公式如下。

$$千人成本 = \frac{广告费}{广告实际受众的人数或户数（以千为单位）}$$

千人成本适用于任何广告媒体，而且计算简单，因而是广告媒体最常见的评价指标之一。

（九）有效到达率

有效到达率（effective reach）也称有效暴露频次，是指在一特定广告暴露频次范围内，有多少受众知道该广告信息并了解其内容。

产品的有效到达率是由多种因素决定的，主要包括产品的购买周期、广告信息的复杂程度、产品的市场地位、品牌的知名度以及广告媒体的传播特性等。

二、影响广告媒体选择的因素

（一）广告媒体的形象和地位

任何广告媒体都有自身的形象。同样的品牌，使用不同的广告媒体播发文案相同的广告时给受众留下的印象是不一样的。这种现象被称为"关联效果"。原因是广告媒体本身的长期价值取向所形成的社会形象，给利用其发布的广告信息造成了一种附加的外在影响。这种影响在某种程度上会决定受众对该广告信息是否持信赖、接受和采用的态度。

（二）目标受众的媒体接触情况

不同的受众通常会接触特定的媒体。有针对性地选择易被目标受众接受的广告媒体，是增强广告效果的有效方法。例如，一则针对 IT 人士的广告在专业杂志上发布无疑要比在大众娱乐类报纸上发布效果更好。

（三）广告商品的特性

选择广告媒体时，企业应当考虑广告商品的特性。因为不同广告媒体在可信度、吸引力等方面具有不同的特点。工业品与消费品、技术性较强的复杂产品与较普通的产品，应分别采用不同的广告媒体进行宣传。

（四）市场竞争情况

企业在选择广告媒体时，要考虑市场竞争情况：如果与竞争对手实力相近，可以选择与其相同或相似的媒体发布广告；如果与竞争对手实力悬殊，应尽量避开对方使用的主要广告媒体，以避其锋芒。

（五）广告的时效性

不同媒体制作、发布和传播广告的速度不同，如果对广告的时效性要求较高，网络媒体无疑是最佳的选择。

（六）广告传播区域

在选择广告媒体时，企业必须保证该广告媒体所能影响的区域与自身所要求的信息传播范围相适应。例如，企业的目标市场为全国市场，则应该选择在全国性的广告媒体上发布广告。

（七）相关法律、法规

选择广告媒体时企业应遵守国家的相关法律、法规。例如，《中华人民共和国广告法》（以下简称《广告法》）明确规定："禁止在大众传播媒介或者公共场所、公共交通工具、户外发布烟草广告。禁止向未成年人发送任何形式的烟草广告。禁止利用其他商品或者服务的广告、公益广告，宣传烟草制品名称、商标、包装、装潢以及类似内容。烟草制品生产者或者销售者发布的迁址、更名、招聘等启事中，不得含有烟草制品名称、商标、包装、装潢以及类似内容。"

（八）媒体成本

媒体成本是企业选择广告媒体时重要考虑因素。依据成本选择广告媒体时，最重要的不是看绝对成本的数字差异，而是媒体成本与广告接收者之间的相对关系，即千人成本。在比较千人成本的基础上，考虑媒体的传播速度、传播范围、记忆率等因素之后，择优确定广告媒体，可以取得较好的效果。

（九）广告预算

企业发布广告必须量力而行，应在广告预算的限制下依据自身的财力合理选择广告媒体。

 任务实训

1. 实训目的

调查当地卫视某一娱乐节目的关键收视指标，分析其广告投放价值。

2. 实训内容及步骤

（1）以小组为单位，成立任务实训小组。
（2）各小组确定调查指标，设计调查问卷。
（3）完成抽样设计，开展实地问卷调查。
（4）对回收的调查问卷进行统计分析并撰写调查报告。
（5）将调查报告交由授课教师批阅。

3. 实训成果

调查报告——基于问卷调查的某卫视某娱乐节目广告投放价值分析。

 熟悉广告媒体的组合与发布策略

 任务引入

小李和小张合伙开了一家淘宝店，"双十一"临近，两人在何时投放广告上产生了分歧。小李认为，广告应在"双十一"前10天左右开始投放，在"双十一"前1天结束。而小张则认为，提前这么多天做广告纯粹就是浪费钱，还不如把这些钱全部用在"双十一"当天做广告上。

问题：你觉得小李和小张谁的观点更正确？为什么？

相关知识

一、广告媒体的组合策略

广告媒体的组合策略是指在对各类媒体进行分析评估的基础上，根据市场状况、受众心理、媒体传播特点以及广告预算等，选择多种媒体进行有机组合，在同一时间发布内容基本一致的广告的策略。

（一）广告媒体组合的作用

广告媒体组合的作用主要体现为以下几点。一是可以弥补单一媒体在传播范围上的不足。任

何媒体都有一定的传播范围和目标受众，即使是受众最为广泛的网络媒体也是如此。媒体组合可以克服单一媒体的传播局限，扩大传播范围。二是可充分利用不同媒体各自的优点，实现优势互补。每种媒体都有各自的优缺点，如报纸广告发行量大，传播范围广，但有效时间短；杂志广告制作精美，有效时间长，受众集中，但发行范围小；电视广告传播迅速，受众广泛，但是稍纵即逝，不易保存。为克服以上单一媒体的缺点，就必须采用媒体组合的策略。

（二）广告媒体组合的原则

在制定广告媒体组合策略时，应遵守以下原则。一是全面覆盖原则，即使用媒体组合后，广告应该能够覆盖绝大多数的目标市场。二是不同媒体的优势互补原则，即要充分考虑不同媒体的特点，实现媒体间的优势互补。例如，化肥、农具等农资产品，可以采用电视广告加农村刷墙广告的形式。电视广告可以提高这些农资产品的知名度和品牌影响力，而在农村做刷墙广告则可以直接对农民进行广告宣传。

（三）广告媒体组合的方式

广告媒体组合的方式有多种，如传统媒体和网络媒体的组合、视觉媒体和非视觉媒体的组合、电波媒体和印刷媒体的组合、大众媒体和小众媒体的组合等。具体采用哪一种组合方式取决于产品的类别、产品的生命周期、市场的竞争状况、目标受众的媒体偏好以及企业自身的广告预算和广告目标等。广告媒体组合的运用形式多样，方式灵活，但也非常复杂。因此，企业在制定广告媒体组合策略时，一定要做好广告调查工作。

总体来说，广告媒体组合可分为同类广告媒体的组合和异类广告媒体的组合两大类。

1. 同类广告媒体的组合

（1）广播广告媒体的组合。广播广告媒体的组合有两类形式：一类是中央人民广播电台和省级及以下的地方广播电台的组合，简称中央台和地方台的组合；另一类是省级及以下的地方广播电台之间的组合，简称地方台和地方台的组合。中央台与地方台的组合多以中央台为主，地方台为辅。此组合利用中央台权威性与新闻性较强的特点，地方台灵活性和娱乐性强、各区域听众各具特色的特点实现优势互补。选择中央台作为广告媒体是为了宣传品牌，而地方台则主要负责促销。地方台和地方台的组合，其主要目的是激发目标受众的购买欲望，促进产品的销售。

（2）电视广告媒体的组合。电视广告媒体的组合与广播广告媒体的组合极为相似，也有两类形式：一类是中央电视台和省级及以下的地方电视台的组合，另一类是省级及以下的地方电视台之间的组合。

作为最权威的全国性媒体，中央电视台频道栏目多、影响力大、覆盖范围广，是企业进行广告宣传的重要媒体。但中央电视台的广告费用较高，很多企业难以承受。地方电视台虽然影响力和权威性不及中央电视台，但广告费用相对较低，也更加贴近目标受众，因此也可作为企业进行广告宣传的重要选择。企业可从自身的实际情况出发，灵活运用电视广告媒体的组合策略。

（3）报纸广告媒体的组合。报纸广告媒体的组合是指全国性报纸和地方性报纸的组合。全国性报纸，如《人民日报》《光明日报》《中国青年报》《南方周末》等，具有发行量大、覆盖面广、权威性强等特点。而地方性报纸具有浓郁的地方特色，很受当地人的喜爱，在该类报纸上刊登旅游等方面的广告往往效果较好。报纸广告媒体的组合有多种形式，灵活性较强。

（4）杂志广告媒体的组合。杂志广告媒体的组合常用的形式有全国性杂志之间的组合、全国性杂志和地方性杂志的组合、地方性杂志之间的组合。杂志具有比其他大众媒体更强的专业性，因此特别适用于某些特定产品，如技术性较强的产品等的广告宣传。

（5）网络媒体的组合。网络媒体的影响力远超其他媒体的影响力，因而成为众多企业发布广告的首选媒体。网络媒体包含了众多的形式，如基于 PC 端的传统网络媒体和基于移动端的新兴网络媒体，因此网络媒体的组合方式极为丰富。

2. 异类广告媒体的组合

异类广告媒体的组合是指以某种广告媒体为主体，辅以其他广告媒体的一种广告发布方式。采用这种组合策略是为了克服同类广告媒体的不足，通过多种广告媒体来进行优势互补，以取得最佳的广告投放效果。我们都知道，同类广告媒体，无论是听觉类广告媒体还是视觉类广告媒体，都有一定的传播局限性，因此，进行异类广告媒体的组合至关重要。

异类广告媒体的组合方式多样，不同媒体组合的具体做法和所能发挥的作用也各不相同。例如，采用报纸与电视的组合，一般做法是先在报纸上对企业及产品进行广告宣传，待消费者对企业产品有一定的了解后，再利用冲击力强的电视开拓市场。

异类广告媒体的组合方式还有电视与广播的组合、报纸与广播的组合、报纸与杂志的组合、电视与杂志的组合，以及多种媒体的交叉组合等。

 课堂讨论

中小企业在预算有限的情况下，该如何实施广告媒体的组合策略？

二、广告媒体的发布策略

广告媒体的发布策略包括时序策略、时机策略、频率策略和地区分配策略等，下面分别进行介绍。

（一）广告发布的时序策略

广告发布的时序策略主要有提前策略、即时策略和延时策略 3 种。

提前策略分两种情况，一是指广告早于产品进入市场的广告发布策略，目的是为新产品上市制造声势，二是指在产品进入旺季之前抢在竞争对手前面开展广告攻势的广告发布策略，以便是先声夺人，抢占市场先机。提前策略实施成功的案例很多，如脑白金在正式上市之前，就已经在各种媒体上进行了大量的广告宣传，使得消费者非常期待，因而其在 1998 年一上市就成了热销产品。

> 微课堂
>
> 广告媒体的发布策略

即时策略是指广告与产品同时进入市场的一种策略。这种策略较为常见，广告与产品同步可以使消费者看到广告后不用等待就可买到产品。广告如果很有创意且制作精良，则可以起到很好的当期促销作用。

延时策略是指广告晚于产品进入市场的一种策略。例如，有些产品在进入市场时会采用试销的方式，然后再根据销售情况做一些有针对性的广告。采取这种策略主要是为了避免广告发布的风险。但由于广告发布滞后，企业有可能会失去一些市场机会。

（二）广告发布的时机策略

俗话说"机不可失，时不再来"，广告发布能否抓住时机非常关键。我们不难发现，每年"双十一"到来之际，各大电商平台的促销广告就会扑面而来，无论是线上还是线下，无论是在城市还是乡村，到处都可以见到电商广告的宣传。电商平台之所以在此时突然发力，主要是因为都想抢得先机，最大限度地吸引网络消费者的注意力。

广告发布的时机策略包括商品时机、黄金时机、节令时机和重大活动时机 4 种。商品时机是指利用商品与时间的内在联系，巧妙地发布广告。例如，在奥运会百米赛跑决赛之际发布计时器电视广告，就很容易给观众留下深刻的印象。黄金时机是广播和电视广告所特有的，因为广播和电视媒体有所谓的黄金时段（视听众收看或收听的高峰时段），利用这个时段做广告效果最佳。不过在黄金时段发布广告所需支付的费用很高，很多中小企业无力承担。节令时机是指各种节日和季节变换能够为商品销售带来良机，而此时也是广告发布的难得机遇。逢年过节是消费的旺季，而季节变换之际也是某些商品（如春夏之交，空调进入销售旺季）的热销之际，所以企业在此时都会抓住机会加大广告投入。重大活动时机是指一些重大活动所带来的广告发布机遇。如每四年一届的世界杯对全世界亿万球迷来说是最盛大的活动，全球各大媒体无不关注，这无疑是企业发布相关广告的良好时机。

（三）广告发布的频率策略

广告发布的频率是指在某一特定时期内广告发布的次数。根据频率是否固定，广告发布的频率策略可分为固定频率发布和变动频率发布两种。

固定频率发布是指在一定时间内广告的发布次数固定，是一种平均分配的策略。而变动频率发布是指依据实际情况不断改变广告发布的频次。广告发布的频次可以逐渐增加，也可以逐渐减少，还可以先增加后减少或先减少后增加。

（四）广告发布的地区分配策略

广告发布的地区分配策略主要有 3 种：一是只使用全国性媒体，二是全国性媒体与地方性媒体结合使用，三是只使用地方性媒体。广告策划人员在制定广告发布的地区分配策略时，可将品牌发展指数（brand development index，BDI）作为依据，其计算公式如下。

品牌发展指数=（某品牌区域销售量/某品牌全国销售量）/（区域人口数/全国人口数）×100%

品牌发展指数反映了一个品牌在特定区域的销售水平是高于还是低于全国的平均数，因而可作为制定广告发布的地区分配策略的依据。

任务实训

1. 实训目的

通过实训，掌握广告媒体的发布策略。

2. 实训内容及步骤

阅读以下材料，按要求完成任务。

A 企业是一家集研发、生产、销售于一体的大型现代化企业，主要生产中高档女式皮鞋，产品以内销为主，目标消费群体为 20～35 岁的都市年轻女性。A 企业在全国一、二、三线城市开设店铺，近年来也开展了线上营销，但销售渠道还是以线下为主。A 企业的产品设计时尚，款式多样，质量上乘。但 A 企业一直不太重视广告宣传，不仅广告投入少，而且投放广告的媒体单一，所以了解该品牌的消费者并不多。随着市场竞争日趋激烈，A 企业的市场份额不断被竞争对手蚕食。为扭转不利的市场竞争局面，A 企业决定加大广告投入以促进产品的销售。

为此，A 企业初步决定投入 5000 万元广告费，在线上和线下同时投放广告。

（1）成立任务小组，按小组完成实训任务。

（2）各小组根据 A 企业的情况，分别为其制定广告媒体的发布策略。

（3）各小组将制定的广告媒体的发布策略做成 PPT 汇报材料并在课堂上分享。

3. 实训成果

实训作业——A 企业广告媒体的发布策略。

思考题

一、单选题

1. 下列属于小众广告媒体的是（　　）。
   A. 广播 　　　　　B. 电视 　　　　　C. 杂志 　　　　　D. 车体

2. 下列属于杂志广告优点的是（　　）。
   A. 传播范围广，传播迅速
   B. 读者广泛，广告费用低
   C. 覆盖面广，发行量大
   D. 针对性强，目标受众明确

3. 下列不属于电视广告特征的是（　　）。
   A. 传播范围广 　　　　　　　　　B. 受众的被动性
   C. 传播效果的一次性 　　　　　　D. 制作容易，传播迅速

4. （　　）是指广告与产品同时进入市场的广告发布策略。
   A. 即时策略 　　　B. 提前策略 　　　C. 延期策略 　　　D. 以上均不正确

5. 下列不属于广告发布时机策略的是（　　）。
   A. 商品时机 　　　B. 黄金时机 　　　C. 一般时机 　　　D. 节令时机

二、多选题

1. 广播广告的优点主要有（　　）。
   A. 覆盖面广 　　　B. 亲切动听 　　　C. 传播迅速
   D. 收听方便 　　　E. 图文并茂

2. 报纸广告的优点有（　　）。
   A. 覆盖面广 　　　B. 发行量大 　　　C. 传播迅速
   D. 针对性强 　　　E. 印刷质量较高

3. 杂志广告的缺点主要有（　　）。
   A. 时效性差 　　　B. 受众不够广泛 　　　C. 费用高
   D. 不易携带 　　　E. 不易存留

4. 广告媒体的发布策略包括（　　）等。
   A. 时序策略 　　　B. 时机策略 　　　C. 频率策略
   D. 集中策略 　　　E. 地区分配策略

5. 确定广告媒体时应考虑的因素主要有（　　）。
   A. 目标受众的媒体接触情况 　　　　　B. 广告商品的特性
   C. 市场竞争情况 　　　　　　　　　　D. 广告传播区域
   E. 媒体成本

三、名词解释

1. 广告媒体 　　2. 大众媒体 　　3. 视听率 　　4. 广告媒体的组合策略 　　5. 品牌发展指数

四、简答及论述题

1. 电视广告的优缺点主要有哪些？
2. 广播广告的优缺点主要有哪些？
3. 报纸广告主要有哪些缺点？

4. 试论述广告媒体组合的作用。

5. 试论述广告发布的时序策略。

案例讨论

京东图书 问你买书

最美人间四月天，花开满园春满园。2022 年 4 月 24 日 0 时，京东图书围绕世界读书日发起的"读书月"活动圆满收官。在 18 天的时间里，京东图书集结数百万种好书、新书，携手数千个合作伙伴及第三方图书商家，为广大读者带来了一场盛大的阅读嘉年华。特别是 4 月 21 日至 4 月 23 日的"巅峰 72 小时盛典"实现了总体 33% 的同比增幅，有力展现了京东图书以供应链为基础、以阅读为核心的全景生态的勃勃生机，这也证明了京东在建设书香社会、推进全民阅读方面履行了企业社会责任。

"去年世界读书日买的那本书，拆封了么？" 2022 年 4 月 23 日，人民网的微信公众号文章如此发问。

这是京东图书发起"问你买书"活动的契机。京东图书认识到，书的价值需要通过阅读来实现。为使读者免于陷入"买了书却不看书"的怪圈，京东图书携手作家余华、诗人余秀华发起了"京东图书 问你买书"活动，通过向读者回购图书的公益方式，传递"让好书不再尘封，读者有其书，书者有人读"的价值观。"京东图书 问你买书"活动的宣传海报如图 2-11 所示。

图2-11 "京东图书 问你买书"活动的宣传海报

从 4 月 21 日到 4 月 23 日，读者可在京东 App 搜索"问你买书"进入活动页面，通过扫描图书背面的条形码识别图书信息参与活动，体验书与人的因缘际会。

在世界图书日这个促销节点上，京东图书反其道而行之，不吆喝你来买书，反倒向你买回不看的书，以真诚的态度，倡导读者理性购书、买书要读。

如今，"热爱"已经成为大多数品牌频频主张的万能词语。可如何浇灌热爱，把热爱付诸行动，始终是未诉说的空白。因此，让热爱不被辜负，成为这一次"京东图书 问你买书"活动想要表达的内核。在此次活动中，京东图书不再是扮演读者对立的卖书商的角色，而是借作家之口，以朋友的身份，用行动让读者信任自己，展现品牌的诚意与实力。

与此同时，京东图书还将世界读书日高潮期活动的触角延伸到线上、线下等各种渠道：读者在北京、广州、成都、重庆等地的地标性区域都能看到相关的大屏广告；在微博、抖音、微信等流量聚集地，以及大量导购媒体、社交媒体、团购群、内容分发渠道等，读者都能够很方便地获得高潮期活动的信息。

资料来源：新华财经。

问题讨论

1. 京东图书针对世界读书日形象的活动为何能激起广大读者的共鸣？
2. 结合本案例，请谈谈文化产品的广告媒体选择策略。

第三篇

运作篇

导语： 运作篇是本书的核心篇，主要介绍广告运作的基本方法与具体任务。本篇包含实施广告调查、探究广告创意、创作高水平的广告文案、设计与制作广告、评估广告活动的效果等 5 个学习项目。通过对本章的学习，我们可以掌握广告调查的方法，熟悉广告创意策略和广告创意的表现方式与技巧，熟悉广告标题、正文、标语和附文的创作，了解不同媒体广告的设计与制作，以及掌握广告效果评估的内容与方法。

实施广告调查

项目情境导入

荷兰飞利浦公司（以下简称"飞利浦"）为成功进入中国市场，曾委托某调研公司在上海开展广告调查活动。调研公司在接受任务之后，首先基于目标市场定位，将调研对象确定为家里只有黑白电视机的已婚男性市民。这主要是调研公司考虑到调研对象不仅要是飞利浦的主要目标消费者，还要是家庭里在购买大件商品时拥有更多决策权的一家之主。

调研公司让调研对象分别观看3部不同的电视广告片。第一部是意在强化飞利浦品牌形象的广告片，在30秒内反复出现"飞利浦"的标准字、商标和标语"飞利浦——世界尖端技术的先导"，以及飞利浦在世界各地的发展情况。第二部是阐明飞利浦市场定位的广告片，片头采用京剧锣鼓的音响效果，屏幕上出现的是京剧大花脸形象，并用京白语调念出"我就是飞利浦"等台词，以期运用中国民族文化的特点，来强调飞利浦为中国人民服务的宗旨。第三部也是宣传品牌的广告片，与第二部不同的是，第三部中穿插了中国风光画面，画面中一位飞利浦的形象代言人一边转动着地球仪，一边用生硬的中国话说"飞利浦是中国人民的老朋友"，以勾起中国老年消费者的回忆。完毕，主持人征求调研对象的意见，大多数调研对象倾向于选择第二部广告片，同时要求飞利浦提供适合中国市场的彩色电视机尺寸。上述调查活动为飞利浦制定成功的广告策略奠定了坚实的基础。

问题：为什么说广告调查是广告策略制定的基础？飞利浦的广告调查活动给了我们哪些启示？

项目分析

广告调查是广告活动开展的前提和基础，只有在周密调查的基础上，企业才能制定切实可行的广告目标和有的放矢的广告策略。同时，广告调查还可以为广告创意提供思路，为广告设计提供素材，为广告效果评估提供参考依据。

那么，什么是广告调查？广告调查的内容是什么？广告调查要遵循什么样的程序？广告调查有哪些方法？如何撰写广告调查报告？本项目将对以上问题进行解答。

项目学习任务书

本项目学习任务书如表3-1所示。

表3-1　项目三学习任务书

任务编号	任务主题	需要掌握的知识点	技能目标	建议课时数
任务一	认识广告调查	广告调查的含义； 广告调查的内容； 广告调查的程序	对广告调查的内容与程序有全面地了解	1.0
任务二	掌握广告调查的方法	二手资料调查法； 一手资料调查法	掌握广告调查的方法	2.0
任务三	学会撰写广告调查报告	广告调查报告的内容； 广告调查报告的文体结构； 撰写广告调查报告应注意的问题	能够在广告调查的基础上完成广告调查报告的撰写	1.0

任务一　认识广告调查

 ### 任务引入

　　颇受美国消费者喜爱的高露洁牙膏在初次进入日本市场时，通过广告调查发现日本牙膏市场领导品牌狮王牙膏包装采用红、白两色的简洁设计，这与高露洁牙膏包装的颜色相同，差异仅在于高露洁牙膏包装以红为主，红底白字，而狮王牙膏包装以白为主，白底红字。

　　因为美国人偏爱红色，所以很多商品都采用以红色为主色的包装。高露洁牙膏自然也不例外。

　　在日本，虽然红色和白色都是受欢迎的颜色，但人们更偏爱白色，因此很多商标名称都冠以"白"字，如白鹤、白雪等。狮王牙膏深谙此道，于是将包装设计为白底红字。而高露洁牙膏却恰恰相反，包装以红色为主，仅点缀少许白色。由于忽视了日本消费者与美国消费者在色彩感觉和购买心理上的差异，高露洁牙膏在刚进入日本市场时，出乎意料地滞销了，市场占有率仅为1%，不及狮王牙膏占有率的零头。

　　问题：高露洁牙膏的广告调查问题出在哪里？

相关知识

一、广告调查的含义

　　广告调查即广告运作中的市场调查，是指企业为有效开展广告活动，利用科学的调查研究方法对与广告活动有关的信息所进行的收集、整理、分析和解释工作。广告调查的具体作用主要体现在编制广告计划、指导广告设计、制定广告预算以及测定广告效果等方面。

　　广告调查不同于一般的市场调查，二者的主要区别在于：市场调查的范围更广，包含了有关广告的调查；而广告调查作为一种专项调查，较市场调查更为深入和专业。

二、广告调查的内容

　　广告调查的内容涉及面较广，主要包含广告环境调查、广告主体调查、广告产品调查、广告媒体调查、目标受众调查、市场竞争调查、广告效果调查等。

延伸学习

广告环境分析

（一）广告环境调查

　　广告环境是指影响广告活动的各种环境因素，包含宏观层面的人口环境、经济环境、社会文化环境、政治法律环境、科学技术环境、自然地理环境，以及微观层面的企业自身环境、行业竞争环境等。

环境对广告活动有着较大的影响，甚至能够在一定程度上决定广告活动的成败。例如，美国道氏酿酒公司1963年在向加拿大出口一种啤酒新品时，把一个象征加拿大法语民族的标志用在啤酒广告上，本以为这样做可以赢得喜爱喝啤酒的加拿大法语居民的好感，结果却适得其反。加拿大法语居民纷纷控告美国道氏酿酒公司亵渎了他们神圣的象征，并勒令其在15天之内将该广告全部更换。这个失误使美国道氏酿酒公司损失惨重，同时也损害了该公司在当地的声誉。

（二）广告主体调查

广告主体调查是指对广告主的企业所进行的调查。广告主体调查应侧重于调查企业的发展历程、竞争实力、市场地位、当前的广告策略等方面。这些信息对于宣传企业形象、准确把握企业特色、提高广告说服力和渗透力，具有重要的参考价值。

（三）广告产品调查

广告产品调查包括对企业产品的生产技术水平，产品的功能、形态、包装、质量、生命周期、价格，以及竞争对手的差异化程度的调查。企业在做产品调查时，要注意发掘产品独一无二的特性，以便在广告作品中形成独特的销售主张。

（四）广告媒体调查

广告媒体调查是指针对报纸、杂志、广播、电视、网络、电影等各种广告发布载体所进行的调查。广告媒体调查的具体项目因媒体的不同而存在较大差异，如报刊媒体的调查项目主要包括发行量、发行区域、读者层、印刷制作情况、发行频率、权威性、广告的价格等，广播、电视媒体的调查项目则主要包括传播区域、视听众层、视听率、有效到达率、节目视听众占有率、电视台及广播电台的影响力、广告的价格等，而网络媒体的调查项目与以上媒体又有很大的不同。

需要注意的是，做广告媒体调查必须首先明确广告的目标受众，然后再对目标受众最常接触的媒体进行调查，这样能降低广告媒体调查的盲目性，提高调查的效率。

（五）目标受众调查

对广告的目标受众的调查即是对企业目标消费者的调查。调查项目包括目标受众的媒体接触情况、媒体偏好、购买行为方式、购买决策过程、价值观、生活方式、消费态度等。在调查的基础上全面了解目标消费者，有助于企业制定有的放矢的广告策略。

（六）市场竞争调查

市场竞争调查包括对竞争对手的市场目标、市场占有率、市场营销策略、市场控制能力等方面的调查。其中竞争对手市场营销策略中的广告策略是调查的重点之一，调查项目包括竞争对手的广告预算、广告代理情况、广告创意、广告媒体选择、广告发布频率及广告效果等。企业只有全面了解竞争对手，才能做到"知己知彼，百战百胜"。

（七）广告效果调查

广告效果调查是在广告制作完毕并发布一段时间之后进行的，是为了检测广告效果、评价广告作用而做的调查。广告效果调查主要有广告沟通效果调查、广告经济效果调查和广告社会效果调查3项内容。

除此之外，企业如果想要开拓国际市场，还需要进行专门的国际广告调查。与国内市场相比，国际市场环境更为复杂、多变，尤其是在宗教信仰、社会风俗、消费偏好、法律限制等方面可能与国内情况迥异，因此，企业在做广告调查时需要将其作为重点。

案例

索尼公司在泰国发布《让佛祖动心》广告惹众怒

索尼公司（以下简称"索尼"）是一家知名的大型综合性跨国企业，在进入泰国市场时，索尼策划并发布了一则题为《让佛祖动心》的电视广告：画面上，佛祖释迦牟尼神情庄重，闭目凝神，潜心修炼，纹丝不动；然而，当佛祖戴上索尼收录机的耳机之后，竟然凡心大动，在佛堂上眉飞色舞、手舞足蹈……

索尼自以为泰国是佛教国家，这则以"佛祖乐了"为主题的广告一定会大受欢迎，然而最后弄巧成拙。

在泰国，佛教徒占全国人口的9成以上，佛教和佛祖在他们心中有着无比崇高的地位，容不得半点儿戏谑。索尼的广告播出后，引发了泰国佛教徒的极大愤慨，他们认为索尼的广告冒犯了佛祖的威严。

为了平息众怒，索尼宣布撤下广告并向泰国民众道歉。但事情远没有这么简单，因为这则广告也惊动了泰国政府。泰国政府责令索尼立即停止播放此广告，同时规定，在随后的一年里，任何公众媒体不得刊登任何有关索尼的信息，索尼最后不得不承受自作聪明的苦果。

案例分析

不同的国家和地区有着不同的文化习俗和宗教信仰，如果不了解这些，广告很可能会"翻车"。因此，在开展广告活动之前，企业必须进行周密的广告调查，以了解当地的文化和消费者的情感因素，这样才能避免与索尼《让佛祖动心》广告类似的事件发生。

三、广告调查的程序

广告调查是一项系统性的工作，需要遵循如下程序。

（一）界定问题

所谓界定问题就是要求广告调查人员确定所要调查的问题以及调查所要实现的目标。广告调查人员可以通过一些预先的定性研究（如与企业营销人员充分讨论、向有关专家咨询、分析二手资料等）来界定问题。

界定问题是广告调查的首要环节，对广告调查问题的准确把握和对调查目标的准确设定是这一环节工作的关键，这对广告调查人员准确把握问题的能力提出了较高的要求。

（二）研究设计

研究设计是广告调查实施前的一项重要工作，目的是确定广告调查所要遵循的方案，描绘广告调查的框架和蓝图。研究设计的工作内容包括确定广告信息来源、选定调查方法、设计调查问卷、明确广告受众、制定广告调研经费预算等。广告调查研究设计的主要内容如表 3-2 所示。

表 3-2 广告调查研究设计的主要内容

具体内容	说明
确定广告信息来源	一手资料、二手资料
选定调查方法	询问法、观察法、实验法等
设计调查问卷	定性调查、定量调查、量表选择

续表

具体内容	说明
确定数据收集途径	数据检索或购买、人员访问、网络搜索、社交媒体辅助等
明确广告受众	明确广告调查的对象
制定广告调查经费预算	经费数额及使用安排
确定调查团队	委托调查公司或自己组织
进行调查抽样	样本大小、抽样方法

（三）调查实施

调查实施是将广告调查方案付诸行动的过程，可以分为预先调查和正式调查两个阶段。预先调查是一种测试调查，通常是小规模的，目的是检验广告调查方案是否合理、概念是否明晰，以及调查问卷的信度和效度是否符合要求等。如果通过预先调查发现广告调查方案存在问题，就应该及时修正，修正之后就可以进入正式调查阶段了。正式调查阶段的主要任务就是收集信息，包括对一手信息和二手信息的收集。正式调查的关键是确保信息的真实性和可靠性。

 课堂讨论

实施广告调查的难点有哪些？如何解决广告调查过程中的突发问题？

（四）调查资料整理和分析

这一环节的工作是首先对收集到的资料进行整理，剔除不实信息，保证资料的系统性、完整性和可靠性；然后对整理后的资料进行分析。如果涉及问卷调查，可以借助 SPSS 等软件进行分析。

（五）撰写广告调查报告

前期的调查工作完成之后，广告调查人员应撰写广告调查报告，并将其呈送给广告调查的委托者。广告调查报告主要通过文字、数据、图表等形式全面客观地描述调查的发现。广告调查报告在表述方式上要尽可能简洁明了，要让广告决策者和企业的营销人员看得清楚明白。

 **任务实训**

1. 实训目的

掌握广告的网络调查法与传统调查法的区别。

2. 实训内容及步骤

随着互联网的普及，网络调查法越来越多地被应用于广告调查活动中。广告的网络调查法是指企业利用互联网收集和掌握广告信息的一种调查方法。与传统调查法相比，网络调查法能够为客户提供领域更广、周期更短、成本更低、精度更高、效能更佳、应用更灵活的广告调查服务。广告的网络调查法主要有网络文献调查法、网上问卷调查法、网上讨论法和网上观察法等，它们是对传统调查法极为重要的补充。

请同学们在自主学习的基础上对广告的网络调查法与传统调查法进行比较分析。

3. 实训成果

实训作业——广告的网络调查法与传统调查法的比较。

任务二 掌握广告调查的方法

 任务引入

　　超市老板小王在自学广告学课程时了解到广告调查的方法有很多种。例如，根据调查资料的来源，广告调查的方法可分为一手资料调查法和二手资料调查法。其中，一手资料调查法又称直接调查法，是通过收集一手资料而开展调查的方法，包括访谈调查法、观察法、实验调查法等。二手资料调查法又称文献调查法，是一种间接的调查方法，它是指利用已有的文献、档案等二手资料进行调查的方法。二手资料调查法又可细分为文献资料筛选法、报刊剪辑分析法等。小王觉得广告调查的方法与市场调查的方法基本相同，还是比较好理解的，但他不知道不同的广告调查方法的适用范围。

　　问题：请同学们根据所掌握的知识帮助小王解决这个问题。

相关知识

一、二手资料调查法

（一）二手资料调查法的资料来源

　　二手资料调查法要求调查人员熟知资料来源和资料检索方法。二手资料调查法的资料来源主要有企业自身、图书馆、专业网站、政府相关部门、广告行业协会等。

1. 企业自身

　　来自企业自身的资料包括经营状况分析报告、历年经营数据、市场分析报告、营销策划书、产品手册、内部刊物以及与广告活动相关的其他资料等。

2. 图书馆

　　图书馆包括公共图书馆、高校图书馆和一些专业图书馆。图书馆书籍、报刊繁多，种类也比较齐全，可以集中获取所需资料。在图书馆可以收集的资料包括广告统计年鉴、广告行业评述、广告调查报告等。在图书馆进行资料收集，要善于使用各种索引目录，这样才能事半功倍，高效地收集到所需的资料。

3. 专业网站

　　一些专业网站，如艾瑞网、胖鲸智库等经常发布一些与广告相关的研究报告和案例，这些网站是企业获得广告资料的重要渠道。艾瑞网搜索结果页面截图如图 3-1 所示。

4. 政府相关部门

　　调查人员从政府相关部门，如统计部门、市场监督管理部门、税务部门和行业主管部门等处可以获取当地经济发展的有关资料，以及有关的经济政策、法规和行业发展规划等。

5. 广告行业协会

　　广告行业协会的业务之一是提供行业信息服务。例如，中国广告协会的信息服务就包括"建立包括广告人才、广告企业竞争力与诚信度、广告企业经营情况等信息在内的广告业数据库及广告业信息发布制度；形成科学、全面、统一的信息共享平台，为企业发展、行业交流和政府有关部门制定政策，提供信息支持；依照有关规定，出版行业图书、杂志、内部刊物等，充分发挥互联网等新媒体的作用，做好行业信息服务建设"。

图3-1　艾瑞网的搜索结果页面截图

此外，门户网站、各类广告和财经方面的 App、微信公众号、专业的数据公司等也是二手资料的来源。

（二）二手资料调查法的工作程序

二手资料调查的工作量较大、复杂性和技术性较强。调查人员除了需要具备丰富的专业知识和严谨的工作态度之外，还需要掌握科学的工作程序，这样才能保证获取的二手资料具有较高的质量。

二手资料调查的第一步是根据调查目标确定所需资料的来源。例如，假设需要调查某一目标市场的人口状况，很显然，政府统计部门的年报、人口普查资料就是比较合适的资料来源。

当资料来源确定后，就可以着手进行资料收集的工作了。多人合作调查时，资料的收集方法有两种：一种是一个人负责一个问题或几个问题，翻阅所有的资料来源，仅收集所负责问题的有关资料；另一种是一个人负责一种或几种资料来源，收集这些来源中的全部有关资料。用前一种方法收搜集资料比较系统但也比较费时；用后一种方法能够节省时间，而且每个人收集的资料范围广，但在内容上容易有疏漏。两种方法各有利弊，调查人员在实际调查中应该根据具体情况选择使用。

在人手少、时间紧的情况下，调查人员在进行二手资料调查时还可以采取间接的方式，委托图书馆、咨询中心等机构进行专题调查，然后对其反馈的信息进行综合整理。

此外，在进行二手资料调查时，调查人员一定要充分利用网络资源获取相关信息，这样能极大地提高调查的效率。

（三）运用二手资料调查法的注意事项

1. 资料的可信度

资料的可信度也就是资料的准确性，依据准确的资料可以对市场做出正确的判断，而依据错误的资料有可能导致严重的后果。在调查中，调查人员要注意资料来源机构或书刊的权威性、他人调查成果的科学性，一些估计、推测出来的数据或结论，可以参考，但是使用时要慎重。

2. 资料的时效性

调查得来的资料要看是早期的还是近期的。市场竞争形势千变万化，单看早期的资料通常意义不大，而近期的资料则可以反映市场的现状及发展趋势。但从长期来看，市场的变化也是有规律可循的，调查人员对早期和近期的资料进行纵向分析，就可以得到市场变化的大致规律，从而对市场未来的发展趋势做出预测和判断。

3．资料统计口径的一致性

不同国家或地区，甚至同一国家或地区的不同机构可能对某一统计指标的定义不同，也就是统计口径不一致。因此，调查人员不能对从不同渠道收集的资料做简单的直接比较，而需要依据一定标准进行核算。

4．资料的筛选

通过二手资料调查法初步获得的资料多且复杂，因而对这些资料去粗取精、去伪存真确实不是一件容易的事。这就要求调查人员具有较高的素质，能从大量资料中敏锐、准确地找到那些与调查问题相关的资料。

二、一手资料调查法

对企业来说，一手资料调查法非常重要，尤其是当文献资料匮乏或不足时，采用一手资料调查法是唯一可行的选择。与二手资料调查法相比，采用一手资料调查法获得的数据更为真实、可靠，企业也更容易在调查过程中发现实际问题；但其费用高、工作量大，有些调查还会超出企业的能力范围，如行业调查等，因而具有一定的局限性。

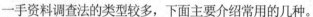
微课堂

一手资料调查法

一手资料调查法的类型较多，下面主要介绍常用的几种。

（一）问卷调查法

问卷调查法是广告调查中最常用的一种方法。运用问卷调查法的首要工作是设计好问卷，一份高质量的问卷可以使调查人员最大限度地获得全面准确的资料，为得出正确结论奠定良好的基础。问卷设计是一项技术性很强的工作，要求设计者具有丰富的学识和实践经验，特别是对社会心理相当了解，不但熟悉调查项目的要求，而且具有综合提出问题的能力，这样才有可能设计出高质量的问卷。问卷设计注意事项如下：①问题全面，涉及要调查的所有方面；②问题简明扼要，易于理解；③包含适当的过滤性问题，以验证被调查者的回答是否真实；④对被调查者不愿直接回答的问题巧妙地加以转化，使之成为其乐于回答的问题；⑤不涉及被调查者的个人隐私；⑥便于统计分析。

问卷一般包括卷首语、问题指导语、主体及结束语4个部分。其中，卷首语用于说明由谁执行此项调查、调查目的和意义。问题指导语，即填表说明，用来向被调查者说明怎样正确地填写问卷。主体包括问题和选项，是问卷的核心部分。问题分为封闭式问题（问题后有若干备选答案，被调查者只需在备选答案中做出选择即可）、开放式问题（只提问题，不设相关的备选答案，被调查者有自由发挥的空间）和半封闭式问题（在采用封闭式问题的同时，再附上开放式问题）3类。结束语用来表示对被调查者的感谢，或提供一些奖品、优惠券等。

知识链接

问卷调查的提问技巧

1．巧用亲切诚恳的引语，使调查对象自愿与之合作。问卷的开场白要慎重对待，要以亲切的口吻询问，措词应精心切磋，做到言简意明，使调查对象自愿与之合作。大量的实践表明，几乎所有拒绝合作的人都是在开始接触的前几秒钟内就表示不愿参与。调查对象一旦开始回答，就几乎都会继续并完成，除非在非常特殊的情况下才会中止。

2．采用通俗易懂的提问方式，使调查对象乐于回答。调查问卷应给调查对象一目了然的感觉，并且让调查对象愿意进行回答。问卷中语言要精练，语气要诚恳、问题要在调查对象的知识范围内,问卷的语言要口语化,符合人们交谈的习惯,避免书面化和文人腔调。排列问题时应该有逻辑性,要结合调查对象的思维逻辑来排列问题,不能带有主观性和暗示性。问卷的时间不宜过长,一个太长的问卷会让调查对象产生浪费时间的感觉,从而导致放弃回答。如果有特别需要,必须要设置很多问题时,可以将一个问卷分成两个问卷进行调查。

3. 妙用"迂回""分解"的方式提问,间接获得所需数据。设计问卷中的问题时,必须考虑到调查对象能否提供真实、准确的数据。对于困窘性问题,如果一定想获得答案又避免调查对象做不真实的回答,可采用间接提问的方式,不直接询问调查对象对某件事情的观点,而改问"别人有这种看法,你是否同意他们的看法"。

资料来源:中国信息报。

问卷设计完成之后,下一步是选取调查对象。在调查对象数量大、调查问题范围广的情况下,一般采用抽样的方法来选取调查对象。抽样的方法很多,常用的有简单随机抽样、分层随机抽样、分群随机抽样、系统抽样、判断抽样、任意抽样和配额抽样等方法。

广告调查问卷发放与填写的方式有多种,如现场发放填写、邮寄问卷填写、留置问卷填写等。随着网络的普及,问卷调查多采用网络问卷进行。网络问卷调查是将设计好的问卷通过一定的方式在网上发布,让被调查者了解并参与调查,常见的发布方式有以下几种。

1. 网站(页)发布

网站(页)发布即将设计好的问卷发布到某个网站(页)上。这就要求问卷设计有吸引力,并易于回答。发布方式可以是在网站(页)上设置有问卷相关标志或文字的链接,访问者可通过单击链接进入问卷页面,并完成问卷的填写。例如,华为在其花粉俱乐部页面发布了问卷链接,以供访问者主动单击填写(见图3-2)。

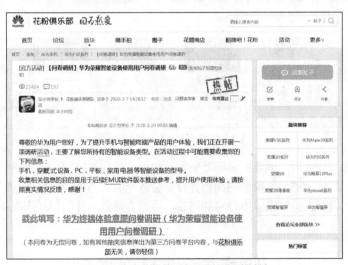

图3-2 华为花粉俱乐部页面的问卷链接

2. 弹出式调查

调查人员在网站上设计一个弹出窗口,当访问者进入网站时,窗口会自动弹出,并请求访问者参与网上调查。若访问者有兴趣参与,单击窗口中的"是"按钮,就可以在问卷窗口中填写问卷并在线提交。调查人员在网站上安装抽样软件,按一定的抽样方法自动抽取被调查者。这类似于传统调查中的拦截式调查,经常访问者被抽中的可能性要大于偶尔访问者被抽中的可能性。调查人员可采用跟踪文件的方式避免访问者重复填写问卷。

3. E-mail 调查

E-mail 调查是指调查人员将问卷直接发送到被调查者的个人电子邮箱中，让被调查者主动参与调查，填写问卷并回复邮件。这类似于传统调查中的邮寄问卷调查，需要调查人员收集目标群体的电子邮箱作为抽样样本。该类调查的不足之处在于：问卷以平面文本格式为主，无法实现跳答、检查等较复杂的问卷设计；抽样的完备性和问卷的回收率难以保障，而这将影响问卷调查结果的质量。

4. 讨论组调查

讨论组调查是指在相关的讨论组中发布问卷，邀请其成员参与调查。该调查也属于主动型调查，但调查人员在讨论组中发布问卷时，应注意调查的内容与讨论组主题的相关性，否则容易引发其成员的反感或抵触情绪，以致无法完成调查。

5. 利用专业的问卷调查平台发布

专业的问卷调查平台功能强大，能够为调查人员提供全面的问卷调查解决方案，其提供的服务包括问卷设计、问卷发布、数据采集、统计分析、生成报表和报告等。例如，问卷网提供 60 多万份调查问卷模板，支持微信、微博、QQ 等多种发布模式渠道，而且能自动生成专业的分析报告。问卷网的市场调研模板如图 3-3 所示。

图3-3　问卷网的市场调研模板

广告调查问卷发放以后，调查人员还要采取一定的措施（如填写问卷后随机抽奖）以保证其回收率。很显然，回收率越高，得到的调查资料就会越全面。另外，还需注意的是，在统计分析回收的问卷之前，调查人员应剔除不合格的问卷，否则会导致统计的信息失真。

延伸学习

设计在线问卷应注意的问题

网络问卷调查是网络营销调查中最常用的方法，其中问卷质量直接关乎调查的成败，因此调查人员应根据调查目标精心设计问卷。设计问卷时应注意以下问题。

一是表述清晰。问卷中的文字表述要准确，语句意思应明确，注意不要使问题表述存在歧义。

二是设置问题顺序。一般来说，应本着"先易后难、先简后繁"的原则对问题进行排序。如果前几个问题就不容易回答，很可能会使被调查者放弃答题。

三是语言的艺术性。在提问时，尽量选择被调查者易接受的语句。不要直接询问敏感问题，避免提出难以回答的问题。例如，对于涉及隐私的问题，被调查者往往会产生一种本能的自我防卫心理，直接提出此类问题，往往会导致被调查者拒答。该类问题最好采用间接询问的形式，语言要委婉。问卷设计者更要注意考虑被调查者的感受，讲求语言的艺术性，避免被调查者产生厌恶、抵触心理。

四是避免诱导性问题。例如，"大多数人都认为该产品很好，您是否也喜欢它？"就属于典型的诱导性问题。诱导性问题会对被调查者产生影响，使调查结果不能反映被调查者的真实想法，导致数据可信度降低。因此，在设计问卷时要保持中立的提问方式，使用中性的语言。

五是尽量避免使用专业术语。专业术语仅是问卷设计者和同一领域内的专业人士所熟知的，因此在问卷设计中要慎用，以免被调查者不知所云，无法作答。同时，也要避免使用其他难以理解的措辞来提问。

六是避免复合型题目。设计问卷时，最好一个问题包含一个内容，如果一个问题涉及多个内容，则会使被调查者难以作答，问卷统计也会很困难。例如，"你为何选择毕业后进行互联网创业？"这个问题包含了"你为何毕业后创业？""你为何借助互联网创业？"两个内容，容易使被调查者难以作答。

七是有奖问卷的奖项设置合理。为激励被调查者参与调查，调查人员一般会采取有奖问卷的形式，但奖项设置要合理。奖品价值过低，对被调查者难以产生激励作用；奖品价值过高，则可能使调查成本过高。

此外，问卷设计出来后，调查人员应多方征求意见，并据此对问卷进行修改、补充和完善，最好在小范围内进行试验调查，听取被调查者的意见，看问卷是否符合设计的初衷与调查的需要，从而保证问卷调查的实际效果，避免出现大的失误。

（二）观察法

观察法是指调查人员到现场利用自己的视觉、听觉或借助摄录像器材，直接或间接观察和记录被调查者对广告的反应的一种方法。利用观察法进行调查，调查人员不需要向被调查者提问，而是凭自己的直观感觉，从侧面观察、旁听、记录现场发生的事实，以获取所需要的信息。观察法又可分为直接观察法和间接观察法。直接观察法需要调查人员亲临现场开展调查，如在公交车站观察候车乘客对站牌广告的关注度等；间接观察法是指调查人员采用各种间接观察的手段，如通过痕迹、仪器等进行观察，以获取所需要的信息。

（三）实验调查法

实验调查法是指在既定条件下，通过实验对比，对市场现象中某些变量之间的因果关系及其发展变化过程加以观察分析的一种调查方法。就广告调查而言，调查人员可以从影响广告效果的众多变量（如广告文案、广告模特、广告媒体等）中选出一个或两个，将它们置于同一条件下进行小规模实验，然后对实验得到的数据进行处理和分析，从而确定更好的广告方案。

实验调查法的调查结果具有较强的客观性和实用性，在调查中，调查人员可以主动对实验进行控制，因而实验能较为准确地反映出各变量之间的因果关系。实验调查法还可以用于探索在特定的环境中不明确的市场关系或行动方案，其结果具有较强的说服力，可以帮助决策者决定行动的取舍。但实验调查法所需时间长、费用高，只能识别实验变量与有关因素之间的关系，很难解释众多因素的影响，且不能分析过去或未来的情况。

延伸学习

速溶咖啡成功的广告调查

速溶咖啡是美国 20 世纪三四十年代开发出的一种新饮料，其味道和营养价值与传统豆制咖啡大致一样，而且具有传统豆制咖啡难以匹敌的一大优点——方便。这种饮料配制简单，饮用方便，既不需要花费过多的煮制时间，也不必为清洗咖啡器皿费力气，用开水一冲即可饮用。按理说，速溶咖啡一上市就会很快取代传统豆制咖啡。但事与愿违，尽管厂家对其方便的特点进行了大力宣传，购买者仍寥寥无几。

问题出在哪里呢？厂家组织心理学家们进行了调查。他们采用问卷调查法，请被调查者说明不喜欢速溶咖啡的原因。很多被调查者回答："不喜欢它的味道。"实际上，速溶咖啡在味道上与传统豆制咖啡几乎没有区别。显然，这不是消费者不接受速溶咖啡的真正原因。

那么，速溶咖啡受到冷遇的真正原因是什么呢？上述调查结果表明，消费者对速溶咖啡可能存在某种偏见，而又出于某种心理不愿意说出这个原因。为了弄清这个问题，心理学家们又改用间接的调查方法对消费者进行了更深入的调查。他们编制了两份购物单，并把它们分发给两组家庭主妇，请她们作为旁观者描述按该购物单买东西的家庭主妇是什么样的。事实上，这两份购物单虽然分别列出了 6 个项目，但除了咖啡一项不同之外，其余完全一样，如表 3-3 所示。

表 3-3　两份购物单

购物单 1	购物单 2
1 听发酵粉	1 听发酵粉
2 块面包、1 根胡萝卜	2 块面包、1 根胡萝卜
1 磅速溶咖啡	1 磅传统豆制咖啡
1.5 磅碎牛肉	1.5 磅碎牛肉
2 磅桃子	2 磅桃子
5 磅土豆	5 磅土豆

拿到购物单 1 的近 50%的人认为，按这张购物单买东西的是个懒惰、邋遢、生活没有计划的女人；有 12%的人认为，这是个挥霍浪费的女人；有 10%的人认为，这不是一个好妻子。拿到购物单 2 的家庭主妇则认为，按此购物单买东西的家庭主妇是个勤俭的、会过日子的、有经验的、喜欢烹调的女人。

如此看来，广告一味强调速溶咖啡的饮用方便和节省时间等优点，使大多数家庭主妇产生了偏见，她们认为购买速溶咖啡的是生活无计划、邋遢的懒妻子。而当时美国的家庭主妇都希望做一个勤劳的、会过日子的家庭主妇，而不愿意做一个懒惰的、不会过日子的家庭主妇，偏见阻碍了速溶咖啡的销售。

厂家根据这种情况，决定改变广告主题，在广告中不再宣传速溶咖啡省时省力，而是强调速溶咖啡具备传统豆制咖啡所具有的美味、芳香和质地醇厚等特点。其广告画面是一杯美味咖啡背后高高地堆着很大的褐色咖啡豆，速溶咖啡罐上写着"100%真正咖啡"的字样，还有意增加了开启难度。这样的策略在一定程度上打消了消费者对速溶咖啡的顾虑，增强了速溶咖啡在感官上的吸引力，经过长时间的广告宣传，消费者的偏见慢慢消除了，速溶咖啡终于成为西方最受欢迎的饮料之一。

（四）访谈调查法

访谈调查法是指通过访谈形式获取一手资料的调查方法。访谈调查法又可进一步划分为深度访谈调查法和小组访谈调查法两种形式。

深度访谈调查法也称个别访谈法，是指调查人员通过对被调查者的个人访谈而获取一手资料的调查方法。在进行深度访谈调查的过程中，调查人员应客观公正，尽量让被调查者表达出内心对问题的真实看法。

小组访谈调查法又称焦点小组访谈法，是指挑选一组具有代表性的被调查者，利用小组座谈会的形式，由主持人就某个广告主题引导到会人员进行讨论，以获得对某问题的深入了解的一种调查方法。与其他的调查方法相比，小组访谈调查法具有资料收集快、取得的资料较为广泛和深入、协同增效、专门化、科学监视、形式灵活、即时互动等优点。但是，小组访谈调查法也具有主持难度比较大、获得的意见性资料比较杂乱、意见的代表性较差等缺点。

 延伸学习

实施小组访谈调查法的过程

首先，确定小组访谈调查地点。然后，选择被调查者和主持人。优秀的主持人是小组访谈调查法成功的关键。小组访谈调查法对主持人的要求是：第一，主持人必须能恰当地组织一个小组；第二，主持人必须具有良好的沟通技巧，以便有效地与被调查者进行互动。第三，编制讨论大纲。讨论大纲是小组座谈会中所涉及的话题纲要，按一定顺序逐一讨论所有话题可以防止讨论的内容跑偏。第四，编写小组访谈调查报告。

深度访谈比小组访谈能更深入地探索被调查者的内心思想与看法。在深度访谈过程中，被调查者可以更自由地表达自己的看法，而小组访谈有可能会因为一些被调查者的从众心理而影响调查结果的客观性。

 任务实训

1. 实训目的

掌握广告的网络问卷调查法。

2. 实训内容及步骤

(1) 以小组为单位成立任务实训团队，由团队成员推选一名负责人。
(2) 各实训团队确定网络问卷调查的主题与目标，制定网络问卷调查方案。
(3) 各实训团队设计网络调查问卷，并在问卷星、问卷网等网络调查平台发布。
(4) 各实训团队根据网络问卷填写情况进行统计分析。
(5) 各实训团队撰写网络问卷调查的实施过程及心得体会，并提交给授课教师批阅。

3. 实训成果

实训作业——××广告的网络问卷调查实施情况报告。

任务三 学会撰写广告调查报告

任务引入

市场营销专业的小李大学毕业后去了一家广告公司的调查部工作。一开始，她的主要工作是协助公司同事为客户实施广告调查活动。一次，负责撰写广告调查报告的同事小王因家中有事突然请长假，客户限期提交的广告调查报告因此无法按时完成。看到公司有困难，小李向主管主动请缨承接小王的工作。小李夜以继日地工作，终于按时提交了广告调查报告，对此她感到无比兴奋，很有成就感。但没过几天客户的反馈却让她异常沮丧。客户对她撰写的广告调查报告非常不满意，认为该报告篇幅过长，专业术语太多，而且提出的对策也没有充分考虑其实际情况。为此小李郁闷了好长一段时间。

问题：撰写广告调查报告应注意哪些问题？小李该如何提高广告调查报告的撰写水平？

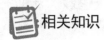 相关知识

一、广告调查报告的内容

广告调查报告是调查人员根据广告调查活动所获得的信息资料和据此形成的分析所撰写的一种文体。撰写广告调查报告实际上是调查人员必须承担的一项重要工作。广告调查报告的主要内容应包括调查的背景及意义，调查所采用的方法、步骤、统计方法以及可能产生的误差，调查的主要结论，企业应当采取的主要对策等。

二、广告调查报告的文体结构

广告调查报告有一定的写作要求，如基本的文体格式、写作内容等都有一定的范式。但这些要求不是绝对的，在具体的写作过程中需要灵活处理。

完整的广告调查报告的文体结构一般包括标题、摘要、目录或索引、正文、结语、附录等部分，下面分别进行介绍。

（一）标题

标题是对广告调查报告内容的高度概括。一个好的标题不仅能直接反映出广告调查报告的核心思想和基本内容，还会因为它揭示的深刻内涵引发读者强烈的阅读欲望，所以，标题要开宗明义，做到直接、确切、精练。

广告调查报告的标题可以分为单标题和双标题两种。单标题一般是把调查单位、调查内容明确而具体地表现出来，如"关于某某企业广告效果的调查"，这种标题概括了广告调查报告的主要内容和分析范围。有的单标题直接将广告调查报告的基本观点挑明，如"某某企业广告投放效果不佳的原因调查"。

双标题也称为双行标题，其包含主、副标题。一般来说，主标题反映调查的中心思想，是受关注的部分，它揭示的是广告调查报告中最主要的事实和思想；副标题则是在时间、范围、内容上对主标题加以限制，或补充主标题的不足，如"短视频广告势不可当——短视频广告发展现状调查"。这种标题往往是主标题发人深省、简洁明快、新颖活泼，富有强烈的吸引力，副标题相对来说更具体、"务实"。

（二）摘要

摘要是对本次广告调查的情况所做的简明扼要的说明，主要是用高度概括的语言介绍此次广告调查的背景、目的、意义、内容、方法和结论等。

（三）目录或索引

如果广告调查报告内容较丰富，页数较多，从方便阅读的角度出发，应当使用目录或索引，将广告调查报告的主要章节及附录资料的标题列于正文之前，并写明相应的序号和页码。

（四）正文

正文是广告调查报告陈述情况、列举调查资料、分析论证的主体部分。正文部分必须真实、客观地阐明全部有关论据，包括问题的提出、论证的全部过程、结论的引出以及各种分析研究的方法等方面。

此外，还要对正文的结构进行精心安排，基本要求是结构严谨、条理清楚、重点突出。要做到这一点，就要将调查得到的资料进行科学分类和符合逻辑的安排。

（五）结语

结语是广告调查报告的结束部分，没有固定的格式。一般来说，这部分是对正文的概括和归纳，是对广告调查报告主要内容的总结。有的结语强调报告所论及问题的重要性，以提示读者关注；有的结语提出报告中尚未解决的问题，以引起读者重视；有的结语则将解决问题的办法、建议或措施和盘托出。

无论是哪种结语，与正文的论述都要紧密联系，但不要复述正文内容，以免画蛇添足。

（六）附录

附录是对广告调查报告正文内容的必要补充，用以论证、说明或进一步阐述正文中所包含的某些资料。例如，调查问卷、调查抽样细节、原始资料的来源、调研获得的原始数据图表（正文一般只列出汇总后的数据图表）等都可以放在附录中。

三、撰写广告调查报告应注意的问题

撰写广告调查报告不应简单堆砌资料内容，而应在科学分析资料后，整理得出相应的有价值的结果，为企业制定广告决策提供依据。在撰写广告调查报告前，要先了解读者偏好的报告形式及期望获得的信息。广告调查报告要清晰明了、图文并茂，在写作的过程中还要注意语言规范，不能太过口语化，以免使读者对其准确性产生怀疑。

此外，撰写广告调查报告还应注意以下事项。一是要用标准格式撰写，文中尽量少用专业术语；二是务必使文中所包含的全部内容都与报告的主题相关，一切无关内容均需剔除；三是仔细核对全部数据和统计资料，确保其准确无误；四是排版要整洁，易于阅读。

 任务实训

1. **实训目的**

掌握广告调查报告的撰写。

2. **实训内容及步骤**

根据本项目任务二实训部分的网络问卷调查结果撰写广告调查报告，具体步骤如下。

（1）各实训团队人员不变，每个团队对回收的有效问卷进行统计分析。

（2）各实训团队对数据分析结果进行讨论，分工完成广告调查报告的撰写。

（3）各实训团队负责人负责统稿，统稿之后再组织大家讨论、修订。

（4）完成广告调查报告终稿的撰写，并提交给授课教师。

（5）授课教师在课堂上对各实训团队提交的广告调查报告进行点评。

3. **实训成果**

实训作业——××广告调查报告。

 思考题

一、单选题

1. 广告主体调查是对（　　）进行的调查。

　　A. 广告环境　　　　B. 广告产品　　　　C. 广告客户　　　　D. 广告主的企业

2. 二手资料调查法是一种（　　　）的调查方法，它利用已有的文献、档案等文字资料进行调查。

  A. 直接   B. 实地   C. 入户   D. 间接

3. 广告调查的首要程序是（　　　）。

  A. 研究设计   B. 界定问题   C. 调查实施   D. 整理调查资料

4. （　　　）是广告调查中最常使用的一种方法。

  A. 问卷调查法   B. 观察法   C. 实验调查法   D. 访谈调查法

5. （　　　）是对广告调查报告内容的高度概括。

  A. 摘要   B. 目录   C. 标题   D. 附录

二、多选题

1. 运用二手资料调查法的注意事项主要有（　　　）。

  A. 资料的重复性   B. 资料的可信度

  C. 资料的时效性   D. 资料统计口径的一致性

  E. 资料的筛选

2. 广告调查的程序包括（　　　）。

  A. 界定问题   B. 研究设计

  C. 调查实施   D. 调查资料整理和分析

  E. 撰写广告调查报告

3. 以下属于二手资料调查法的资料来源的有（　　　）。

  A. 企业自身   B. 图书馆   C. 情报中心

  D. 政府相关部门   E. 广告行业协会

4. 采用小组访谈调查法开展广告调查的优点有（　　　）。

  A. 费用低   B. 形式灵活   C. 不会造成心理压力

  D. 资料收集快   E. 即时互动

5. 广告的网络调查法主要有（　　　）等，它们是对传统调查法极为重要的补充。

  A. 日记式调查法   B. 网上问卷调查法   C. 网上讨论法

  D. 网上观察法   E. 节目印象调查法

三、名词解释

1. 广告调查   2. 广告媒体调查   3. 实验调查法   4. 深度访谈调查法   5. 广告调查报告

四、简答及论述题

1. 广告调查的内容包括哪些方面？

2. 企业为什么要进行广告调查？

3. 广告调查报告可以分为哪几个部分？

4. 一手资料调查法主要有哪几种？

5. 试论述设计问卷时需注意的问题。

案例讨论

百威啤酒在日本的广告调查

  1876 年诞生于美国的百威是世界知名的啤酒品牌，百威啤酒在百年的发展历程中，以纯正的口感、过硬的质量赢得了全世界消费者的青睐，成为全球最畅销的啤酒之一。百威之所以能够成功，除了优秀的品质和百年的品牌积淀外，还因为其通过周密的广告调查找到了消费者的真正需求，这一点从百威成功进军日本市场即可看出。

百威在进入日本市场时，通过广告调查对消费者进行了全面而又深入的了解。调查的具体项目包括消费者的人口统计特征、消费者购买啤酒的动机、消费者购买啤酒的决策过程、消费者选择啤酒的标准、消费者对不同品牌啤酒的评价、消费者获取啤酒产品信息的渠道（包括接触媒体情况）等。

通过广告调查，百威准确把握了日本啤酒市场的现状，确立了以年轻人为诉求对象的广告策略。调查发现，日本年轻人的购买力较强，他们愿意花时间去追求自己喜爱的事物，对新产品富有好奇心，愿意尝试购买新产品。年轻的消费者有自己个性化的表达方式和独特的语言，往往是市场舆论的制造者和意见领袖。

百威在将 25～35 岁的男性确定为日本市场的目标客户之后，制作并发布了一系列专门针对该类人群的广告。广告诉求的重点是强调百威啤酒的知名度，突出百威啤酒的高品质形象。为了确保广告效果，百威让公司的日籍员工对广告创意和广告文案进行把关，并采用目标客户乐于接受的方式来表达广告诉求。

广告调查帮助百威制定并实施了适合日本市场的广告策略，让百威啤酒进入日本市场后第二年就成为进口啤酒中的佼佼者，可谓大获成功。

问题讨论

1. 广告调查与一般的市场调查有何不同？
2. 百威成功的广告调查给我们的启示是什么？

探究广告创意

项目情境导入

2022 年母亲节之际，美团外卖推出广告短片《妈妈爱花，我们爱她》，短片宣传海报如图 4-1 所示。美团外卖通过对生活中细微处的洞察发现了从不缺席妈妈生活的花：衣服上、围裙上、墙上、水杯里、盆栽里……妈妈的生活里总是有花的影子。这让观众不自觉联想到自己的妈妈。母亲节，如果你还没想好送妈妈什么，那就上美团外卖搜"鲜花外卖"，送妈妈一束花。美团外卖洞察到"妈妈爱花"的特征，通过口语式押韵表达"妈妈爱花，我们爱她"，为母亲节送花这一行为赋予了更深的情感意味。美团外卖通过"花"，用情感与细节传达"美好生活小帮手"的理念。

图4-1　美团外卖母亲节广告短片宣传海报

从美团外卖的这则广告中可以看出，要想打造优秀的品牌创意广告，不仅要在广告中体现品牌调性，更重要的是体现品牌温度。面对纷繁复杂的市场环境，企业需要改变"广告就是为了宣传卖货"的旧思维，建立"以受众为中心"的广告投放思维，这样品牌才能获得受众的青睐，从而得到长远的发展。

问题：结合本案例，请谈谈你对优秀广告创意的初步认识。

项目分析

广告创意水平在一定程度上决定了广告作品的"生命"。在商业社会中,广告无处不在,但不同广告留给我们的印象却大相径庭:一些广告平淡无奇,令人毫无兴趣,甚至会引起我们的反感;而有些广告却能激发我们的消费欲望,产生良好的效果。同样是广告,为什么会有如此大的差距?除了广告设计与制作以及产品本身等方面的原因外,广告创意水平不同是最为重要的原因。

那么,什么是广告创意?广告创意活动有哪几个阶段?广告创意有哪些可供选择的策略?广告创意的表现方式与技巧有哪些?本项目将对以上问题进行解答。

 项目学习任务书

本项目学习任务书如表 4-1 所示。

表 4-1 项目四学习任务书

任务编号	任务主题	需要掌握的知识点	技能目标	建议课时数
任务一	认识广告创意	广告创意的概念; 广告创意活动的过程	准确理解广告创意的概念; 掌握广告创意活动的过程	1.0
任务二	掌握广告创意的策略	信息型广告创意策略; 迁移型广告创意策略	能够对企业的广告创意策略作出客观评述	1.0
任务三	熟悉广告创意的表现方式与技巧	广告创意的表现方式; 广告创意的表现技巧	能够完成某产品或服务的广告创意策划	1.0

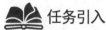 认识广告创意

 **任务引入**

某品牌巧克力的一则广告,为了突出它可以增加能量的特性,设置了以下场景。一个人在山间公路上晨跑结束后,用双手撑着路边的一辆跑车活动腰身。一个黑人一边吃着该品牌的巧克力,一边摇头晃脑听着摇滚歌曲开车经过。远远望过去,黑人还以为白人在用力推那辆车,于是,他把车开到那个白人旁边,二话没说下车走上前用力一推,就把跑车推下了悬崖,然后以一副"不用谢"的神情开车离去,白人对这突如其来的一切感到非常茫然……话外音:××巧克力使您能量倍增。

问题:这则巧克力广告的创意是否存在问题?广告创意优劣的评判标准有哪些?

相关知识

一、广告创意的概念

随着市场竞争的不断加剧,企业间的广告竞争也在不断升级,广告从以前所谓的"媒体大战""投入大战"逐渐转向创意方面的竞争。现在,人们越来越多地认识到创意是广告的生命与灵魂。

然而,广告创意到底是什么?广告界对此众说纷纭。例如,"创意就是你发现了人们习以为常的事物的新含义""创意人员的责任是收集所有能帮助解决问题的材料,如产品事实、产品定位、媒体状况、各种市场调查数据、广告费等,然后对这些材料进行分类、整理,归纳出所需传

达的信息，最后将其转化为一种极富戏剧性的形式""创意就是用一种新颖而与众不同的方式来传达某种意念的技巧与才能，即客观地思索，然后天才地表现"等。

可见，广告创意的概念较为抽象，定义它并不是一件容易的事。本书认为，广告创意是广告策划的一系列思维活动，包括广告题材的选择、主题的提炼、形象的典型化、文案的撰写、画面的意境化，以及对载体、表现方式和风格的综合思考与想象。所以，广告创意的实质是对创作对象进行想象和创造，使现实美与艺术美融合起来。

 经典赏析

南方黑芝麻糊经典广告

"小时候，一听见芝麻糊的叫卖声，我就再也坐不住了。"20 世纪 90 年代，中国的电视观众都被这一句充满怀旧感的旁白和那个可爱的小男孩舔碗底的镜头打动了，无数观众沉浸在一片温情中，可以说，南方黑芝麻糊的这则广告获得了空前成功。

广告的视听内容配合得相当完美，画面采用了统一的暖色调，配合演员恰当的表演，强化了情感诉求的效果。中心画面表现小男孩舍不得放下碗而不断地舔碗，镜头景别用了大特写，使主题展示令人动情，芝麻糊的卖主给小男孩添半勺芝麻糊的镜头进一步触动了观众。

买卖一碗芝麻糊看似极其简单，但额外添半勺，蕴含了多少人间真情——母性怜爱、邻里乡情、仁义宽厚……中华民族的传统美德和人与人之间真挚的情感由此体现得淋漓尽致。南方黑芝麻糊的这则广告最大的特点就在于打出了一张"温情牌"，以情感诉求的方式达到吸引观众的目的。

资料来源：百度文库，有删改。

二、广告创意活动的过程

广告创意活动需要遵循科学的过程，一般包含以下 4 个阶段。

第一阶段，收集资料。

收集资料是开展广告创意活动的前提与基础。广告创意活动应建立在广泛收集资料、充分把握相关信息的基础之上。广告创意人员只有充分掌握各种相关信息，才有可能发现产品或服务与目标消费者之间的关联，才有可能产出高水平和成功的创意。广告创意的相关资料主要集中在产品、服务、目标消费者及竞争者等方面。

广告创意绝不是无中生有的，而是需要广告创意人员平常细致地观察生活、体验生活、把握生活，并把生活中的点滴汇入脑海储存起来，以备后用。

第二阶段，整理、分析资料。

收集到的资料未必都有价值，因此，广告创意人员需要对收集到的资料进行归纳、整理和分析。具体工作如下：分析广告产品与同类产品的共同属性；通过对比分析，找出广告产品与竞争产品相比所具有的优势和劣势；根据广告产品的竞争优势确定广告的诉求。

第三阶段，酝酿与顿悟。

广告创意的产生表现为灵感的突现，但它不会无中生有，而需要广告创意人员的深思熟虑，这样他才有可能在某一刻茅塞顿开，灵感才有可能突然迸发。

第四阶段，仔细推敲，不断完善。

广告创意在形成之初，往往是模糊的、粗糙的和支离破碎的，会有许多不合理的地方，需要广告创意人员仔细推敲，使之逐渐成熟和完善。广告大师大卫·奥格威在提出和确认任何一个广告创意之前都热衷于与他人商讨。其中最著名的案例是他为劳斯莱斯汽车创作广告时，写了 26

个不同的标题，请了 6 位同行来把关，最后才选出大家都觉得很好的一个："这辆劳斯莱斯汽车的时速达 96 千米，车内最大的声音来自电子钟。"写好后，他又让文案人员反复修改，最后定稿。广告大师尚且如此，我们更应该对广告创意进行反复斟酌和修改。

 课堂讨论

有人认为优秀的广告创意来自天才创作者的灵感和顿悟，你认同这个观点吗？

 任务实训

1. 实训目的

熟悉广告创意活动的过程。

2. 实训内容及步骤

（1）在认真分析的基础上选取家乡某一特产为广告创意对象。

（2）收集与广告创意相关的资料，寻求该特产与目标消费者之间的关联。

（3）整理、分析资料，确定广告的诉求点。

（4）完成广告创意，并进行验证和完善。

（5）提交广告创意到班级学习群，由同学们相互评议。

3. 实训成果

实训作业——家乡特产××的广告创意书。

 掌握广告创意的策略

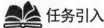 **任务引入**

好的广告创意要对比鲜明，能够引起受众注意。心理学家们的实验表明，差异越大的信息越容易引起受众注意，这既可以是声音上的差异，也可以是色彩上的差异。好的广告创意既要让受众感到真诚温情，也要具有戏剧性。李奥·贝纳为美国肉类研究所芝加哥总部创作的关于"肉"的广告文案是"你能不能听见肉在锅里滋滋地响？"，他的创意哲学是：我们卖的不是肉而是滋滋声。这个广告文案多么有创意，能让人感到温暖和有人情味。

此外，好的广告创意还要有鲜明的定位。美国七喜汽水堪称广告史上广告创意定位鲜明的典范。在美国软饮料市场上，可口可乐和百事可乐占据了 2/3 的市场份额，余下的 1/3 的市场份额被众多软饮料品牌所瓜分。显然，七喜汽水根本无法与强大的可口可乐和百事可乐直面竞争，于是它另辟蹊径，确定了"七喜，非可乐"的广告定位，最终取得了成功。

国内优秀的广告创意也有很多，如乐百氏的"27 层净化"，雕牌洗衣粉的"妈妈，我能帮你干活了"等都是其中的佼佼者。

问题：你所知道的经典广告创意案例还有哪些？其经典之处在哪里？

 相关知识

广告内容有硬性内容（hard content）和软性内容（soft content）之分。广告的硬性内容一般以信息传递为主，主要向消费者说明购买产品或服务的理由，从而使消费者做出合理的购买决策。而软性内容一般以情感诉求为主，采用以情感人的方式接近消费者，以引发消费者对品牌或企业的偏好。前者被称为信息广告（informative advertising），后者则被称为迁移广告（transformational advertising）。因此，广告创意策略可分为信息型广告创意策略和迁移型广告创意策略两大类。

一、信息型广告创意策略

信息广告是指向受众提供明确而有逻辑性的事实性信息的广告。信息广告一般根据消费者对实用性或效用性的需求，将消费者的负面情绪（negative emotion）作为提供信息的线索。在这里，消费者的负面情绪是指消费者遇到问题但没有找到合适的解决方法的时候，或者因问题而处于不满意的状态的时候所产生的心理不协调状态。广告在提示消费者的这些负面情绪时，应该紧接着提供有关广告产品能带来效用的信息。例如，保险公司的广告通常先提示预想不到的事故方面的内容，然后提示能解决这些问题的方法（即购买保险）。

理性的消费者通过信息广告获得相关的产品信息，并根据这些信息区分产品的特性，做出购买决策。在制定信息型广告创意策略时，企业应使广告所强调的信息真实、重要且符合逻辑。只有这样，信息广告才能充分影响或刺激广告受众。

 案例

Narry.com 的广告创意

泰国是个常年炎热的国家，几乎没人穿西装。可是在泰国裁缝业却是个非常流行的行业。在泰国，每 4 家店中就有 1 家是裁缝店。泰国裁缝店的主要客源是外国人和游客。

在当地，进行广告宣传的裁缝店并不多，但是从实际效果看，广告的确是使某家裁缝店从众多竞争对手中脱颖而出的好方法。Narry.com 就是一家善于运用广告的裁缝店，其成功之处就在于清楚谁是自己的"目标消费者"，更知道如何有效地利用有限的预算将广告信息传递到这些"目标消费者"手中。

Narry.com 广告成功的原因就在于其出现在了当地航班所提供的杂志和旅游手册中。大多数做广告的裁缝店都会选择投放户外广告，但是户外广告通常只能充当指路牌的角色，其效果远远不及直接把广告投放到消费者手中那么有效。由于各裁缝店之间的最终产品几乎没有多大差别，Narry.com 在非常了解消费者所关心的和自己所提供的产品和服务的基础上，不仅简单地强调自己的品牌，而且强调自己品牌的个性。在这种情况下，Narry.com 广告的目的首先是使自己与其他裁缝店区分开来，然后是加强消费者的信心并激发消费者的兴趣。

作为只在泰国停留几天的游客，他们主要会考虑以下几个问题（广告内容设计）。

（1）制作水平及工艺。衣服尺寸是否合适？衣服是否需要修改多次才能合身？

（2）款式。裁缝店是否能够提供最新的款式？还是只有传统款式？

（3）方便和快捷性。裁缝店是否很容易找到？消费者能否在短时间内拿到成衣？

（4）价格。裁缝店能否提供最优惠的价格从而避免消费者因逐家询价而浪费大量时间？裁缝店会不会欺骗消费者？

Narry.com 的广告不仅清楚而又直接地回答了消费者的上述疑问，而且帮助消费者树立了充分的信心和足够的信任感。

（1）Narry.com 在广告中展示了泰国总理颁发的表彰其高水平制作工艺的奖品。虽然大多数消费者并不清楚这是什么奖品，但是这条信息提高了消费者对它的信任度。

（2）员工每年到欧洲学习 6 次，以了解和掌握最新的时装潮流。

（3）Narry.com 在广告中刊出了详细的地图，标明店铺所在位置，而且全天候24小时都可以为消费者量体裁衣，并承诺在12小时内提供成衣。

（4）Narry.com 在广告中介绍了详细的套装服务和优惠政策，并注明各种外套、衬衣等的数量和价格。他们的广告更提供了直接的回报：只要消费者拿着该广告册子上门，就可以获得更大的折扣。最重要的承诺是他们为消费者提供了无条件的"退款保证"，使消费者可以无后顾之忧地选择 Narry.com。

（5）Narry.com 还宣传自己先进的电子商务系统。所有消费者的个人尺寸和要求都会被保存在数据库中，消费者以后就可以在全球各地通过互联网订购服装。

Narry.com 的广告达到了很好的效果。几乎所有前来裁剪衣服的消费者都拿着这个广告册子。据 Narry.com 透露，90%的消费者都是被广告成功地吸引过来的。

案例分析

本案例是一个花小钱办大事的经典案例，Narry.com 只用了极为有限的广告预算（不到10万美元）就实现了令人相当满意的销售回报。Narry.com 并非一家资金实力雄厚的大公司，而只是泰国的一家年收入200多万美元的中等规模的裁缝店。但它深谙媒体策划之道，通过在当地航班所提供的杂志和旅游手册中刊登广告，将广告信息精确地传递给目标消费者，避免了资金的浪费。此外，它的广告内容设计也非常出色，直接清楚地主动解答了消费者的疑问，从而打消了消费者的顾虑，赢得了消费者的信任。

二、迁移型广告创意策略

迁移广告是使消费者在接触广告时能够联系消费经验（或体会）并对产品产生肯定的心理反应的广告。在广告作品中，采用迁移型广告创意策略的案例很多，乡愁诉求广告就是其中典型的代表。

 案例

乡愁诉求广告

乡愁是人们固有的思乡之情，在城镇化快速发展的今天，又引申为人们对乡村生活方式的怀念和向往。在人口流动频繁、生活压力加剧的现代社会，记忆中的故乡令远离故乡的人们魂牵梦绕，城市生活高压下的人们也向往着乡村生活。有着些许怀旧意味的"乡愁"已经逐渐成为一种社会文化心理。主打"乡愁牌"的各类产业，无论是农家乐、乡村游，还是贴上了"乡村"标签的各类消费品，以及《记住乡愁》《美丽中国乡村行》等电视节目，都得到了社会大众的认同与接受。以乡愁为主题进行的广告创意，也成为近几年广告界的创作热点，与之相关的经典广告作品层出不穷。例如，2019年欧派家居以一部春节暖心短片《喊你回家》引发热议，成功唤醒了人们对"家"的眷恋。欧派家居最暖心的方式深情提醒大家"春节将至，喊你回家了"，让人们在出行中通过不同的广告形式接收到短片传达的品牌理念。欧派家居广告短片《喊你回家》海报如图4-2所示。

概括起来，乡愁诉求广告能产生以下沟通效果。

图4-2 欧派家居广告短片《喊你回家》海报

（1）乡愁诉求广告能有效地引起消费者的注意。

（2）消费者比较容易理解广告内容。

（3）乡愁诉求广告能有效地引起消费者的情感反应。

（4）乡愁诉求广告能提高消费者对广告的信任度。

（5）广告中所包含的乡愁因素有助于消费者记住广告内容。

目前，我国有不少乡愁诉求广告出现在报纸、杂志、电视等广告媒体上，诞生了如《过年，把最好的带回家》《让故乡成为有梦想的地方》等一批优秀的广告作品。企业不妨多做一些乡愁诉求广告，因为思念故乡、重视地缘关系在我国有着上千年的传统和文化基础。

案例分析

在我国，乡愁诉求广告之所以能够产生很好的沟通效果，主要有以下几点原因：第一，我国原来农村人口占多数，但随着经济的发展，大批农村人口背井离乡，涌入城市，城乡人口结构发生了很大的变化，大多数人都对家乡有怀念之情；第二，从我国传统文化来看，尊重老人、供养父母等是中华民族的传统美德，并且人们非常重视地缘关系；第三，随着广告业的发展，企业为引起消费者的注意或说服消费者购买产品或服务采取了一系列的广告创意策略，但大多数广告雷同现象严重，所以难以吸引消费者，因此利用人们的思乡之情另辟蹊径，采用乡愁诉求方式的广告更容易引起消费者的共鸣。

运用迁移型广告创意策略的成功案例很多，其中，弗朗西斯·格瑞蒂为戴比尔斯公司的钻石所做的广告较为著名。1947 年 4 月，艾耶公司的女性撰稿人格瑞特在撰写钻石广告文案时，试图找到一种新的表达方式，把钻石的内在含义和浪漫的性质结合在一起。就在万分焦虑的时候，她灵感突现，写出了"钻石恒久远，一颗永流传"这样的佳句。

拓展知识

戴比尔斯经典
广告创意的产生

格瑞特的广告词以局部代表整体：这微小的钻石是永恒的，它象征着的伟大的爱情也是永恒的。在戴比尔斯公司的宣传下，购买钻戒成为一种极其重要的、具有决定性意义的行为。

再如，智威汤逊于 1927 年为力士香皂创作的一则广告，其标题是"10 个电影明星中有 9 个都用力士香皂呵护她们的肌肤"，并附上了多位好莱坞女明星的集体签名证言（见图 4-3）。这种利用明星开展广告宣传的方式，在好莱坞全盛时期即 20 世纪 20 年代曾得到广泛应用。

图4-3　智威汤逊为力士香皂所做的广告

女明星如花的笑脸、细腻的肌肤，一句自信的广告语"我只用力士"，使力士香皂的魅力倍增。力士品牌的卓越品质和独特的气质，由此深入人心。

任务实训

1. 实训目的

自改革开放以来，我国电视广告蓬勃发展，这对推动我国社会主义市场经济的繁荣发挥了巨大的作用。在这40多年的发展历程中，我国电视广告的创意策略也在不断变化，从最初的"老王卖瓜式"的平淡直诉，到如今的创意无限，电视广告的诉求对象也从渠道商逐渐转向了消费者。电视广告创意策略的变化，在一定程度上反映了我国商业模式的变革。

因此，通过文献研究探讨改革开放以来我国电视广告创意策略的变化，对于我们更好地认识、理解与掌握广告创意策略具有积极的意义。

2. 实训内容及步骤

（1）以小组为单位，收集改革开放以来我国电视广告创意策略方面的文献。

（2）对文献进行整理、分析，探讨改革开放以来我国电视广告创意策略的变化。

（3）在分析的基础上撰写关于改革开放以来我国电视广告创意策略变化的研究报告。

（4）提交研究报告，并制作PPT在课堂上进行分享。

3. 实训成果

研究报告——改革开放以来我国电视广告创意策略的变化。

任务三 熟悉广告创意的表现方式与技巧

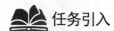

任务引入

时值水牛城的春天，空气中弥漫着爱情的气息。一个星期一的早晨，人们突然发现路边出现了一块新的路牌，酒红色的底，白色的大字，上面写着一条极具人情味的信息："穿红衣服的安琪尔，加西亚酒吧一见，希望见到你——威廉。"

随后连续9个星期，人们每到星期一早晨便会在路牌上看到一条新的信息，每一条都比上一条更浪漫，例如："穿红衣服的安琪尔，我仍在等待，加西亚酒吧，星期五，好吗？——威廉。""穿红衣服的安琪尔，为了这些路牌，我快一个子儿都没有啦，加西亚酒吧……求你了，和我见一面吧——威廉。"

于是人们开始涌向加西亚酒吧，看自己是否能发现安琪尔，或碰上威廉。很快，又出现了一块落款为弗兰克的路牌，他警告威廉说他的安琪尔有越轨行为，而威廉则在新的路牌上回应："去你的弗兰克！穿红衣服的安琪尔，我要不惜一切代价在加西亚酒吧见到你——威廉"妇女们纷纷打电话到当地的这家路牌公司，询问如何能见到浪漫的威廉。这件事成了该城街头巷尾议论的话题。

最终，人们盼望已久的路牌终于出现了："亲爱的威廉，我肯定是疯了。加西亚酒吧见，星期五晚上8:30——安琪尔。"

那天晚上加西亚酒吧爆满，酒吧不得不雇了两名模特来扮演威廉和安琪尔。

第二个星期，最后一块路牌出现了："安琪尔，谢谢！周五加西亚酒吧见，我高兴死了——爱你的威廉。"

此广告尽管费用很低，却让很多路过此地的人都成了该酒吧的顾客以及免费的宣传员。

问题：如何评价案例中加西亚酒吧的户外广告创意表现技巧？

相关知识

一、广告创意的表现方式

广告创意的表现方式较多，难以一一描述。下面仅从广告诉求的角度介绍几种常见的广告创意的表现方式。

微课堂

广告创意的表现方式

（一）严重性诉求

严重性诉求（serious appeal）是指通过向受众直接或间接地展示不使用广告产品，或不按广告所倡导的理念行事所引发的严重后果，从而促使受众采取相应行动的一种广告诉求方式。一般情况下，肯定的或愉快的广告比严重的或否定的广告更容易为受众所接受。但在一些新观念或新议题为受众所不太熟知的情况下，使用严重性诉求更能吸引受众的注意力，更容易使受众意识到问题的严重性。

此外，严重性诉求还广泛应用于保护环境、预防疾病、禁止饮酒驾驶、预防交通事故、禁毒等公益广告的创作上，以警诫人们防止不良或不幸结果的发生。采用严重性诉求方式的公益广告如图4-4和图4-5所示。

图4-4 关注全球变暖的公益广告

图4-5 拒绝酒驾的公益广告

（二）幽默诉求

幽默诉求（humor appeal）是指通过幽默的方式，使广告内容戏剧化、情趣化，让受众以轻松愉快的心情接收广告内容的诉求方式。某调料产品的广告就采用了幽默诉求的方式（见图4-6），让人看过之后印象深刻。不少研究证实，幽默广告的回忆率较其他广告的更高，因此其被广泛采用。在美国，幽默广告数量占广告总数量的比重为15%；在英国，这一比重更高。

采取幽默诉求方式，要考虑以下几点。

（1）幽默诉求方式是为有效地传递销售构思而采用的。

（2）幽默要与广告内容相协调。也就是说，尽量不要使用与广告内容无关的幽默诉求方式。

（3）幽默的内容应使受众容易理解。

（4）幽默的内容应与品牌有较强的关联性。

（5）创作广告文案时需注意幽默的内容和方式。很多幽默广告都采用了夸张的方式，例如某品牌衣服柔顺剂广告（摔跤篇），将摔跤赛场上的激烈角逐，转变成了选手间的"相亲相爱"，如图4-7所示。

不过研究表明，幽默广告比一般广告更容易引起受众的疲劳效应，所以在运用幽默诉求方式时，广告创意人员应充分考虑这一点。

图4-6　调料产品的幽默广告

图4-7　某品牌衣服柔顺剂广告（摔跤篇）

 课堂讨论

　　幽默诉求方式适用于药品广告吗？为什么？

（三）USP 式诉求

　　独特销售主张（unique selling point，USP）式诉求指广告创意人员在形成广告创意时，先仔细进行产品分析，找出产品独一无二的优点，并将其作为创意表现的诉求核心，再将其转化成消费者所关心的利益点的诉求方式。采用 USP 式诉求应注意以下 3 点。

　　（1）广告商品必须包含特定的利益点。

　　（2）该利益点是独特的、唯一的。

　　（3）该利益点要和销售有关，能够为消费者所接受。

　　USP 式诉求广告的应用较为广泛，在竞争激烈的行业中更为常见。例如，随着我国饮用水市场竞争日趋白热化，乐百氏、农夫山泉等品牌为了突出自身的特点，纷纷采用了 USP 式的广告诉求方式，举例如下。

　　乐百氏：27 层净化。

　　农夫山泉：农夫山泉有点甜。

　　从以上例子中可以看出，USP 式诉求可以是客观的，也可以是主观的。这一独特之处并非竞争产品不具备，而是各竞争产品在其广告中没有提及。那么，首先提出并予以强化的独特之处，就成为此产品或服务所特有的，如上文所述的"农夫山泉有点甜"。

　　除了饮用水企业外，麦氏咖啡进入中国市场初期的广告也运用了 USP 式的广告诉求。麦氏咖啡的广告文案写道："哥伦比亚安第斯山脉，是世界上最适合种植咖啡豆的地方，因为那里有肥沃的火山土壤、温暖的气候以及适量的阳光和雨水。待到咖啡豆成熟时，人们手工摘取，并挑选出最好的咖啡豆进行烘焙，以保留其独特的味道。假如您是一位咖啡爱好者，一定要选用哥伦比亚咖啡豆制成的各类咖啡。在中国麦氏超级特选速溶咖啡和生活伴侣杯装咖啡才是您最终的选择"。麦氏咖啡能够顺利为中国消费者所接受，此则广告功不可没。

　　UPS 式广告诉求的成功案例还包括西安杨森推出的采乐洗发水广告。

　　长期以来，分别以滋养、柔顺、去屑为代表的宝洁"三剑客"——潘婷、飘柔、海飞丝几乎垄断了中国的洗发水市场。后来者想在这个市场上与宝洁公司相抗衡，几乎没有什么可能。竞争品牌惨淡的经营业绩更是充分证实了这一点。

　　然而，在严峻的市场竞争环境下，西安杨森生产的采乐洗发水上市之初便顺利打开市场，销量节节上升，因而引起了广泛的关注。为何采乐洗发水能够一举成功？其秘诀到底是什么？其实采乐洗发水的成功主要依赖于独特的产品定位，即将洗发水当作药品来卖，准确地把握住了消费者的需求。采乐洗发水作为一种去屑药品，其宣传的去屑功能自然是一般洗发水无法比拟的。采乐洗发水找到了一个极好的市场空白地带，成功地占领了市场。"头屑是由头皮上的真菌过度繁殖引起的，清除头屑应杀灭真菌。普通洗发水只能洗掉头上的皮屑，采乐洗发水则能杀灭头上的真菌，使用 8 次，针对根本。"以上独特的产品功能性诉求，有力地抓住了目标消费者的心理需求，使消费者想要从根本上解决头屑问题时，忘记了一般的去屑洗发水，而想起了采乐洗发水。

不过在确定独特性方面，广告创意一定要能促进销售，即此种独特性是消费者感兴趣的、可接受的和对消费者有益的，否则这种独特性就失去了意义。例如，美国高露洁公司推出的某款牙膏，其广告强调"牙膏是带状挤出的，可平铺在牙刷上"。但这一独特性并未引起消费者的兴趣，后来在广告公司的建议下，高露洁将广告语改为"牙齿漂亮，口气芬芳"。虽然这一独特性可为所有牙膏采用，但借助"先入为主"的效应，这句广告语成了高露洁该款牙膏的名片。

 案例

M&M 巧克力豆：只溶在口，不溶在手

罗瑟·瑞夫斯为玛氏公司 M&M 巧克力豆所做的"只溶在口，不溶在手"的广告可谓 USP 式诉求广告的巅峰之作，如图 4-8 所示。M&M 巧克力豆是当时美国唯一用糖衣包裹的巧克力，有了这个与众不同的特点，罗瑟·瑞夫斯仅仅花了 10 分钟，便形成了广告的创意——"只溶在口，不溶在手"。简单而清晰的广告语，只用了寥寥数字，就将 M&M 巧克力豆不粘手的特性凸显出来，M&M 巧克力豆从此名声大振、家喻户晓，人们争相购买。

图4-8 M&M巧克力豆"只溶在口，不溶在手"的广告

案例分析

"只溶在口，不溶在手"将 M&M 巧克力豆与众不同的特性表现得淋漓尽致，它既反映了 M&M 巧克力豆糖衣包装的 USP，又暗示了 M&M 巧克力豆口味之好，以致人们不愿意让它在手上停留片刻就把它吃掉了。该广告堪称经典中的经典，时至今日仍广为流传。

（四）温馨诉求

根据阿克等学者的观点，温馨是包括生理性唤起（arousal）在内的肯定、温和而不易消失的情绪，是直接或间接地感受爱、家庭、友情关系等所激发的情绪。

广告中的温馨场景往往能让受众产生一定的共鸣。例如，广告中出现的从海外回来的儿子与母亲久别重逢的画面，聪明伶俐的孙子给爷爷理发的画面等，都充满着温馨的气氛，这时受众很容易感同身受。这些温馨诉求的广告可以减少受众对广告内容的排斥感。再如，乡愁广告往往会引发人们的思乡之情，进而让受众对广告中的产品产生特殊的情感。当年孔府家酒电视广告中的一句"孔府家酒，叫人想家"，击中了无数游子的心，引发了极大的社会共鸣，从此孔府家酒蜚声海内外。1997 年，孔府家酒销售额为 9.6 亿元，创利税额为 3.6 亿元，在全国白酒市场的占有率名列前茅。

二、广告创意的表现技巧

广告创意的表现技巧有多种，其中较为常见的有产品陈述、示范、问题解决、生活片段、代

言人、证言、广告音乐等，下面将分别进行介绍。

（一）产品陈述

产品陈述（product presentation）是指通过广告向消费者陈述购买产品的理由和产品的使用方法。例如，某药品广告先指出某些病症是由某种病菌引起的，再通过介绍该药品含有能杀灭这些病菌的成分，从而得出这种药品是专门用于治疗这些病症的结论，其采用的就是这种表现技巧。

（二）示范

示范（demonstration）是指以有效的方式介绍产品的功能、规格和使用方法。示范广告必须将产品功能、规格和使用方法以简单易懂的方式呈现出来。

做示范广告时应注意以下几点：第一，要具有有趣而戏剧性的因素；第二，与广告主主张的主题要一致；第三，以示范结果来证明主张；第四，示范内容要易于理解；第五，在竞争产品的示范广告出现之前，抢先去做；第六，最重要的是使消费者信任示范结果。示范广告如果不满足上述条件，特别是示范结果受到怀疑的时候，就会使消费者产生认知反应中的反对意见，从而引起示范的否定效果。示范广告的形式较多，这里只介绍比较、使用前—使用后、拷问测试3种形式。

1. 比较（comparative）

比较是指借助与竞争产品的对比分析，来突出或陈述产品的特性或优点的示范形式。企业在做比较广告时，一定要在客观事实的基础上突出产品相对于竞争产品的优势，不能虚假宣传，也不能贬低其他生产经营者的产品或服务。

2. 使用前—使用后（before-after）

这种形式是指以示范或实验的方法来提示产品使用前和使用后的不同结果。例如，室内的空气污浊不堪，在使用某品牌的空气净化器之后，空气变得十分清新。

3. 拷问测试（torture test）

拷问测试是指为突出广告产品的强度或性能，以实验的方法来展现产品的优点。拷问测试容易给消费者留下深刻的印象，从而使消费者形成长时记忆，一般在与消费者安全有关的产品广告中运用得比较多。

（三）问题解决

问题解决（problem and solution）是指在广告中向消费者提出与产品使用有关的问题后，劝说消费者使用广告产品以解决这些问题。这种广告创意的表现技巧又可细分为以下两种：

（1）直接提出消费者所遇到的问题，然后推出广告产品以解决问题；

（2）提出同类竞争产品不能解决的问题，然后强调广告产品可以解决这类问题。

（四）生活片段

在向消费者展示足以引起共鸣的生活片段（slice of life）的过程中植入的广告，很容易为消费者所接受和认可。这种表现技巧在药品广告、食品广告及生活用品广告中被广泛应用。例如，许多洗衣粉广告都会展现这样的生活场景：沾满污渍的衣服在使用某品牌的洗衣粉清洗之后变得干干净净。这样的广告会让消费者感觉很生活化，也很有真实感。

（五）代言人

代言人（spokesperson）是指广告主以外的，在广告中以自己的名义或者形象对产品、服务做推荐、证明的自然人、法人或者其他组织。代言人将被消费者理解为保证人，有助于增加消费者对产品的好感。

例如，某品牌洗衣粉的电视广告，就是通过一位家庭主妇的亲身体验，来证明产品的功效的。

家庭主妇："要不是亲身体验，我还不相信呢！家人六十大寿，我家大摆宴席，我丈夫的新衬衫就把各种美味一一记录，要是洗不干净，好好的一件衣服就不能穿了。咳！试试广告介绍的全新××洗衣粉吧！真想不到它能把污渍和汗味消除得如此彻底，将衣服恢复干净，让衣服散发香味呢。我丈夫很高兴。谢谢！"

旁白："全新××洗衣粉，清洁、清爽、亮洁。"

（六）证言

证言（testimonials）是指通过他人向消费者强调广告产品的某些特性，以取得消费者信赖的一种表现技巧。科学原理的论证、消费者使用之后对产品的肯定等，都可作为证言广告的内容。

例如，日本雄狮洗衣粉是该行业的后起之秀，为了在竞争中赢得一席之地，企业将雄狮洗衣粉赠送给一批有经验的家庭主妇试用，并聘请电视台记者一路采访，对洗涤效果进行录像，而后在电视台播出由录像制成的广告，标题是"一万个证人"。证人如此之多，其他人不能不为之动心，所以广告收到了良好的效果。

（七）广告音乐

广告音乐是指媒体传播在广告宣传过程中所使用的音乐。广告音乐既有一般音乐的艺术特征，也包含了广告艺术的某些特性。广告音乐的主要功能与作用是在广告宣传过程中作为背景音乐来衬托画面，从而提升广告艺术的表现力，增强广告诉求的感染力。

如果电影或电视剧里没有音乐，那就很难反映出人物的情感。广告也是一样的，广告音乐能强化广告的情感或戏剧因素，并且广告音乐有利于形成产品的形象或定位。如果消费者熟悉的或有亲切感的音乐与广告内容相协调，则该广告有助于消费者记住广告产品。

例如，1984年江苏盐城无线电厂（燕舞电器集团前身）所做的燕舞收录机广告，时至今日仍让人回味无穷。广告中，燕舞小子又跳又唱，"燕舞、燕舞，一曲歌来一片情"一句广告语红遍大江南北，燕舞收录机也凭借此广告在国内走红，此后连续8年销量居全国收录机行业前列。

除此之外，广告创意的表现技巧还包括小片段（vignettes）、解说（narration）、讽刺（satire）和人格化（personification）等，限于篇幅，本书不再展开介绍。

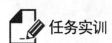

任务实训

1. 实训目的

进一步了解温馨诉求的表现方式与技巧。

2. 实训内容及步骤

（1）认真分析如下案例。

人类的情感是很微妙的东西。品牌要想通过情感诉求打动消费者的心，首先必须要了解消费者最关心的是什么，要知道什么最易触动消费者的心弦。

雕牌洗衣粉电视广告就是这样一则让无数人为之感动的广告佳作。

雕牌洗衣粉广告向我们讲述了这样的故事。年轻妈妈下岗了，为找工作而四处奔波。懂事的女儿心疼妈妈，帮妈妈洗衣服，用天真可爱的童音说："妈妈说，雕牌洗衣粉只要一点点就能洗好多好多的衣服，可省钱了！"门帘轻动，妈妈无果而回，正想亲吻熟睡中的女儿，看见女儿的留言——"妈妈，我能帮你干活了！"，妈妈的眼泪不禁随之滚落……这份母女相依为命的亲情与产品融合，造就了一个感人至深的产品故事，声声童音在心头萦绕，拂之不去，雕牌形象由此深入人心。该广告聚焦当时国企员工分流等一些原因造成的"下岗"这类社会现象，用这则简单朴实的故事在消费者心头轻轻一挠，不知让多少深有此感的消费者为其落泪，其细腻而不落俗套，平实中见其精彩，令人过目难忘。

所谓"天若有情天亦老"，广告中若能融入适当的情感，则有助于引起消费者的注意，赢得消费者的心。

（2）请根据案例回答如下问题。

① 本案例采用了广告创意的何种表现方式？该方式有何特点？

② 为什么雕牌洗衣粉电视广告能让无数消费者感动至深？

③ 对于本案例的最后一句话，你是如何理解的？

（3）提交案例作业，由授课教师进行批阅。

3. **实训成果**

实训作业——雕牌洗衣粉广告案例分析。

 思考题

一、单选题

1. 下列产品的广告中不是以功效为主题而展开诉求的是（　　）。

　　A．大印象减肥茶的"留住你的美丽"

　　B．斯达舒——胃酸、胃痛、胃胀，请用斯达舒胶囊

　　C．舒肤佳爱心妈妈

　　D．脑白金"让你享受婴儿般的睡眠"

2. M&M 巧克力豆的"只溶在口，不溶在手"广告采用的诉求方式是（　　）。

　　A．温馨式诉求　　　　B．USP 式诉求　　　　C．严重性诉求　　　　D．幽默诉求

3. 广告的软性内容一般以（　　）为主，为引发消费者对品牌或企业的偏好，而采用以情感人的方式接近消费者。

　　A．情感诉求　　　　　B．信息诉求　　　　　C．幽默诉求　　　　　D．严重性诉求

4. 某品牌洗衣粉的电视广告通过一位家庭主妇的亲身体验来证明产品的功效，该广告采用的广告创意表现技巧是（　　）。

　　A．证言　　　　　　　B．示范　　　　　　　C．代言人　　　　　　D．产品陈述

5. 研究表明，（　　）广告比一般广告更容易引起受众的"疲劳效果"。

　　A．幽默　　　　　　　B．温馨　　　　　　　C．夸张　　　　　　　D．明星代言

二、多选题

1. 广告创意的表现方式有（　　）。

　　A．严重性诉求　　　　B．幽默诉求　　　　　C．USP 式广告　　　　D．产品陈述

2. 下列广告中采用 USP 式广告策略的有（　　）。

　　A．丰田汽车：车到山前必有路，有路必有丰田车

　　B．乐百氏：27 层净化

　　C．农夫山泉：农夫山泉有点甜

　　D．孔府家酒：孔府家酒，叫人想家

　　E．李宁：把精彩留给自己

3. USP 式广告应具备的 3 项特质是（　　）。

　　A．广告商品必须价廉物美　　　　　　　　B．广告商品必须包含特定的利益

　　C．广告商品包含的利益是独特的、唯一的　D．广告商品必须是全新的产品

　　E．广告商品利益要和销售有关，能够为消费者所接受

4. 做示范广告时应注意的要点有（   ）。

    A. 要具有有趣而戏剧性的因素

    B. 与广告主主张的主题要一致

    C. 以示范结果来证明主张且示范内容要易于理解

    D. 在竞争产品示范广告出现之后去做

    E. 最重要的是使受众信任示范结果

三、名词解释

1. 广告创意   2. 信息型广告   3. 迁移型广告   4. 严重性诉求   5. 幽默诉求

四、简答及论述题

1. 采取幽默诉求方式时应该考虑哪些要点？

2. 广告创意的表现方式主要有哪些？

3. 试论述广告创意的表现技巧。

4. 试论述广告创意活动的过程。

案例讨论

海尔的"不新鲜超市"广告

大家对新鲜超市都不陌生，但你听说过"不新鲜超市"吗？

在一家 24 小时营业的"不新鲜超市"里，售卖着各种不新鲜的食物：隔夜饭、冻了半年的鸭子、放了一年的明前龙井茶、被削去一半的烂苹果……

这家超市吸引了 4 位年轻顾客，他们走进这家超市，无意中发现了冰柜里家人囤的食材，并且在大屏幕上看到了家人的身影。

刘子航的奶奶"爱吃"的"隔夜饭"

刘子航的奶奶为即将回来的孙子准备新鲜的饭菜，自己却吃剩下的隔夜饭。奶奶总说："小孩两顿都在外面吃，回来给他做点儿新鲜的，我们老人吃隔夜饭没关系。"

张梦文的姥姥冻了半年的"鸭子"

姥姥囤了很多鸭子想烧给外孙女吃，但外孙女一直没有回来，鸭子一冻就是半年，都没地方放了，于是她把冻了半年的鸭子烧了自己吃，又给外孙女准备新鲜的。

邹晓刚的岳父去年收到的"新茶"

岳父始终不舍得喝邹晓刚去年送给他的新茶，总是想着等邹晓刚回来的时候一起喝。

李恺的妈妈舍不得扔的"烂苹果"

李恺爱吃苹果，于是妈妈总是趁苹果新鲜的时候多买一些，想留给他吃，但李恺工作太忙回不来，留着留着，苹果就烂了，妈妈会挖掉不能吃的部分，将可以吃的部分制作成苹果罐头，然后自己吃。

这则视频由 4 个家庭的真实故事改编而来，在 5 分钟的时间里，讲述每一份不新鲜食材背后充满爱意又令人感动的故事。

而这 4 个家庭其实是中国千万个家庭的缩影，视频中的主人公也让我们看到了自己家人的身影，回想起自己生活中的亲身经历，并深刻地感知到：每份不新鲜食材背后，其实是来自长辈的深沉的爱。

资料来源：网易订阅。

问题讨论

1. 案例中的广告采用了哪种广告创意策略？

2. 海尔的这则广告为何能直击人心？

项目五

创作高水平的广告文案

项目情境导入

好文案就像电影一样，是我们人生中某个时刻的缩影，成为一个时代的映射。

每个人在一生中，其实都走在离开家的路上。我们离开家时，带不走年迈的父母，带不走幼时的伙伴，带不走熟悉的街道，有时甚至带不走地道的乡音，唯一能够被我们带走的，似乎只有家的味道。

厨房，对每个中国人来说，不仅意味着锅碗瓢盆，更代表了一个家独一无二的味道。在2022年的"6·18"，京东厨房大家电希望通过一次活动，唤起用户对味道的回忆和对厨房的向往，进而使其对品牌产生好感。于是，这组《寻老味，焕新厨》视频广告文案就诞生了（视频截图见图5-1）。

图5-1　京东广告片《寻老味，换新厨》

当我们提到家乡，流的眼泪远没有咽的口水多。

家的味道，难以抵挡，虽然偶尔苦涩，但仍然会在平淡的岁月中，沉淀成漫长的牵挂。

爱，在恰好的火候里，不加任何点缀，却值得反复咀嚼。

直到那天，带着家的老味道告别，带不走家乡，所以带上了厨房。

这种老味道经过时间的魔法，重新在新家的厨房里发酵。

它，就像风筝线般，看似缥缈，却又牢固地将我们与故乡的家紧紧相连，又从新家的厨房里，绵延到生活的每个角落。

京东的这则视频广告的文案直击人心，抓住了无数游子思乡的痛点。因为一提及家乡，很多人心头就会涌起无尽的乡愁。思乡，不仅是想念家乡的一草一木，还想念家乡的美食。"流的眼泪远没有咽的口水多"，说明家乡味是人们最挂念的，人在他乡，心向远方，舌头和胃，挂念的总是那专属的家乡味道。

资料来源：百度百家号。

问题：优秀的广告文案应具有哪些特征？本案例给我们的启示是什么？

 项目分析

好的广告作品必须要有好的文案做支撑，无论是传统的印刷广告、电波广告，还是近年来新兴的网络广告，概莫能外。尽管对于很多新兴的广告媒体而言，语言文字不是广告的唯一表现手段，但却必不可少。例如，视频广告中可以不出现语言文字，但在制作前依然需要写好广告脚本。

那么，什么是广告文案？它有何特征？广告文案由哪几个要素构成？如何进行广告文案的创作？本项目将对以上问题进行解答。

 项目学习任务书

本项目学习任务书如表 5-1 所示。

表 5-1　项目五学习任务书

任务编号	任务主题	需要掌握的知识点	技能目标	建议课时数
任务一	认识广告文案	广告文案的含义； 广告文案的特征； 广告文案的构成要素	对广告文案有清晰的认识	1.0
任务二	熟悉广告标题的创作	广告标题的概念； 广告标题的作用； 广告标题的类型； 广告标题的创作形式与原则	掌握广告标题的创作要领	0.5
任务三	精通广告正文的创作	广告正文的概念； 广告正文的构成； 广告正文的类型； 广告正文的创作原则	能够撰写具有较高质量的广告正文	1.0
任务四	了解广告标语与广告附文	广告标语的概念； 广告标语的特点； 广告标语的创作原则和方法； 广告附文的概念； 广告附文的构成及作用	掌握广告标语和广告附文的创作要领	0.5

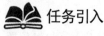 **认识广告文案**

 任务引入

有人说撰写广告文案是一项创造性的劳动，优秀的广告文案主要依赖创作者的天赋和灵感。

也有人说，撰写广告文案与进行文学创作并无两样，写作高手就是优秀的广告文案人员。还有人说，广告文案创作是一项艰苦的工作，需要创作人员不仅拥有一定的创作天赋，而且具有扎实的文字功底和一定的专业知识。

问题：在上述有关广告文案创作的 3 种观点中，你更认可哪一种？为什么？

 相关知识

微课堂

认识广告文案

一、广告文案的含义

广告文案（advertising copy）是广告作品的重要组成部分，是广告策划者按照广告主的意图以及广告目标要求，用文字的形式将广告主题和创意表达出来的一种方式。广告文案有广义和狭义之分，广义的广告文案，也称广告稿、广告表现，它的内容包括广告作品的全部，如广告文字、图画、照片及其布局等。例如，报刊广告的文案不限于文字，也包括色彩、图画、图片、装饰等。狭义的广告文案，仅指广告作品中的语言文字部分。本书所讲的广告文案是指狭义的广告文案。

二、广告文案的特征

广告文案的特征主要有以下几点。

（一）真实性

真实性是广告文案的基本特征，它要求广告文案客观公正、实事求是，绝不能主观夸大或随意隐瞒。

（二）独创性

独创性是指广告文案的立意要新颖、表现方法要奇特，广告文案要能够体现广告产品的个性，以使其与竞争对手的产品区别开来。

（三）整体性

整体性是指广告文案应与其他广告元素，如插图、色彩、结构等相互配合、协调一致，以便更有力地传递广告信息。

（四）艺术性

艺术性是指广告文案在确保真实的基础上，通过艺术创作手段形象地刻画产品的个性，激发消费者的情感，使广告作品具有较强的感染力。

（五）商业性

广告的最终目的是促进产品或服务的交换从而实现其商业价值，因此无论广告文案采用何种创作手段和表现形式，都不能忽略商业性这一核心特征，要为企业的商业目标服务。

 课堂讨论

广告文案的艺术性和商业性是否存在冲突？广告文案如何实现艺术性和商业性的和谐统一？

三、广告文案的构成要素

广告文案有 4 个构成要素，分别是广告标题、广告正文、广告标语和广告附文。不同媒体的广告文案构成是不一样的。例如，霓虹灯广告是标题与正文合一；路牌广告、交通广告以图为主时，文字部分非常精练，有时甚至标题、正文、标语合一；电视广告与广播广告有自身的特点，一般没有标题；而印刷广告文案所包含的要素则相对较为齐全。

 **延伸学习**

格力广告片文案：格力用零碳源技术，创造健康生活

世界因科技而美好，梦想因坚持而绽放。

10 年的长跑，让格力实现零碳梦想，成为时代发展的推动者，这是格力不变的坚持，宁愿"慢三年"，格力也要自力更生，自主创新。创造核心技术，服务于他人，这是格力的成功之本。

格力始终坚持做对的事情，坚定地走自主人才培养之路，以科研平台汇聚科技的智慧，以关键技术突破带动整体实力提升。为每一道工序注入创新活力，让每一个零件散发智慧，这是格力的领先之道。

科技的突破从不在于单点的角逐，而在于全面的超越。从创造"零碳技术"到实现"零碳健康家"，格力独立完善的研发制造体系，为每一个家庭创造健康节能生活，这是格力的创新之源。

格力用零碳源技术，创造健康生活。

资料来源：雪球网。

 **任务实训**

1. **实训目的**

掌握不同类型广告文案在构成要素上的差异。

2. **实训内容及步骤**

（1）将全班同学划分为若干任务团队，团队内部推选一名同学为负责人。

（2）各团队分别研究不同类型广告文案（如报纸广告文案、杂志广告文案、广播广告文案、电视广告文案、户外广告文案、网络广告文案）的构成要素。

（3）各团队分析不同类型广告文案在构成要素上的差异，并撰写分析报告。

（4）各团队将分析报告制作成 PPT 后由团队负责人在课堂上进行汇报，授课教师现场点评。

（5）各团队根据教师的点评意见修改分析报告，完成本次实训。

3. **实训成果**

实训作业——不同类型广告文案在构成要素上的差异分析。

任务二 熟悉广告标题的创作

任务引入

广告标题对于广告传播的作用不言而喻，因此一些广告文案人员为吸引受众会刻意制造一些严重夸张、故弄玄虚、甚至骇人听闻的广告标题，如"买××的后悔哭了！全新 SUV 比××帅 10 倍""××汽车仅售 1.8 万元，买车还用攒钱吗？"等。然而读者读完广告正文之后却发现标题与正文基本无关，甚至毫不相干。

有人说广告标题的作用就是吸引读者，从这个角度来说，此类广告标题已经达到了目的。

问题：你认可这种类型的广告标题吗？请说明你的理由。

相关知识

一、广告标题的概念

广告标题（headline）就是广告的题目，是对广告文案的高度概括。广告标题通常就是广告主题。一则广告中，标题的好坏，对广告效果有直接的影响。标题不妥或吸引力不够，很容易造成广告费的浪费。

二、广告标题的作用

"标题是文章的窗口"，读者在阅读文章的时候，总是先通过标题来了解文章的主要内容。读者在翻阅报纸杂志上的文章时，也习惯于先读标题，以决定选读哪些感兴趣的内容。标题往往决定着广告的效果。广告大师大卫·奥格威曾说过："平均来说，读标题的人数是读正文的人数的5倍，因此可以说，标题一经写成，就等于花掉了1美元广告费中的80美分；如果你写的标题起不到推销的作用，那就等于浪费了80%的广告费。"

广告标题是对整个广告文案的概括，是广告诉求的核心体现。好的广告标题能够以最有效的方式吸引受众，引发他们进一步阅读的兴趣。同时，好的广告标题可以直接阐明产品的利益点和优惠信息，可以间接地对受众发出消费劝导和呼吁，也可以用充满激情的语言呼唤受众采取购买行动。此时，受众甚至都不用再去看正文就已经被广告标题所吸引，进而直接诱发他们产生消费行为。

奥格威关于广告标题写作的原则

1. 标题好比产品的价格标签，可以用来和你的潜在顾客打招呼。因此，不要在你的标题里说那些排斥你的潜在顾客的话。

2. 每个标题都应体现出产品对潜在顾客关于其自身利益的承诺，即讲明能够给他们带来什么好处。

3. 始终注意在标题中添加新信息，因为潜在顾客总是在寻找新产品、老产品的新用法或是改进后的老产品。

4. 如何、突然、引进、新到、奉献、挑战、快捷、简易、了不起等字眼，用在广告标题中会产生良好效果。

5. 在标题中加入一些充满感情的词，可以起到强化其效果的作用。

6. 标题应该包含品牌名称，至少要告诉潜在顾客你的广告宣传的是什么品牌。

7. 在标题中写明销售承诺。

测试表明，10个字或10个字以上带有新信息的标题比短标题效果更好。

8. 要想激发潜在顾客的好奇心，吸引他们去读广告的正文，就要在标题结束前写一些诱人的东西。

9. 你的标题必须以电报文体讲清楚要讲的东西，语言要简洁明了，不要和潜在顾客"捉迷藏"。有些撰稿人常写一些卖弄文采的标题，如双关语、引经据典或用晦涩难懂的词句，这样是不好的。

10. 调查表明，在标题中写否定词是很危险的，因为潜在顾客很可能漏掉这个否定词，从而对广告产生错误的印象。

11. 避免使用有字无实的标题，也就是那种不读正文就不明其意的标题，而大多数人遇到这种标题时恰恰又不愿意去读正文。

三、广告标题的类型

W.邓恩按组合方式把广告标题分为直接式标题（direct headlines）、间接式标题（indirect headlines）、复合式标题（combination headlines），下面分别进行介绍。

（一）直接式标题

直接式标题以写实形式、简明的文字表明广告的主要内容，使人们一读就清楚广告要表达些什么内容。这种标题要求简明、确切。直接式标题往往以品牌名、企业名或活动名为主体，一目了然，清晰直观，举例如下。

"好空调，格力造！"

"露露一到，众口不再难调！"

"人头马一开，好事自然来！"

（二）间接式标题

这种标题并不直接介绍广告产品，而是采用迂回的办法，以"不明不白"的词句吸引受众的注意，引其转向广告正文，待受众将正文阅读完毕后，方能明白其中意味。这类标题有点儿故弄玄虚，但若设计得当，效果会十分理想。如国外一则介绍方便食品的广告的标题："丈夫为什么离开家？"画面上有一个男子气呼呼地瞪着眼睛，一副很不高兴的样子。文案解释道："他结束了一天紧张的工作回到家里，妻子已经外出，留下一张纸条，叫他从冰箱中拿食材自己做了吃。丈夫不善于烹饪，很不高兴地离开了家，到街上餐馆吃饭。"广告介绍这家公司已生产一批美味的方便食品，这些食品一加热即可食用，这样就不会出现丈夫离开家的现象了，接着就对各种方便食品做了介绍。间接式标题的应用较为常见，示例如下。

"一毛不拔"（牙刷广告标题）

"眼睛是心灵的窗户，为了保护您的心灵，请给窗户安上玻璃吧！"（眼镜广告标题）

"热气腾腾，蒸蒸日上"（电饭煲广告标题）

"发光的不全是黄金"（银器广告标题）

"夏夜伴侣"（蚊香广告标题）

"我探出了琼的底细"（百货公司广告标题）

"我的朋友乔·霍姆斯，他现在是一匹马了"（衬衫广告标题）。

间接式标题在拟写时应注意对间接"度"的把握，弯子绕得太大，会让受众一头雾水、不明所以，这样反而会弄巧成拙。

（三）复合式标题

复合式标题一般由引题、正题、副题组成。但有的复合式标题由其中两个部分组成，如引题与正题、正题与副题等，还有的由一个正题与两个副题组成。

复合式标题中的各个部分分别起着不同的作用。引题又叫眉题或肩题，用来说明广告信息的意义或交代背景。正题又叫主题或主标题，一般用来说明广告的主要事实。副题又叫副标题，一般用来对正题内容进行补充说明。

（1）含有引题、正题、副题的复合式标题示例有四川天府花生广告标题，具体如下。

四川特产，口味一流（引题）

天府花生（正题）

越剥越开心（副题）

又如，松下空调广告标题，具体如下。

销售进入第二年（引题）

松下变频式空调的使用者越来越多（正题）

这么多的笑脸是舒适性和令人信赖的质量的证明（副题）

（2）含有正题与副题的复合式标题示例如下。

例如，药品广告标题如下。

小儿复方四维亚铁散（正题）

促进婴幼儿骨骼发育（副题）

又如，电视电话广告标题如下。

海内存知己，天涯若比邻（正题）

电视电话能使被山海阻隔的亲友见面畅谈（副题）

肉类产品广告标题如下。

肉（正题）

使吸收所需的蛋白质成为你的一种乐趣（副题）

含有引题与正题的复合式标题示例如下。

例如，春兰空调报纸广告标题如下。

春兰金牌保姆始终追求最好（引题）

金牌保姆宣言（正题）

又如，某酒厂广告标题如下。

××酿酒公司介绍（引题）

如果您想饮上一杯美酒，欢迎品尝××酒（正题）

四、广告标题的创作形式与原则

（一）广告标题的创作形式

广告标题的创作形式多种多样，如同作诗，同样的景物在不同诗人的笔下，就会有不同的表达。广告标题的创作形式可归纳为以下几种。

（1）陈述式。如杜邦塑胶广告标题："结实的杜邦塑胶能使薄型安全玻璃经冲击后，仍黏合在一起"。

（2）新闻式。如某酒店门牌广告标题："敝店素来出售的是一种掺水10%的陈年老酒，如有不愿掺水者，请预先声明，但饮后醉倒概与本店无涉"。

（3）承诺式。如香水广告标题："一分代价，七天留香"。

（4）衬托式。如"我只爱一个男人，我只用一种香水"。

（5）对比式。如苏杭旅游广告标题："上有天堂，下有苏杭"。

（6）祈使式。如台灯广告标题："用功读书时，灯光不足是最大忌讳，请保护你的眼睛"。

（7）设问式。如郑州亚细亚商场广告标题："中原之行哪里去——郑州亚细亚"。

（8）借喻式。如某冰箱广告标题："同住一栋楼，气味不相投"。

（9）反问式。如哈磁杯广告标题："既然每天要喝水，为什么不用哈磁杯？"。

（10）抒情式。如捷豹轿车广告标题："常人无法抗拒的外在美/常人无法体会的内在美"。

（11）幽默式。如某打字机广告标题："不打不相识"。

（12）悬念式。如美容广告标题："难道你不要脸吗？"。

（13）颂扬式。如格力空调广告标题："好空调，格力造"。

（14）标语式。如奥琪男士化妆品广告标题："奥琪没有忘记男士们！"。

（15）借名式。如陕西杜康酒广告标题："陕西杜康，杜康故乡"。

（二）广告标题的创作原则

（1）关注受众利益，适当传达承诺。受众总是愿意接收那些与自身利益相关的广告信息，因此，广告标题一般不应在利益上含糊其词，而应尽可能地明确承诺。如"宝洁公司玉兰油——我们能证明你看起来更年轻！"。

（2）尽量把新的内容引入标题。人们往往更关注新事物的出现、新产品的上市，并乐于接收新产品的信息和新的观念等。因此，新闻报道式词语总能吸引人们的注意，广告标题应善用这些词，如"新的""现在""宣告""改进""革命""创新""重大进展""令人吃惊""挑战""特殊"等。例如某啤酒广告："期待已久，喜庆上市。'超爽'口味，即将在中国诞生"。

（3）长度适中。一般而言，短标题容易被受众记住，一般认为6～12字的广告标题效果最佳。而美国纽约零售业研究院与百货商店合作，曾对广告标题进行调研，结果发现10个字或10个字以上的广告标题，只要有新内容、新信息，常常比字数更少的广告标题推销效果更好。可见广告标题并无最佳长度标准，但一般不宜太短或太长。

（4）避免使用笼统或概括性很强的词语。广告标题力求生动、具体、形象、直观。泛泛的词语不会使受众产生兴趣，且容易令人产生误解，从而严重影响广告效果。因此，此类词语应避免使用。如某热水器广告："横比，竖比，是热点，没法比"。

（5）避免用否定词。广告标题应尽量不使用否定词。因为受众往往喜欢从正面接收广告信息，若广告标题中存在否定词，则容易造成负面影响。广告标题中最好说明事物是什么，而非不是什么，否则很可能会弄巧成拙。假如某高校招生广告的标题为"我们的学校不是培养不出优秀的人才"，学生或学生家长看到后极有可能对该校的实力产生怀疑。

 **任务实训**

1. 实训目的

通过撰写不同类型的广告标题，提升广告标题的创作能力。

2. 实训内容及步骤

（1）阅读以下材料。

为吸引更多的游客前来住宿，天津市蓟州区的某民宿计划在十一黄金周到来之前在《今晚报》上发布广告。该民宿位于山脚下，空气清新，地理位置优越。民宿的建筑古香古色，院内娱乐设施齐全，室内装修豪华。该民宿提供的食品干净卫生、口味上佳，并且民宿的服务一流，住过的游客无不交口称赞。

该民宿计划投放的报纸广告版面为旅游专版的1/4通栏，广告发布时间为9月下旬至10月1日。

（2）根据给定的材料为该民宿创作报纸广告标题，直接式、间接式和复合式标题各写一份。

（3）将写好的广告标题上传到班级学习群，由科代表组织大家对各广告标题进行评分。

（4）得分最高的标题创作者在群内分享创作体会。

3. **实训成果**

实训作业——某民宿的报纸广告标题。

 **任务三**　精通广告正文的创作

📖 任务引入

当前越来越多的企业以网络软文的形式，借助文字表述与舆论传播让消费者认同企业的观点和主张，以达到宣传企业品牌和促进产品销售的目的。一些企业深谙此道，以极低的投入获得了良好的广告宣传效果。

问题：网络软文与传统广告有何不同？在正文创作方面，传统的创作原则对网络软文是否依然适用？

📋 相关知识

一、广告正文的概念

广告正文（body copy）是广告文案的中心内容，是对广告标题的解释以及对广告产品的介绍。广告主题也是通过广告正文来充分表现的，广告正文的质量关系到广告创意的表现。广告正文与广告标题的关系是：广告标题在于吸引，广告正文在于说服；广告标题提出问题，广告正文回答问题。

二、广告正文的构成

一篇完整的广告正文由引言、主体和结尾3个部分组成。

（一）引言

引言是广告标题与后续广告正文的衔接段，是广告正文的开头部分。引言担负着承上启下的使命，因而必须以精练的笔触迅速生动地点明主题并引出下文，以吸引消费者继续阅读，否则就会前功尽弃。

例如，飞利浦等离子超薄平面电视机的广告标题为"现代杰作的展示"，引言为"飞利浦'等离子超薄平面电视机'视觉的艺术"。

（二）主体

主体是阐述广告主题或提供论据的主要部分，是广告文案的重点。在引言之后，主体部分要及时点出广告产品的优势特点，以及这些特点与目标消费者的关系，并阐明目标消费者可以得到的利益；同时应说明这些利益的依据是什么、对消费者的保障措施等，以此来说服消费者购买。我们仍以飞利浦等离子超薄平面电视机的广告为例，其广告正文的主体如下。

飞利浦等离子超薄平面电视机，外形别具匠心，它拥有宽为106厘米的屏幕，但该屏幕只有11厘米的厚度。超薄的它挂在墙上，能带来无限惊喜，令人惊叹不已！它拥有革命性的等离子平面显示屏，配以高清数码技术，使图像轮廓更为清晰，色彩分外明艳；120瓦杜比环绕立体声输出，配以15个扬声器，二路超重低音扬声器和动态低音增强器，音质生动无比，展现家庭影院的超然境界。

（三）结尾

结尾是广告正文的结束部分，它的主要目的在于用恰当的语言敦促目标消费者及时采取行动。结尾一般较短，但意义重大，具有肯定语气和煽动性的结尾与广告标题相呼应，可极大增强广告效果。飞利浦等离子超薄平面电视机广告的结尾为："飞利浦等离子超薄平面电视机，尊贵享受，尽在其中！生活自然越来越好！"

三、广告正文的类型

根据体裁、创作风格和手法等，广告正文可以分为若干类型，如直述式、叙述式、证言式、音乐式及描述式等。广告正文很有可能是几种类型的混合。对广告正文的分类，仅是基于理论进行的，这样有助于我们厘清思路，完成广告文案的创作。

（一）直述式

直述式广告正文一般直接阐述广告产品的功能特性，以客观的表述介绍产品，没有过多的修辞与描绘。如某手机广告文案"6.7 寸大屏，观感清晰通透，画质出众。屏幕经逐台校色，支持全局色彩管理，呈现高水准色彩效果。配合 1440Hz PWM 调光，有效减少频闪，观看更舒适"。

直述式广告正文的魅力在于产品本身的诉求力量，而非文案写作技巧。

（二）叙述式

叙述式广告正文是用故事形式写成的广告文案，它往往能将枯燥无味的广告信息变得饶有趣味。这类广告正文犹如在讲述一段情节曲折的故事，有矛盾冲突和问题的解决，读起来引人入胜，颇有微型小说的味道。此类广告正文写作往往从某人因遇到困难或麻烦而感到苦恼开始，以找到解决办法而结束，目的是告诉受众在遇到同样的状况时，可以采用同样的办法。图 5-2 所示为广告大师乔治·葛里宾为旅行者保险公司所创作的广告正文。

图5-2　旅行者保险公司广告

当我 28 岁时，我认为自己今生今世很可能不会结婚了。我的个子太高，双手和双腿又不协调，常常碍事。衣服穿在我的身上，总不及穿在别的女人身上那么好看。似乎绝不可能有一位护花使者会骑着白马把我带走。

可是，终于有一个男人来陪伴我了，爱维·莱特看上了我。至此，我方感不虚此生。之后我们就结婚了。

那是 4 月中旬的一天，苹果树上的花盛开着，大地一片芬芳。那是近 30 年前的事了，自从那一天之后，几乎每天都如此。

············

哎，爱维在两年前的 4 月故去，安静地含着微笑，就和他生前一样。苹果树上的花仍然盛开着，大地仍然充满了甜蜜的气息，而我怅然若失，欲哭无泪。当我弟弟来帮助我料理爱维的后事时，我发现爱维是那么体贴关心我，就和他往常的所作所为一样。他并没有给我留下很多钱，但留下了一张足够支付我余生全部生活费用的保险单。

就一个女人在她心爱的男人过世之后的生活而论，我实在是和别的女人一样心满意足了。

"这是我写过的最好的广告，"乔治·葛里宾说，"那全是由我的亲身经历所得的。我太太在她 28 岁时就曾经认为，这辈子她不会结婚。因为她认为她生得高大而笨拙，很可能没有人向她求婚。"葛里宾接着说："而在这一则广告中所发生的故事是：这个女人被求婚了，然后结婚了，并且婚后过上了快乐的生活。她的丈夫在过世之前，早已给她买好了保险。"

（三）证言式

证言式广告正文是按证明书形式写成的，它需要提供权威人士对广告产品的鉴定、赞扬、使用感受等。这里的权威人士可以是真名实姓，也可以是虚构的，但无论真假，他们都必须有资格为其所宣传的产品提供证言。例如，家庭用品的广告最好选用家庭主妇的证言，这样才具有说服力。时下许多公司的广告正文都采取了这种形式，例如雕牌透明皂电视广告就采用了消费者证言。雕牌透明皂通过对日常生活的展示，营造了一个温馨的生活场景。广告中的使用者不断介绍并演示产品出色的洗涤性能，亲切可信。该电视广告不但可以向受众详尽地介绍产品的各种性能，而且能够形象、直观地将产品的外观及包装特点逐一展现在受众面前，从而最大限度地促使受众购买产品，因此具有一定的影响力和优越性。

（四）音乐式

如果单用语言来传播产品信息，要让受众一下子记住这些信息是比较困难的。但是，如果将产品信息以歌曲的形式传达出来，那么记住这些信息将会变得容易许多。音乐式广告有多种形式：广告人员可以将产品信息编成歌曲，也可在旁白中穿插歌曲。许多广告将统一的音乐主题作为背景或广告结尾，如滚石公司为 Windows 软件创作的广告音乐《启动我》便属于此种情况，我们称之为音乐标志（musical logo）。在广告主题重复出现多次之后，受众便会把音乐标志与产品自然而然地联系起来。要做到这一点，音乐标志必须具有摄人心魄的力量。广告音乐的来源包括购买音乐版权、利用已无版权问题的曲子或原创歌曲。

音乐式广告有很多经典的作品，下面让我们来欣赏一下沱牌曲酒的广告歌曲《悠悠岁月酒》。

"沱泉酿美酒，牌名誉千秋。"沱牌曲酒传承自唐时的"射洪春酒"与明代射洪人酿出的"谢酒"。这股浓香美味被辛勤的射洪人继承下来，在 1989 年的第五届全国评酒会上大放光彩。凭借"窖香浓郁、绵软醇厚、清冽甘爽、尾净余长、尤以甜净"的风格，沱牌曲酒经过曾祖训等一众专业白酒评委的盲评，获得 93 分的最高分，成功入选中国名酒，被授予国家名酒金质奖，同时也被定位为浓香型白酒的样板酒，风靡一时。

进入 20 世纪 90 年代，沱牌迎来了发展高光期。沱牌曲酒大胆起用多位新生代的影星来演绎产品广告，"悠悠岁月酒，滴滴沱牌情"这句广告语几乎在一夜之间响彻大江南北。

广告的大热，也推动了沱牌曲酒的销量。20 世纪 90 年代，沱牌系列酒连续 3 年在白酒行业位居全国销量前三，更是创造了累计 50 亿瓶的销量奇迹。时至今日，人们仍会念起当年酒香浓郁、甘美甜净的味道，那句家喻户晓的"悠悠岁月酒，滴滴沱牌情"仍被老酒友们津津乐道，成为一代人的记忆。为此，舍得酒业特意推出纪念版的沱牌曲酒名酒复刻版，让人们在相同的味道中追忆往昔。

（五）描述式

描述式广告正文以极其生动细腻的描绘，激发受众基本的情感和欲望，读起来像散文。该类正文如果描绘得真切感人，则会给受众留下鲜明且深刻的印象，否则就会让人觉得言之无物、枯燥乏味。

描述式广告正文有很多经典案例，统一企业借父亲节创作的《爸爸的脚步》就是其中的代表，具体如下。

爸爸的脚步，永不停止。

曾经，我们携手走过千万步：

逛过庙会，赶过集会，

走过沙滩，涉过溪水。

爸爸的脚步，陪我走过好长的路……

一面走，一面数，

左脚是童话，右脚是盘古；

前脚是龟兔，后脚是苏武。

爸爸的脚步，是我的故事书，

一面走，一面数，

左脚一、三、五，右脚二、四、六；

前脚是加减，后脚是乘除。

爸爸的脚步，是我的算术；

爸爸的脚步，是我的前途。

为了孩子，为了家，

爸爸的脚步，永不停止……

今天，让我们陪爸爸走一段路！

四、广告正文的创作原则

（一）紧扣主题，围绕标题

广告正文应围绕广告标题展开阐述，可通过举例子来论证标题。当然，广告正文更是对主题的文字表述，要以主题为核心展开，否则就偏离了主题。因此，广告正文即使语言优美，很吸引人，但如果言之无物，也没有意义，还会影响广告标题的效果。

（二）正面陈述，言简意赅

广告正文应尽量陈述广告产品的事实，用艺术化的语言表述产品特性，传达最为直观的信息；切记不要闪烁其词，躲躲闪闪，绕大圈子。广告正文的篇幅长短并无界定，一般以短文为好，但对于特殊产品如汽车等，长文反而效果更佳。

（三）特性突出，具体生动

广告正文应突出广告产品的特性，抓住受众最为关心的利益点进行阐述，但要避免写成枯燥乏味、毫无吸引力的使用说明。广告正文中应增加艺术表现成分，使其生动有趣。

（四）语言热情，朴实真诚

广告正文应体现出人们对该产品的喜爱，这样才能给人以语言热情，朴实真诚的感受。广告正文创作的艺术性并非要求文字华丽，而要强调朴实和真诚，然后在此基础上渲染气氛，增强吸引力。

（五）提出忠告，表明承诺

在广告正文的结尾处向受众提出有益的忠告或表明与受众利益相关的承诺，能够赢得受众的信赖，打消他们的顾虑，促使他们采取购买行动。

 案例

孔府家酒，叫人想家

"孔府家酒，叫人想家"是孔府家酒最能打动人心的广告语，也是孔府家酒广告片回家篇的点睛之"语"。广告的主要画面如下。

画面1：一架飞机缓缓落在机场的停机坪上，王姬的家人们在外面翘首等候。

画面2：王姬走向家人，然后和他们紧紧拥抱在一起。

画面3：王姬与父母一起坐在沙发上，王姬为母亲系上围巾。

画面4：王姬抱着小孩，小孩为她戴上一顶帽子。

画面5：（特写）有人用毛笔在红纸上写了一个大大的"家"字。

画面6：王姬一家人围着桌子吃饭。

画面7：（特写）一瓶孔府家酒被人从盒子里拿出来。

画面8：王姬斜倚着，深情地说："孔府家酒，叫人想家。"身后是一家人在饭桌上亲切交谈的场景。

这则广告选取的是人们日常生活中的场景，显得真切、朴实。广告语和背景音乐都充满了人情味，因而该广告是典型的情感广告。这则广告的诉求点落在一个"家"字上。"千万里，千万里，我一定要回到我的家。我的家啊，永生永世不能忘。孔府家酒，叫人想家！"寥寥数语巧妙地把孔府家酒中的"家"与家庭的"家"联系在一起。

资料来源：何平华．中外广告案例选讲［M］．武汉：华中科技大学出版社，2010：237-238．

案例分析

孔府家酒在播放回家篇广告之前在国内最多只能算是一个区域性品牌，播放之后立即名声大振，一跃成为全国性品牌。这则广告之所以如此成功，主要得益于其准确的情感诉求。"家"在中华文化中占有极重的分量，有着丰富的内涵，孔府家酒的"家"文化诉求激起了消费者的强烈共鸣，进而培养了消费者对孔府家酒的好感。孔府家酒之后的大卖便水到渠成。

 任务实训

1. 实训目的

通过广告正文撰写训练，提升广告正文的创作能力。

2. 实训内容及步骤

（1）根据本项目任务二实训部分给定的材料，为民宿撰写报纸广告正文。在撰写广告正文时要考虑报纸版面的大小以及文案中文字与广告图片的搭配问题。

（2）完成广告正文的撰写，并提交给授课教师批阅。

（3）授课教师批阅后，在课堂上对本次同学们的广告正文撰写情况进行总体点评。

3. 实训成果

实训作业——某民宿的报纸广告正文。

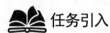

任务四 了解广告标语与广告附文

📖 任务引入

广告标语是企业为加深受众对企业及企业的产品或服务的印象而在广告中长期、反复使用的简短广告语。一般来说，广告标语具有长期性和相对固定性的特征，一旦确定就不会轻易改变。但李宁公司的广告标语每隔一段时间就会变更，从"李宁，把精彩留给自己""我运动我存在""出色，源自本色""一切皆有可能"，再到"李宁，让改变发生"等。

问题：李宁公司为何频繁变更广告标语？你觉得这样做有何意义？

📋 相关知识

一、广告标语

（一）广告标语的概念

广告标语（slogan），又叫广告口号，是最经常使用的广告语言，在广告传播中具有独特的、重要的作用。广告标语是对广告产品信息精练的概括或对广告主企业理念简洁的诠释，或两者兼顾。广告标语便于传播和记忆，是广告主企业进行宣传的重要内容，甚至与企业品牌一道，构成企业宝贵的无形资产。

（二）广告标语的特点

1. 精练简洁，内涵丰富

广告标语总是试图以较少的文字表现最为丰富的广告信息。为了便于记忆与传播，广告标语在许多情况下，不能与广告标题一样，为了吸引受众而有意增加悬念。广告标语往往都是肯定的表述，是对广告产品及广告主企业信息的高度概括。正如品牌一样，其内涵可能涉及广告主企业的各个方面，为广告主企业所独有，举例如下。

没有愈合不了的伤口。（邦迪创可贴广告）

永远的绿色，永远的秦池！（秦池酒广告）

大家好，才是真的好！（好迪洗发水广告）

真诚到永远！（海尔电器广告）

四海一家的解决之道！（IBM 网络服务广告）

喝可乐，生活添味道！（可口可乐广告）

27 层净化。（乐百氏纯净水广告）

英特尔奔腾处理器，给计算机一颗奔腾的"芯"。（英特尔广告）

农夫山泉有点甜。（农夫山泉广告）

好酒，可以喝一点。（板城烧锅酒广告）

突破渴望，敢于第一。（百事可乐广告）

2．生动形象，意味深长

广告标语总是力求生动有趣、真挚感人。几个字，一句话，即可将产品特点完整地展现出来，令人称奇。这也正是广告标语的魅力所在，举例如下。

路遥知马力，日久见"跃进"。（跃进汽车广告）

滴滴香浓，意犹未尽。（麦氏咖啡广告语）

钻石恒久远，一颗永流传。（戴比尔斯钻石广告）

千里情意，一线相系。（AT&T 公司 10810 中文台广告语）

当太阳升起的时候，我们的爱天长地久。（太阳神口服液广告）

3．准确定位，吸引受众

广告标语对广告产品信息的概括是建立在产品定位的基础之上的，语言、语气的运用均对此有所考虑，目的是使受众产生亲切感，易于接受产品，举例如下。

金利来——男人的世界。（金利来产品广告）

威力洗衣机，献给母亲的爱。（威力洗衣机广告）

只溶在口，不溶在手。（M&M 巧克力豆广告）

牛奶香浓，丝般感受。（德芙巧克力广告）

晶晶亮，透心凉。（雪碧汽水广告）

新一代的选择！（百事可乐广告）

4．相对固定，强化传播效果

与广告标题不同，广告标语应是相对固定的。因为广告标语总是与品牌联系在一起，会让受众形成"品牌—标语—产品—企业"这样一种联想。若随意改变，就会损害这一形象的完整性。企业应当增强对广告标语的宣传意识，在不同的场合，经常传播广告标语，加深受众对广告标语的记忆和了解，这有助于企业形象的建立。

拓展知识

广告口号与社会
变迁

（三）广告标语的创作原则

（1）简洁明了。广告标语力求言简意赅。如特步的广告标语"特步，飞一般的感觉！"、攀特牌涂改笔的广告标语"一笔勾销"。

（2）朗朗上口。广告标语应易读、易记。如维维豆奶的广告标语"维维豆奶，欢乐开怀"。又如，飘柔洗发水的广告标语"头屑去无踪，秀发更出众"。

（3）阐明利益。广告标语应阐明受众关心的利益点。如蓝天六必治的广告标语"牙好，胃口就好"。又如，奥尔巴克百货公司有关企业形象的广告标语"百万的企业，毫厘的利润"。

（4）经久耐用。广告标语要考虑时效性，最好能与品牌永久相伴。如可口可乐的广告标语"可口可乐，挡不住的感觉"。

（四）广告标语的创作方法

（1）口语法。例如，雀巢咖啡广告标语"味道好极了"。又如，波导手机广告标语"波导手机，手机中的战斗机"。

（2）夸张法。例如，格力空调广告标语"从非洲到南极，一步之遥——格力空调"。又如，丰田汽车广告标语"车到山前必有路，有路必有丰田车"。

（3）对仗法。例如，某燃气器具广告标语"蓝蓝的火，浓浓的情"。又如，绿野香波广告标语"原野的清新，水晶的光洁"。再如，华歌尔服装广告标语"长夜如诗，衣裳如梦"。

（4）排比法。例如，某一公益广告标语"选择宽容，就是选择对情感的珍视；选择宽容，就是选择对万物的眷恋；选择宽容，就是选择对他人最好的关怀"。

（5）双关法。例如，某理发店广告标语"新事业从头做起，旧现象一手推平"。

（6）谐音法。例如，某酱菜广告标语"'酱'出名门，传统好滋味"。又如，摩托车广告标语"'骑'（其）乐无穷"。再如，李宁牌运动鞋广告标语"步步为'赢'（营）"，以及某酒家广告标语"举杯邀明月，对饮（影）成三人"。

（7）回环法。例如，万家乐广告标语"万家乐，乐万家"。

（8）对比法。例如，某臭豆腐广告标语"臭名远扬，香飘万里"。

（9）顶针法。例如，加佳广告标语"加佳进家家，家家爱加佳"。

（10）预言法。例如，三九胃泰的广告标语"岁岁平安，三九胃泰的承诺"。

二、广告附文

广告附文是广告文案的附属部分，是对广告内容的补充说明。广告附文的作用主要有3点，一是对广告正文起补充说明的作用，二是促进企业销售行为的实施，三是帮助受众进一步加深对企业形象及品牌形象的认知。

广告附文主要由品牌名称、企业名称、企业标志或品牌标志、权威机构证明标志、企业地址、企业网址、企业联系方式、企业联系人、购买产品或获得服务的途径和方式，以及特殊信息（如促销的赠品、领取赠品的方式）等组成。

广告附文一般不会将上述内容全部列出，而是会根据广告目标、媒体选择等有所取舍。

大卫·奥格威为舒味思（Schweppes）奎宁柠檬水创作的广告附文如下。

如果你喜欢这则广告但没有品尝过舒味思的话，请寄明信片来，我们会做适当的安排。

函寄：纽约市·东6街30号·舒味思收。

 **任务实训**

1. **实训目的**

通过对李宁公司广告标语变化的分析，认识广告标语与企业发展历程的关系。

2. **实训内容及步骤**

（1）收集李宁公司广告标语的相关资料。

（2）研究李宁公司提出不同广告标语时的发展背景。

（3）探讨李宁公司广告标语的变化与其发展历程的关系。

（4）撰写研究小论文，完成后提交给授课教师批阅。

3. **实训成果**

小论文——从广告标语变化看李宁公司的发展历程。

 思考题

一、单选题

1. 某台灯广告标题"用功读书时，灯光不足是最大忌讳，请保护你的眼睛"，使用的创作形式是（　　）。

A. 反衬式 　　　B. 祈使式 　　　C. 借喻式 　　　D. 抒情式

2. 某酒店门牌广告标题"敝店素来出售的是一种掺水 10%的陈年老酒，如有不愿掺水者，请预先声明，但饮后醉倒概与本店无涉"，使用的创作形式是（   ）。

    A. 陈述式   B. 新闻式   C. 借喻式   D. 对比式

3. 下列属于直接式标题的是（   ）。

    A. 力士香皂，国际著名影星的护肤秘密

    B. 我探出了琼的底细

    C. 我的朋友乔·霍姆斯，他现在是一匹马了

    D. 热气腾腾，蒸蒸日上

4. 在广告文案中，注目率最高的是（   ）。

    A. 广告标题   B. 广告正文   C. 广告附文   D. 空白处

5. （   ）是对广告内容必要的交代和进一步的补充说明。

    A. 广告正文   B. 广告标题   C. 广告附文   D. 商标

二、多选题

1. 广告标题的作用包括（   ）。

    A. 强化广告主题   B. 概括广告表现

    C. 美化广告内容   D. 引起受众注意

    E. 突出产品特征

2. 广告标题的创作原则包括（   ）。

    A. 避免使用否定词   B. 长度适中

    C. 避免使用概括性很强的词语   D. 尽量把新的内容引入标题

    E. 用否定之否定来强调肯定

3. 广告标语的创作原则包括（   ）。

    A. 简洁明了   B. 朗朗上口   C. 阐明利益

    D. 经久耐用   E. 富有文采

4. 广告正文的创作原则主要有（   ）。

    A. 紧扣主题，围绕标题   B. 正面陈述，言简意赅

    C. 特性突出，具体生动   D. 语言热情，朴实真诚

    E. 极尽渲染，尽力夸张

5. 广告附文主要由（   ）等组成。

    A. 商品名称   B. 企业名称

    C. 最高经营者姓名   D. 企业地址

    E. 联系人

三、名词解释

1. 广告标题   2. 间接式标题   3. 广告正文   4. 广告标语   5. 广告附文

四、简答及论述题

1. 广告文案有哪些特征？

2. 广告标题的创作形式有哪些？

3. 广告标语有哪些特点？

4. 试论述广告正文的类型。

5. 试论述广告标语的创作原则。

案例讨论

穿"哈撒韦"衬衫的男人

被美国《广告时代》杂志评为"以创意之王屹立于广告世界中"的大卫·奥格威，1948年用6000美元创业，其创立的公司如今已成为全世界十大广告公司之一，并在全世界40个国家和地区设有140个分支机构。这位美国广告泰斗成功的秘诀就在于好的创意。多年来，奥格威的点子层出不穷，他所策划的成功广告活动数不胜数，其中最脍炙人口的经典作品，莫过于哈撒韦衬衫广告。

哈撒韦是一家默默无闻的小公司，每年的广告预算只有3万美元，与当时箭牌衬衫每年200万美元的广告费相比，真是少得可怜。当哈撒韦的老板杰得与奥格威洽谈广告代理时，奥格威不在乎广告预算太少，他只有一个要求：必须把广告全权委托给他，不得更改策划案，连一个字都不得更改。杰得一口答应。

接下哈撒韦衬衫的广告代理后，奥格威内心盘算着：

——面对箭牌衬衫每年200万美元的广告费，哈撒韦要打出知名度，必须出奇制胜；

——哈撒韦衬衫的广告，必须是一个伟大的创意，否则必败无疑；

——为了提高哈撒韦衬衫的知名度，必须先建立它的品牌印象。

调查证实，对于广告，消费者都是先看图案（照片），再看标题，最后才读文案。此种图案—标题—文案的架构，就是故事诉求法。故事诉求法常令消费者无法抗拒，不过故事的内容必须充实，而且图案必须能引起消费者的好奇，才能吸引他们按照架构阅读下去。

"我要以何种图案为主题呢？啊！有了，以戴眼罩的中年绅士为主题。"于是，一个伟大的创意产生了。

不久后，一位戴着黑眼罩的中年男士，穿着哈撒韦衬衫出现在美国的报纸与杂志上（见图5-3）。在短短几个月内，那位戴眼罩的绅士表现出的英勇男子气概风靡了全美国。

（a）　　　　　　　　　　　　　（b）

图5-3　报纸和杂志上的哈撒韦衬衫广告

哈撒韦衬衫的广告文案全文如下。

标题：穿"哈撒韦"衬衫的人

正文：美国人最后终于开始体会到，一套好的西装被一件批量生产的廉价衬衫毁坏了整体效果，实在是一件愚蠢的事。因此在这个阶层的人群中，"哈撒韦"衬衫就日渐流行了。

首先，"哈撒韦"衬衫耐穿性极强——这是多年的事。其次，"哈撒韦"衬衫的剪裁——低斜度及为顾客定制的衣领，使您看起来更年轻、更高贵。最后，整件衬衣不惜工本的剪裁，使您穿着更为舒适。

衬衫的下摆很长，可扎进裤腰。纽扣是用珍珠母做成的——非常大，也非常有男子气概。衬衫甚至在缝纫上也存在着一种高雅气质。

最重要的是"哈撒韦"使用从世界各个角落进口的有名的布匹来缝制衬衫——从英国来的棉毛混纺的斜纹布，从苏格兰奥斯特拉德来的毛织波纹绸，从印度来的手织绸，从英格兰曼彻斯特来的宽幅细毛布，从巴黎来的亚麻细布等。穿上这件风格堪称完美的衬衫，会使您的内心得到极大满足。

"哈撒韦"衬衫是位于缅因州的小城渥特威的一家小公司的手艺人所缝制的。这些手工艺人一代接一代在那里工作了已整整 114 年。

您如果想在离您最近的店买到"哈撒韦"衬衫，请写张明信片寄到"C.F. 哈撒韦"缅因州·渥特威城，见信即复。

问题讨论

为什么大卫·奥格威创作的"哈撒韦"衬衫广告文案至今仍被奉为经典？我们从中能得到哪些启发？

项目六

设计与制作广告

 项目情境导入

广告设计是广告活动的重要组成部分，是广告创意实现的前提和保证。对于广告设计的定义，学术界众说纷纭。一些学者认为"广告设计就是根据特定的宣传目标和指标要求，确定宣传方法、广告图样及广告词的过程"，这种观点夸大了广告宣传的范围，将广告策划、创意和艺术表现归于广告设计之中。还有一些学者将广告设计与广告制作混淆，仅仅将广告设计视为运用计算机创作出一定的广告画面。显然以上两种观点都不太全面，容易造成概念的混淆。

综合来看，广告设计是指广告策划者根据预先确定的广告目标，对准备发布的广告信息进行创意构思和编排组合，然后将其用视觉符号传达出来并使其产生影响的全过程。

与广告设计密不可分的一个重要概念是广告制作。所谓广告制作，就是通过各种表现手法和技巧将观念形态的广告创意转化为具体、形象、直观的广告作品。广告设计与广告制作之间的关系可以表述为：没有广告设计，广告制作无从着手；不进行广告制作，广告设计就只是一纸空谈。简而言之，广告设计是广告制作的前提，广告制作是广告设计实现的结果。

随着广告媒体的不断丰富和发展，广告制作也从原来单纯的平面广告制作拓展到广播、电视、网络等电子媒体的广告制作。但不管何种类型的广告媒体，其广告制作都需遵循一定的流程，都必须能够充分体现广告设计的理念，从而吸引受众关注，并最终实现目标。

问题：网络媒体的不断发展，对广告设计与广告制作提出了哪些新的要求？

 项目分析

广告设计与制作是广告活动的重要组成部分，是广告理论与广告实践的具体反映和体现。因此，广告设计与制作成功与否，会直接决定广告效果的好坏。广告设计、广告制作与广告媒体有着密切的关系。不同的广告媒体因传播特点不同，对广告设计与制作的要求也有所不同。因此设计与制作广告时，应充分把握不同媒体的特点，使传播的内容与形式协调一致，以达到最佳的传播效果。

那么，广告设计和广告制作的具体概念是什么？不同媒体类型的广告在设计与制作方面的要求有哪些不同？不同类型的广告该如何设计与制作？本项目将对以上问题进行解答。

 项目学习任务书

本项目学习任务书如表6-1所示。

表6-1 项目六学习任务书

任务编号	任务主题	需要掌握的知识点	技能目标	建议课时数
任务一	熟悉印刷媒体广告的设计与制作	报纸广告的设计与制作；杂志广告的设计与制作	掌握报纸广告和杂志广告设计与制作的基本原则和要求	2.0
任务二	熟悉电子媒体广告的设计与制作	广播广告的设计与制作；电视广告的设计与制作；网络广告的设计与制作	掌握电子媒体广告的设计与制作思路	2.0

任务一 熟悉印刷媒体广告的设计与制作

任务引入

某日报集团实施多元化经营战略，在坚持办好原有报纸的前提下接连创办了好几本女性时尚杂志。这些杂志的目标读者分别定位为都市现代职业女性、在校女大学生等。由于定位精准、内容精彩，这些杂志很快就有了众多的忠实读者。随着杂志的影响力不断提高，商家的广告邀约接连到来，因此集团决定成立杂志广告部。

在日报广告部从事报纸广告设计与制作工作的小芸获悉此消息后大喜过望，她一向对时尚杂志很感兴趣，自认为如果去杂志广告部更能发挥自己的专长。但当小芸向杂志广告部领导申请转岗时却遭到了拒绝。该领导对小芸说："报纸广告的设计与制作和杂志广告的设计与制作是两种不同的工作，我们杂志广告部刚刚成立，需要的是具有丰富经验的员工。你一直从事的是报纸广告的设计与制作工作，缺乏相关工作经验，所以我们暂时无法接受你的转岗申请。"

问题：你觉得杂志广告部领导拒绝小芸的理由成立吗？报纸广告与杂志广告在设计与制作方面有哪些不同？

相关知识

印刷媒体广告泛指以印刷品为传播媒介的广告，在电子媒体出现之前，印刷媒体是最重要的传播媒介，因而印刷媒体广告也一度成为最重要的广告形式。印刷媒体广告主要包括报纸广告和杂志广告两种，此外还有海报、招贴、产品宣传手册等。限于篇幅，下面仅介绍报纸广告和杂志广告的设计与制作。

一、报纸广告的设计与制作

报纸是一种重要的广告发布媒体，曾与杂志、广播和电视一道被誉为四大广告媒体。报纸广告以文字和图画为主要视觉刺激，具有阅读方便、易于保存、不受时间限制等诸多优点。虽然近年来网络媒体异军突起，但报纸作为一种重要的信息载体在众多的广告媒体中依然占有重要的地位。

微课堂

报纸广告的设计与制作

（一）报纸广告的设计与制作程序

报纸广告的设计与制作程序如下。

1. 设计初稿

在这一阶段，广告策划者要将酝酿好的广告创意用草图的形式表现出来，并加上一个醒目的标题，形成初稿，然后征求广告主的意见。如果广告主同意，广告策划者需再制作一个较详细的稿样；如果广告主不同意，广告制作人员就必须对初稿进行修改，直到广告主满意为止。

2. 选择字体

报纸广告中的字体是指文字的书写样式。字体的选择会影响广告的外观、设计及可识别性。

报纸广告中的字体主要有印刷体、手书体、美术体等3类。印刷体包括宋体、黑体等多种。报纸广告标题运用最多的是黑体和宋体。手书体包括篆体、隶书、碑体、草体、行体、楷体，以及各种流派的手书体。美术体种类繁多，不胜枚举。

下面以一则广告的标题为例，来说明不同字体所带来的不同视觉效果。

当太阳升起时，我们的爱天长地久（黑体）

当太阳升起时，我们的爱天长地久（宋体）

当太阳升起时，我们的爱天长地久（隶书）

当太阳升起时，我们的爱天长地久（楷体）

广告策划者在选择广告字体时，必须考虑以下几点。

（1）易读性。报纸广告的字体要使受众容易接受，使他们一看就明白。

（2）适当性。文字的大小、位置等都要与广告文案正文及整体的特点相适应。

（3）外观协调。广告字体外观要与广告产品的特性、广告主题表现、广告的整体格调保持和谐，不能太过随意。

（4）强调重点。广告字体的个性要能突出体现广告产品的特点及文化附加值，使受众一看就能感受到广告产品的个性特征。

3. 选择色彩

色彩是影响广告注目率的一个重要因素，不同的颜色会使受众产生不同的心理反应。据调查，与黑白广告相比，彩色广告的注目率要高10%～20%，回忆率要高5%～10%。受众对彩色广告的注目时间是黑白广告的2～4倍。在我国，随着经济的不断发展，广告主的经济实力不断增强，套色、彩色印刷广告也开始多起来，但在报纸上黑白广告仍占主导地位。

对于黑白广告，如果能恰当地运用黑白两色做对比衬托，也能取得很好的视觉效果。黑白广告要注意底与面的颜色对比，这是因为广告文字符号辨识的难易程度，在很大程度上依赖文字与背景的差异或对比程度。底色与面色越接近，辨识起来就会越困难；两者差异越大，辨识就会越容易。不过，人们的阅读习惯和色彩的明暗度等因素也会影响文字的易读性。例如，同样是黑白两种颜色，白底黑字就比黑底白字易于识别。

随着现代印刷技术的发展，广告底色与面色的匹配方式多种多样。美国广告学家卢基经过实验研究，列出了13种颜色匹配方式的易读性等级，其中黄底黑面的匹配易读性最高（许多交通广告都采用这种匹配方式），绿底赤面的匹配易读性最差（见表6-2）。对于颜色匹配的问题，广告策划者应加以注意。

表6-2　各种颜色匹配的易读性等级

颜色匹配	底色	黄	白	白	白	青	白	黑	赤	绿	黑	黄	赤	绿
	面色	黑	绿	赤	青	白	黑	黄	白	白	白	赤	绿	赤
等级		1	2	3	4	5	6	7	8	9	10	11	12	13

4. 画面设计

报纸广告的画面设计要注意以下两点。

（1）把握重点。报纸广告不同于电视广告，电视广告由于占满整个荧屏，所以具有强迫性。

但除了整版广告外，大部分报纸广告只占据全部版面的一部分，因此读者阅读具有一定的选择性。为了吸引读者关注，报纸广告画面设计需要采取精简的手法，画面中不可放置太多的内容，否则容易导致读者厌烦。

（2）掌握布局技巧。如何将广告的各要素（广告要素包括文案的量、插图或照片等的大小或形态、文案的字体等）放在最恰当的位置，以发挥最大的广告效果呢？这涉及广告画面布局的技巧问题。报纸广告画面布局的好坏会直接影响广告的效果，我们将在下一部分对其进行详细介绍。

5. 制版

将设计好的画面稿送给有关部门制版，并印制清样。

6. 校对清样

将制版后的清样与原稿对照，以确保画面稿的质量，有时也可以对清样进行局部的修改与补充，以保证画面的整体效果。

7. 印刷

将校对无误的清样送交印刷厂印刷。印刷以后校对无误，就可投放市场。

（二）报纸广告画面布局原则

1. 平衡对称原则

报纸广告画面布局平衡的参考点是视觉中心（optical center）。平衡对称就是将一定篇幅内的要素巧妙编排，使视觉中心以左部分与视觉中心以右部分对称，视觉中心以上部分与视觉中心以下部分对称。视觉中心一般在报纸版面中心上面的 1/8 处，或在底线上面的 5/8 处。一般来讲，有两种平衡对称形式，即规则性对称与非规则性对称。

纯粹的左右对称是规则性对称的关键。成对的要素分别置于中央轴的两边，使广告有相等的视觉分量。这种形式会给受众留下威严的、稳固的及保守的印象。

非规则性对称是指与视觉中心距离不等地放置不同尺寸、不同形状、不同颜色、不同明度的要素，但仍可呈现出视觉上的平衡感。如同一个摇摆物，接近视觉中心的视觉分量较重的物体，与距视觉中心较远的视觉分量较轻的物体相平衡。

大部分的报纸广告画面为非规则性对称，因为这样可使广告看起来生动而有趣，富有想象力。

2. 视觉移动原则

在制作报纸广告时，为吸引受众的关注，可应用视觉移动原则。

（1）借助广告中人物或动物模特的视线指引，使受众的视线移动到某个重要的要素上。

（2）利用指示图形的设计，如利用方向标、长方形、直线、箭头等，引导受众的视线从一个要素转移到另一个要素上。

（3）利用连载漫画的故事情节或图片旁的简短说明，促使受众为了了解情节的发展必须从头依次阅读下去。

（4）利用留白（white space）及色彩效果来强调主题。留白是指报纸广告画面中不编排任何要素的部分（但背景色可能是黑色或其他颜色，而非白色）。留白可以使某一孤立的报纸广告要素显得更加突出，可以使受众的注意力更加集中。如果能在报纸广告文案周围大量留白，广告要素看起来就如同位于舞台的中央，十分抢眼。

（5）按照受众阅读时的自然趋向，即目光由报纸广告版面左上角，从左至右、从上到下沿"Z"字形移动到右下角，来安排从重要到不重要的广告信息。

（6）利用广告画面尺寸的变化来吸引受众的注意力。

3. 空间比率原则

报纸广告的各要素所占的空间应基于其重要性进行分配，以形成和谐的广告画面。不要平均分配画面空间，以免造成画面单调乏味。

4. 要素对比原则

为使受众对报纸广告画面中的特殊要素产生兴趣，广告策划者可充分利用颜色对比、尺寸对比或其他形式的对比，突出重点。例如颠倒方式（反白色），为黑色、白色广告镶红边，或者采用异乎寻常的风格，这些都可吸引受众注意广告画面中的特殊要素。

5. 连续性原则

报纸广告画面设计的连续性原则，是指采取相同的版式、相同的表现手法和风格，结合不同寻常的、独特的画面要素来进行设计。例如，在连续刊登的报纸广告中采用标准字体，使卡通人物或容易记忆的标语重复出现等，以突出广告产品的特征。

6. 清晰简化原则

广告策划者在设计报纸广告画面时应注意，任何与广告内容无关的部分都应该删去，因为内容过多会造成广告画面混乱，使受众阅读困难，进而破坏广告的整体效果。

（三）报纸广告的制作要求

1. 连续刊登

报纸广告要想取得更好的效果，必须有计划地连续刊登，以适应报纸时效性较强的特点。连续刊登广告，可大大增加受众接触到广告的机会，从而扩大广告的受众范围。

2. 版面大小合理

版面大小对广告的效果有着直接的影响。一般情况下，版面越大，广告的注目率越高，但广告费也会随之增加。因此，广告主应依据自身的财力，合理地选择广告版面。

对于广告版面的选择，除了需要考虑费用外，还应考虑广告目标。通常的做法是，告知性广告使用大版面，提醒性广告使用小版面，节日性广告使用大版面，日常性广告使用小版面。

拓展知识

报纸广告的各种
版面介绍

3. 位置安排得当

报纸广告的位置安排是指将广告刊登在报纸的哪个版面及版位上。位置不同，广告效果会有所差异。例如，报纸正版（第一版）的广告最引人注目，效果最佳，但收费也最高。在两版之间的夹缝刊登广告，费用较低，但广告内容容易被人忽视。

同一报纸版面内的不同位置，其广告效果也不一样。版位越符合受众的视物习惯和视觉规律，其广告效果越好。依据受众的视物习惯，版位注意值如图6-1所示。

图6-1 版位注意值

4. 情境配合

报纸的不同版面会有不同的报道重点，广告内容要与该版面的内容相协调。例如，可以在报纸的时尚版面刊登时装广告，在文艺版面刊登文娱广告，在体育版面刊登运动器材广告等。同类广告最好安排在一起，如将食品广告放在一起，从而方便受众阅读选择。广告应避免与容易引起负面联想的内容放在一起，如刊有讣闻的版面不要刊登婚纱摄影广告等。

二、杂志广告的设计与制作

杂志广告与报纸广告同属于印刷媒体广告，所以在设计与制作杂志广告时，我们可以借鉴报纸广告的设计与制作方法。但杂志广告有其自身的特点，在设计与制作时应与报纸广告有所区别。

（一）杂志广告的设计与制作要求

设计与制作杂志广告要力求做到以下几点。

1. 图文并茂

杂志具有发行周期较长、专业性强、传阅率较高等特点。因此，杂志的印刷往往较为精美，设计与制作要求也相对较高一些。色彩鲜明的杂志广告图案能够逼真地再现广告产品的特点，从而引起读者的注意，激发其购买兴趣。同时，杂志广告文案要视具体情况灵活处理，可以简明扼要，也可详细全面。

2. 正确利用版面

杂志的版面位置一般可以分为封面、封底、封二、封三、扉页、底扉和内页等。据调查，如果把最高注意度设定为100，则各版面位置的注意度如表6-3所示。

表6-3　杂志各版面位置的注意度

版面位置	封面或封底	封二	封三或扉页	底扉或正中内页	内页
注意度	100	95	90	85	50

杂志同一版面上不同位置的广告效果一般不同：上面比下面好，中间比下面好；对于横排字，则左比右好，对于竖排字，则右比左好。

3. 情境配合

杂志广告的情境配合与报纸广告的要求大体相同，即同类广告最好集中在一个版面内，内容相互影响的广告最好不要放在一起。

4. 采用多种形式

杂志广告的设计与制作要采用多种形式，主要有以下几种。

（1）折页广告。采取双折页、三折页、四折页等形式可以扩大杂志的页面，适应某些广告的特殊需求。图6-2所示为四折页的杂志广告，它能够传递比单页广告更多的信息，也更为醒目。

（2）跨页广告。这种广告所占的面积是单页广告的两倍。它的画面是一幅完整的图案，能够充分展示广告产品的名称、品牌、功能及价格等。

（3）多页广告。多页广告是指在杂志内的多个页面连续刊登同一企业的广告，以提高该企业的曝光率。

（4）插页广告。插页广告是指在杂志正文中插入的整页广告，如图6-3所示。

图6-2 四折页的杂志广告　　　　　　　　　　　　　图6-3 插页广告

（5）其他形式的广告。其他形式的广告包括联券广告（见图 6-4）、香味广告、3D 立体广告（见图 6-5）和有声广告等。联券广告指杂志广告的底部附有礼品券、优惠券、竞赛券等，读者可以剪下，凭此券到指定地点兑现或领取赠品。香味广告是指杂志广告用有香味的墨水印刷，或者在杂志广告上喷有香水。例如，有些化妆品广告就将特殊香水喷洒在杂志广告上。一些大型广告还要求采用立体形式，以增强广告的真实性和感染力。例如，利用立体的人像、动物、产品或风景照片等制作的广告。有声广告是将一种很薄的录音带或唱片资料插入杂志，使读者在翻阅杂志时就能听到优美的音乐。

图6-4 联券广告　　　　　　　　　　　　　　　　图6-5 3D立体广告

思考题

　　同为印刷媒体广告，为何杂志广告的设计与制作要求与报纸广告的有很大的不同？

（二）杂志广告布局设计的技巧

　　杂志广告布局设计的原则是求新求异，广告作品要能够充分体现广告创意的内容，并将广告信息最大限度地传递给受众。杂志广告布局设计的技巧主要有以下两点。

1. 突出杂志广告的主题

　　一则杂志广告成功与否，通常在媒体受众与广告主题接触的瞬间就已确定。因此，杂志广告布局设计的第一步就是分析广告主题，以了解广告产品的个性，确定杂志广告的诉求点，使布局设计围绕诉求点展开。第二步是将构成杂志广告的各要素按照与广告主题关系的紧密程度进行排位，并将它们结合起来，使其在画面布局设计中有序地体现出来。

2. 增强广告信息视觉传达的美感

要增强广告信息视觉传达的美感，在进行杂志广告布局设计时需注意以下3点。

一是注意文案的可视度、可读性。在杂志广告中，文案不论长短，字体不论大小，都必须以容易阅读为原则。

二是注意布局的美感和整体性。在设计杂志广告时，要浓缩广告内容，提炼主旨，然后将其视觉化。在制作技术方面，应根据要素的重要性来减少陈列单元的数量。例如，将产品名称及价格、企业名称及地址、品牌名称及标志等作为一个单元。同时还要考虑画面中文案的位置、字体、长度及形态等，使它们之间相互协调，构成一个艺术整体。

三是布局要新颖别致、有个性。杂志广告的布局设计要讲求"动感"，力求做到新颖别致，以保证对受众具有吸引力。

 任务实训

1. 实训目的

掌握杂志广告的设计方法。

2. 实训内容及步骤

（1）在计算机中安装 Photoshop、CorelDRAW 等软件，并自学其基本操作。

（2）打开软件，新建一个绘图文件。

（3）根据广告创意要求选择广告制作素材或绘制广告图片。

（4）进行广告文字的编辑和排版，之后进行图文结合编排。

（5）保存制作好的杂志广告。

（6）提交广告作品。

3. 实训成果

实训作业——杂志广告作品。

任务二 **熟悉电子媒体广告的设计与制作**

 任务引入

之前在广播电台广告制作部工作的小王最近跳槽去了电视台，工作部门仍然是广告制作部。小王在广播电台工作时业绩优秀，深受部门领导的器重和广告客户的好评，小王的职业前景一片光明。但小王始终觉得广播电台的广告业务根本无法与电视台的相媲美，为了今后更好地发展，小王不顾单位的挽留和家人的劝阻毅然辞职去迎接电视广告制作业务的新挑战。然而"理想很丰满，现实很骨感"，小王在电视广告制作岗位上难担重任。小王常将广播广告的制作思维运用到电视广告的制作上，使得电视广告的表现力不足，客户对此颇有怨言，所在部门的领导对他也渐渐失去了信任。小王在跳槽之后没有迎来预期的职业大发展，反而遭遇了空前的危机。

问题：小王在跳槽之后为何会遭遇职业窘境？小王当前最需要改变的是什么？

 相关知识

电子媒体是指运用电子技术、电子技术设备及相关产品进行信息传播的媒体。所谓电子媒体广告，就是以电子媒体为传播媒介的广告。电子媒体广告主要包括广播广告、电视广告和网络广告，下面将分别对这3种广告的设计与制作进行介绍。

一、广播广告的设计与制作

（一）广播广告的构成要素

广播广告的独特之处就是通过声音来传递广告信息，也就是"以声夺人"。广播广告中的声音包括语言（人声，就是广告词）、音响和音乐，它们是广播广告的"三要素"。

1. 语言

广播广告中的语言与印刷媒体中的语言有着本质的区别，印刷媒体中的语言是抽象符号式的文字语言，而广播广告中的语言则只能是有声的口头语言，这是广告策划者必须加以区分的。广播广告的语言表达方法比较多，这里介绍一些常用的方法。

（1）比喻法，即将广告产品用其他东西做比喻。例如，在白砂糖广告中，将白砂糖比喻为白雪。又如，有一则牙刷广播广告为"××品牌牙刷，就是一毛不拔"。

（2）逆向表达法，即不从正向看待事物，而是从相反的方向来考虑事情，以发现新的观点。

（3）暗示法，即利用一些大家熟悉的名言、格言、谚语等，来暗示某一事物。

（4）列举法，即将广告产品的成分、色泽、款式、价格等内容一一列举出来，分别向受众展示。

（5）重复法，即重复运用广告中的关键词，以突出广告产品的品牌。例如，现代集团的广告"技术的现代，现代的技术"。

（6）定义法，即赋予广告产品新的概念。这种方法改变了广告产品原有的概念，使其与生活中的某一事件联系起来，使受众形成一种有利于产品销售的联想。

（7）语源法，即运用一些有悠久历史的语句，以突出广告产品的经营历史或优异品质。例如，"车到山前必有路，有路就有丰田车"。

（8）现场报道法，即以现场报道的形式描写整个过程，使受众产生身临其境的感受。

（9）修辞疑问法，是一种"无疑而问"的修辞性疑问形式。它通常是在语境或者语义明确的情况下故意设问，不要求广告受众回答。而是用来抒发感情，引人思考。修辞疑问句的答案寓于问话之中或问话的反意之中。

（10）否定诉求法，即以产品的不足或缺点为诉求点，从反面将广告产品的特征客观地告诉受众，如果运用得当，这种方法比正面诉求更为有力。例如，"××品牌手表，48小时内误差仅有2秒钟"。

（11）夸张法，即通过艺术手法对广告产品的功能进行夸张，以增强广告产品对受众的吸引力，如"鄂尔多斯羊绒衫，温暖全世界"。

夸张法与夸大不同，夸张法是一种艺术手法，而夸大则带有一定的欺骗性。运用夸张法不是说假话，而是通过一定的艺术手法将广告产品的特征或功能渲染出来，以增强广告的效果。

（12）反复法，即反复地强调同样或类似的表现。例如，广告歌曲多次出现在一则广播广告中，以加深受众对广告产品的印象。

（13）双关语法，指在一定的语言环境中，利用词的多义和同音的条件，有意使语句具有双重意义，言在此而意在彼的修辞方式。双关可使语言表达得含蓄、幽默，而且能加深语意，给人以深刻印象。例如，东风汽车广告"万事俱备，只欠东风"。

广告策划者在运用广播广告语言时，除了需要灵活地运用语言表达方法外，还必须了解以下几点。

（1）广播广告是一种"说的语言"，"说的语言"是用来听的，而汉语中有许多同音异义的字，稍有疏忽，就会使受众产生误解，所以这一点必须注意。同时，广播广告语言是人发出的声音，讲话者的形象、表情等都会借助语音、语调传达给受众，受众甚至还可以根据语速来体会讲话者的心情。因此，广播广告可以通过听觉效果来调动受众某一方面的兴趣，使他们产生购买欲望。

（2）广播广告要简洁明了。广播广告中所用语句要避免冗长，要用简洁的词句将所要说的话表达出来。句子要尽量简短，段落要分明，层次要清楚，尽量少用形容词。

（3）忌用难懂的词句。在广播广告中，专业术语要尽量少用，多采用浅显易懂的词句。

（4）情节要生动感人。用广播广告表现生活的片段，虽然持续时间较短，但情节要感人，要有一定的趣味，这样才能使受众产生"继续听"的兴趣。

（5）多次反复。广播广告为了将广告产品的品牌、功能等信息如实传递给受众，有时需要不断地重复同样的内容。反复不同于执拗，反复是将产品的名称多次列出，而执拗是纠缠，会使受众产生反感。

2. 音响

音响是指除了人声和音乐之外的一切声音，可以大大增强广播广告的表现力和感染力，因而是广播广告重要的构成要素之一。音响可以创造某种特定的环境，可以叙述或表现一个事件，也可以表达思想和情感。在制作广播广告时应注意音响的以下特征。

（1）音响的叙事性。现实中一切事物都有自己独特的声音，如风声、鸟鸣、马嘶等。也就是说，声音总是和形象联系在一起的，这也正是声音能够令人产生视觉联想的前提。

广播广告中的人物不需要说他打破了盘子，受众只要听到陶瓷破碎的声音和感叹声就能知道。要表现喝饮料的过程，只需要展示打开瓶盖时"嘭"的一声，再加上喝饮料时"咕嘟咕嘟"的声音，最后展示喝过饮料后舒适的一声感慨"啊……"就可以了。同样地，要表现火车站的环境，用现场的嘈杂声、车轮转动声和汽笛声就能把受众带到这个环境中去。

（2）音响的表现力。音响的表现力主要是通过联想来实现的，而这种联想又是由独特的广告创意引发的。和视觉一样，音响也具有非凡的表现力。因此，对音响的巧妙使用，可以把许多无法或难以表现的信息轻而易举地传达给受众。例如，药品广告的效果一般在广播广告中很难表现出来，因为它无法像电视广告那样运用画面进行演示。而一则胃肠药品的广播广告却运用自然音响达到了这一目的，即"雷声（约5秒的雷鸣）→雨声（倾盆大雨）→号角声（雨声停后约2秒）→念出胃肠药品名称"，从而把服药后的效果表现得恰如其分。

（3）音响的个性化。现代企业大多比较重视企业形象识别系统的建构，以期通过设计独特的视觉形象赋予自己个性，进而从众多的企业中脱颖而出。在广播广告中，企业可以创作出富有个性化特征的音响并将其作为自己的标志，使受众一听到这种音响就知道是什么产品或哪家企业。例如，美国的某品牌化妆品，用优美动听的门铃声作为自己的标志，把这种音响同产品紧紧地联系在一起，使之成为产品的象征。

3. 音乐

音乐是一种抽象的艺术形式，具有强烈的情绪性，对人的情感、态度、行为影响极大。音乐在广播广告中能发挥多种作用：一是活跃广告的气氛，丰富广播广告的内容；二是增强广播广告的吸引力，引起受众的注意，美好的音乐常能使受众沉浸在想象之中；三是有利于塑造广告产品的形象，突出产品的个性；四是成为广告产品的标志，使受众轻易将广告产品与其他产品区别开来。

广播广告中的音乐主要分为两种类型：一种是背景音乐，另一种是广告歌曲。

（1）背景音乐。背景音乐主要用来烘托气氛，常配合人声使用。例如，一则雪地鞋的广播广告，开头以《溜冰圆舞曲》缓缓混入并配合至终，受众听到这首优美抒情的乐曲，脑海里马上就会浮现出欢乐的溜冰者在冰上翩翩起舞的画面。这首为人们所熟悉的乐曲和雪地鞋这种产品联系在一起，起到了很好的陪衬作用，从而加深了人们对这一产品的印象。

（2）广告歌曲。这种形式就是把广告所要传递的重要信息，用歌曲的形式表现出来。它不同于电影插曲，不要求多样化和艺术性，而只求易学易记、曲调活泼、歌词简短。广告歌曲创作的目的，是以优美的旋律和独特的音响，加深受众对广告产品特点的认识，强化受众的记忆，并使受众产生联想。

（二）广播广告的设计与制作技巧

语言、音响和音乐作为广播广告的三要素，并不是简单地相加，而是相互融合。三者融为一体，变化无穷，魅力无穷，不仅能弥补单一的人声、音响或音乐的不足，而且可以发挥整合效能，从而产生强大的表现力，让受众产生身临其境的感觉。广播广告的设计与制作技巧主要有以下两点。

1. 突出语言的主导地位

语言是广播广告传达信息的主要手段，也是使广播广告具备说服力和影响力的关键，音响和音乐也是为语言服务的。一则广播广告可以没有音响和音乐，只要语言引人入胜，符合听觉规律，切合受众的心理需要，同样是一则好的广播广告。当然，音响和音乐的恰当使用会大大增添广告语言的魅力，加强广播广告的整体效果。但是，如果仅追求形式，在音响和音乐上过度雕琢，而忽略了对广告语言的精益求精，就会喧宾夺主，达不到广告的目的。

2. 采用灵活的三要素组合方式

广播广告的三要素（语言、音响、音乐）应采用灵活的组合方式，以求得最佳的广告传播效果或最低的广告成本。

（1）只有语言，没有音响和音乐

这是广播广告中常见的一种方式。其优点是设计与制作简单，成本低，广告诉求直接明了；缺点是广告表现方式单一，缺乏吸引力。

（2）音乐和语言相互配合

音乐和语言相互配合的方式又可进一步细分为以下4种。一是以音乐开头，然后音乐和语言混播；二是以语言开头，然后语言和音乐混播；三是音乐和语言同时播出；四是音乐和语言交替播出。音乐和语言相互配合可以使广播广告更具艺术表现力，从而增强其吸引力，但这对广播广告的设计与制作提出了更高的要求。

（3）音响和语言相互配合

与音乐和语言相互配合的方式相似，音响和语言相互配合的方式也可细分为4种，分别是：以音响开头，然后音响和语言混播；以语言开头，然后语言和音响混播；音响和语言同时播出；音响和语言交替播出。音响的出现可以增强广播广告的表现力和感染力，给听众一种身临其境的感受。

（4）音响、音乐和语言的配合

这种配合分为以下3种形式：一是以音乐开头，穿插语言和音响；二是以音响开头，穿插语言和音乐；三是以语言开头，穿插音乐和音响。将广播广告的三要素组合使用，能够同时发挥音乐、音响和语言在广告传播中的优势，从而达到较好的广告效果。

（三）广播广告的形式

广播广告的形式主要有以下几种。

1. 直述式

直述式是指由播音员或演员将写好的广告词一字不变地读出，不使用任何演技，这是最基本的一种广播广告形式。

2. 独白式

"独白"一词本是戏剧用语，是指演员在舞台上自问自答，唱独角戏。独白式是指在使用广告产品的生活情景中，通过个性人物的独白将广告产品的特点、功能、价格、生产厂商等信息传递给受众的一种广播广告形式。

此处的个性人物是指在广告中经常出现的，用以体现广告产品个性的人物。个性人物能使广告富有情趣，能使产品的特征得以充分体现。

3. 对话式

对话式是指在广告中利用母子、情侣、夫妇、兄妹等角色，通过对话，将广告产品的特征及使用情况告诉受众的一种广播广告形式。这种形式容易使受众产生亲近感或真实感，从而提高广告产品的可信度。如某品牌助听器的对话式广播广告就十分幽默地突出了产品的功效，让受众难以忘怀。

> 店员："大爷，您买啥？"
> 大爷："啥，减肥茶？不减，我这么瘦，再减就没了。"
> 店员："……大爷，买什么您自己挑!"
> 大爷："咋的，还得上秤约①？"
> 店员："大爷，您老耳背，我给您介绍一个新伙伴儿。"
> 大爷："啊？要给我介绍个老伴儿？不行啊，家里有一个啦。"
> 店员："大爷，我给您介绍这个，保证您满意。"
> 大爷："啥，助听器？对，我就是来买助听器的。"
> 男声独白："××牌助听器，让听障人士不再打岔。"

4. 戏剧式

戏剧式是指编排一场戏剧，让剧中人物将广告产品的特征用戏剧台词告诉受众的一种广播广告形式。戏剧式广播广告具有较强的趣味性，但地域性比较强。这种形式只适用于地方性媒体。

5. 音效式

音效式是指利用音响，将广告产品的信息传递给受众的一种广播广告形式。广播电台通过声音营造气氛的能力非常强，通过播放一段特殊的音乐，使受众展开想象，将广告产品与某一事物联系起来，以达到塑造品牌形象的目的。

二、电视广告的设计与制作

电视是一种集声音、图像和文字于一体的电波媒体，能够通过声波和光波信号直接刺激受众的感官和心理。电视广告的表现形式丰富，内容逼真，其具有很强的视觉冲击力和感染力，因此是一种极为重要的广告。

（一）电视广告脚本的构成

电视广告脚本也称电视广告文案，是电视广告创意的文字表达形式。电视广告脚本是体现广告主题、塑造广告形象、传播广告信息的语言文字说明，是广告创意的具体体现，也是摄制电视广告的基础和蓝图。电视广告脚本的构成要素主要有广告词、音乐与音响、画面等，其中前两项与广播广告有相似之处，但更有特色。

---

① "约"读yāo，口语，指用秤称。

1. 广告词

广告词也称台词，包括解说、演词、字幕3种形式。

（1）解说。解说是指随着广告画面的展现而做的讲解，又叫背景语言，用以加深受众对画面的理解。解说应简明扼要，突出个性。但画面已表达清楚的内容无须解说。

（2）演词。演词是指在戏剧式广告中人物的对话或独白，它以剧中人物的话语来表现产品个性，比解说更为有趣，感染力也更强。

（3）字幕。字幕是指直接出现在电视屏幕上的文字，如产品品牌名、企业名等。它们有的叠印在活动的画面上，有的出现在广告末尾，也有的用特定镜头通过放大产品的标签或品牌名进行展示，以加深受众的印象。

电视广告的广告词只是对视觉表达的补充，应比广播广告的语言更精练，有更多的停顿，以免影响视觉效果。

知识链接

电视广告脚本的写作要求

由于电视广告所独具的蒙太奇思维和影视语言，电视广告脚本的写作既要遵循广告脚本写作的一般规律，又要遵循一些特殊规律。电视广告脚本的写作要求具体如下。

第一，在创作电视广告脚本之前，必须先分析研究相关资料，明确广告定位，确定广告主题，然后在主题的统帅下，构思广告形象，确定表现形式和技巧。

第二，电视广告脚本的写作必须运用蒙太奇思维，用镜头叙事。语言要具有直观性、形象性，容易转化为视觉形象。

第三，以镜头段落为序，运用语言文字描绘出一个个广告画面时，必须考虑时间的限制。因为电视广告的时长是以秒为单位的，所以每个画面的叙述都要有时间概念。镜头不能太多，必须在有限的时间内，传播出所要传达的内容。

第四，电视广告是以视觉形象为主，通过视听结合来传播信息的，因此电视广告脚本的写作必须做到声音与画面的和谐，即广告词与电视画面的"声画对位"。

第五，电视广告脚本的写作应充分运用感性诉求方式，调动受众的参与意识，引导受众产生正面的"连带效应"。为达此目的，脚本必须写得生动、形象，从而使广告以情感人、以情动人、具有艺术感染力，这是电视广告成功的基础和关键。

第六，写好广告词，因为它的构思与设计，将决定电视广告的成败。

2. 音乐与音响

电视广告的音乐与音响能增强其节奏感，烘托意境。悦耳动听的音乐、极具真实感的音响有助于加深受众对广告的印象。

3. 画面

电视画面是指用电子摄录系统拍摄和制作的，由电视屏幕显现的图像。画面是电视广告的主要构成要素，具有生动、直观、具体等特点，往往一个画面就可以提供多种视觉信息。

（二）电视广告的设计与制作要求

要设计与制作一则好的电视广告，必须注意以下几点。

（1）广播化。电视广告要配合活动画面的需要，充分发挥声音的功能，应像广播广告一样，使语言、音乐和音响达到逼真、动听、简明的效果。具体表现为：语言要口语化、简短化和节奏化，音乐与音响要贴切、动人和协调。

（2）艺术化。电视广告集语言、人物、动作、画面、音乐等于一体，具有声像、视听兼备的优点。电视广告充分利用这些优点，采用艺术化的表现方式，能够达到报纸、杂志和广播广告所不具备的传播效果。

（3）简短化。电视广告播出的时间受到相关部门的严格限制，例如，2016年国家新闻出版广电总局（现国家广播电视总局）就规定单条食品、药品的电视广告时长不能超过1分钟。因此，电视广告必须简短有趣、主题突出、情节简单、语言精练，绝不能拖泥带水、杂乱无章。

（4）动作化。电视广告画面是活动的画面，可以通过各种动作表现帮助广告策划者实现广告的创意。

（5）多样化。电视广告在内容、情节、语言等方面要求简单明快，在表现形式方面要求活泼多样，这样才能更好地发挥电视广告的效果。

 课堂讨论

电视广告的制作要求与方法对当前的网络广告同样适用吗？请说明理由。

（三）电视广告的类型

电视广告的类型有动画片、活动片、特殊效果片和纪录片等。

1. 动画片

动画片（animation），又叫卡通片（cartoon），它利用人的"视觉残留"原理，通过技术手段使静止的画面产生动感。动画片按照编导者、画家或设计家的意图，将一幅幅有顺序的图画，通过逐格拍摄、连续放映的方法，使形象活动起来。

动画片在艺术构思上，特别擅长表现夸张的、幻想的、虚构的题材和情节。它能使幻想与现实紧密地交织在一起，能把幻想的东西通过具体形象表现出来，具有独特的感染力。例如，动画片可让手表、电视、冰箱跳舞，让汽车、自行车在空中飞翔等。

动画片中的主角往往也会借助虚构情节提升表现力。例如，为加深受众对商标的印象，商标中的动物图形可以从商标中走出来介绍产品。

例如，米其林卡通人物"必比登"（在中国更名为米其林先生，见图6-6）早在100多年前就已出现，受众一看到这个可爱的虫形卡通人物就会想到米其林轮胎。尤其是那则"米其林轮胎使刹车距离缩短1米"的广告，几乎能让所有人过目不忘。

图6-6 米其林卡通人物

由于动画片的这些特点，传达特殊广告内容或针对儿童等特殊受众做广告时，动画片广告的效果比较好。但是针对成年人做动画片广告时要谨慎，因为一些成年人会把动画片广告内容理解为人为的表现，过分的夸张表现容易引起他们的反感。

2. 活动片

活动片也叫写实广告片（live action），常用于拍摄真人、真物、真景，是常用的电视广告类型，能够给受众以真实感。

3. 特殊效果片

特殊效果片（special effects）是指在音响、画面、镜头等方面加上特技，以营造气氛，从而对受众产生视觉刺激并给其留下深刻印象的广告片。例如，广告中的牙膏从盒里跳出来等。

4. 纪录片

纪录片包括现场转播与现场录像两种形式，如拍摄顾客盈门、产品实际操作、时装表演、名人推荐产品等。

（四）电视广告画面的景别与构图

在电视广告的构成要素中，画面占主体地位。在画面的摄制过程中，要选择好画面的景别和构图。

1. 画面的景别

景别是电视广告语言的基本要素，电视广告就是利用不同的景别组合形成特有的"语言"来向受众传播信息的。简单地讲，景别是指在焦距一定时，由于拍摄镜头与被摄物体的距离不同，而造成被摄体在镜头中所呈现出的范围大小的区别。通俗地讲，景别就是摄影机在距被摄对象的不同距离或用变焦镜头拍摄的不同范围的画面。

景别的首要功能就是描述，摄影人员通过变换焦距及拍摄位置可以使受众看清广告的内容。景别还能通过营造特定的环境气氛，使受众产生某一方面的心理效果。运用不同的景别可以产生不同的气势规模，形成某种特殊的氛围，突出细节布局等，从而向受众传达画面以外的某种心理信息。

景别可具体划分为远景、全景、中景、近景和特写等5种形式。

（1）远景。远景是指表现广告主体及其周围的空间、环境、自然景色或众多人物活动场面的电视画面。远景的视野开阔，空间规模宏大，其常用来突出展示广告主体与周围环境的关系。远景有利于展示宏大的场面，容易使受众产生一种豪迈的情感。

（2）全景。全景是指表现成年人全身或场景全貌的电视画面。在电视广告中，全景向受众展示广告产品的全貌，使受众对广告产品有一个完整的视觉印象。许多广告策划者在制作电视广告时，常用全景来展示广告产品的各个方面，以求给受众留下一个清晰的产品印象。

（3）中景。中景是指表现成年人膝盖以上部位或有典型意义的局部场景的电视画面。中景可以用来表现广告的主要情节和人物的情感交流，可使受众看清广告中人物的动作姿态与情感变化。以表现产品与受众之间关系为内容的电视广告，基本上都是采用中景来展示广告创意的。

（4）近景。近景是指表现成年人胸部以上部位或被摄主体局部的电视画面。近景可以用来表现广告产品的具体特征，如一些洗发水的广告就是用近景来显示头发柔顺飘逸的特征的。化妆品的电视广告多用近景来展示其特性，因为近景能够产生较强的视觉冲击力，使产品的一些细微的特征得以充分展现。

（5）特写。特写是指表现成年人肩部以上部位或被摄物体局部状况的电视画面。特写能够产生强烈的视觉冲击力，使广告产品深深地留在受众的记忆中。许多化妆品电视广告，如香奈儿唇膏广告（见图6-7）用特写来激发受众的购买欲望。

特写可以细致入微地表现人物的神态，将广告主体的具体细节充分表现出来。例如，特写可以用来突出广告产品的品牌，也可以用来表现消费者在使用广告产品时的感受等。

图6-7 香奈儿唇膏广告

2. 画面的构图

电视广告的画面是否有美感、是否有吸引力，在很大程度上取决于构图。画面构图是指画面的结构，即通过对构成画面的各种要素进行艺术性的排列和组合，使其成为具有美感并体现特定销售主题的形态。电视广告画面构图具有以下特点。

（1）固定的画幅比例。电视广告画面构图是一种"美"的创造，它的最大特点是有固定的画幅比例，一般为16∶9。这就决定了电视广告画面构图必须在这个比例的限制下进行。

（2）画面构图的动态性。绘画、摄影中的画面是对客观物体的一种静态展现，它们体现了物体的瞬间美。电视广告画面是一系列不断变化的镜头，每一个画面在变化的同时又有明显的承接性，因而电视广告画面构图具有动态性。

电视广告画面构图一定要符合以下要求。

（1）简洁完整。电视广告画面构图要使受众一看就明白、一看就清楚。一个画面只反映一项内容，围绕一个销售主题展开，要给受众一个完整的印象。

（2）均衡统一。均衡是指画面布局要符合人们的视觉习惯，上下、左右搭配合理，有稳定感；统一是指所有画面要素要构成一个统一的整体，围绕一个主题，局部画面是整体构图的组成部分。

（3）突出主题。画面中的各个要素，包括色彩的明度、线条的形状与走向等都要合理搭配，以突出主题。

三、网络广告的设计与制作

（一）网络广告设计与制作的特点

网络广告的种类繁多，形式多样，内容庞杂。例如，基于 Web 的网络广告包括网幅广告、企业网站广告、关键词广告、搜索引擎广告、电子邮件广告、网络游戏广告、网络广播广告、流媒体广告、富媒体广告等，基于 Wap 的网络广告包括手机广告、微博广告、微信广告、短视频开屏广告等，此外还有一些创新形式的网络广告，如楼宇广告等。

不同类型的网络广告在设计与制作上差异很大，有些接近于报纸、杂志广告，有些接近于广播、电视广告，这些可以借鉴其他媒体广告的设计与制作原则、技巧和方法；还有一些新型网络广告的设计与制作具有一定的独特性，需要相关人员具有一定的专业知识并借助专门的设计与制作软件才能完成。

但无论何种类型的网络广告，在设计与制作时都需遵照如下思路：首先是做好广告的构思；其次是设计好广告制作方案，包括文案设计、脚本设计等；最后是按照既定的制作方案完成广告作品。

 案例

小米的新 Logo

在 2021 年 3 月底的小米新品发布会上，小米正式公布了新 Logo。据官方介绍，新 Logo 由国际著名设计师原研哉操刀设计，为小米品牌视觉形象注入对东方哲学的思考，提出全新的设计理念——Alive（生命感设计）。

但小米新 Logo 一经发布，就引发了群嘲，因为这款新 Logo 和小米原来的 Logo 太过相似。小米的新旧 Logo 如图 6-8 所示。一时间，"小米换 Logo"一事成为大家议论的焦点，大家的言论都围绕着小米新旧 Logo、设计师、雷军展开。吐槽派认为新 Logo 丑、贵，支持派则认为新 Logo 代表了一种东方哲学，传递了品牌的新理念。

新　　　　　　　　旧

图6-8　小米的新Logo与旧Logo

其实，小米此次换 Logo 绝不是表面上这么简单。此次 Logo 换新实际上是一次事件营销造势，从表层上看是视觉美学水平的提升，从深层次看是品牌形象提升和公司战略变化的需要。

资料来源：搜图网。

案例分析

从传播的角度，这次 Logo 换新是一场拥有"顶流"配置的事件营销，为小米带来了巨大的流量。小米利用原研哉所拥有的权威与其设计的简单打造高度反差，再加上雷军亲切互动的助力，通过一众意见领袖、超级传播者的传播，引发了全网讨论，进一步传递了小米 Logo 背后的理念。在这个营销事件里，每个人都成了小米故事的传播者。从设计本身的效果看，这次 Logo 换新是一次视觉美学水平的提升，给品牌增添了不少时尚感。Logo 由"方"到"圆"，消减了锐气，增添了活力。

（二）网络广告的设计要求

1. 分析目标受众

目标受众是网络广告信息传播的对象，在广告设计之前广告策划者要对目标受众有充分的了解。网络广告的目标受众一般来说就是企业的目标消费者，要使网络广告有的放矢，广告策划者应对目标受众的上网习惯、兴趣爱好、价值取向、心理需求及其对信息的反应速度等有全面的了解。

2. 突出广告产品的特点

设计网络广告时要明确广告的主题，深入挖掘产品的特点，强调产品能够给目标受众带来的独特利益点。这样广告才容易得到目标受众的认可，也有利于塑造良好的企业形象。在确定产品特点时，广告策划者要与企业相关人员密切沟通，以获取更多的产品信息。

3. 广告的设计风格应与广告发布平台相适应

网络广告的发布平台众多，不仅有门户网站、企业网站等传统的平台，还有微博、微信、短视频平台等自媒体平台，以及各种 App、小程序等，并且每个平台的风格千差万别，这就要求广告策划者对各平台的风格有所了解，以使广告作品适应平台的风格。以网络原创社区小红书为例，发布在其上的广告主要有开屏广告和信息流广告两种。其中开屏广告在用户打开小红书 App 时自动展示，能够给用户带来较强的感官和视觉刺激，便于企业传递广告信息，提升品牌价值。而信息流广告则是基于用户感兴趣的内容来展现的。这种广告可以帮助企业高效触及用户，实现多种营销目标。其展现形式有"种草"笔记、直播卡片、用户主动搜索等。企业通过小红书广告找到目标受众后，就比较容易实现营销目标。例如，某母婴用品企业洞察小红书用户需求之后，邀请专业育儿师讲解产品配方特点，并借助小红书信息流广告文章在目标受众中推广产品。

2022年，小红书上线特色广告产品"小红屏"，用全新的广告样式，助力品牌实现开屏广告+信息流广告的双重曝光，首次实现"原生种草"的广告样式，将信息流广告放大至开屏。用户不仅能在开屏看见大笔记（笔记是小红书上对发布内容的一种独特称呼），进入后还能看见信息流中的小笔记，视觉上的平滑过渡，实现了开屏广告与信息流广告的双重联动。完美日记、陌森眼镜、纯甄等品牌已经对"小红屏"进行了投放，首次亮相就一鸣惊人，取得了优异的广告效果。完美日记"小红屏"广告如图6-9所示。

图6-9　小红书上的完美日记"小红屏"广告

4. 高水平的广告设计创意

在实践中，故事性创意、娱乐性创意和形象化创意被广泛应用。下面就简单介绍一下娱乐性创意在广告设计中的运用。

娱乐性创意可以通过3种方式实现。一是把品牌或产品信息嵌入娱乐活动，如果活动的内容或主题与产品信息产生联系，就能有效地吸引网络用户。二是把产品或相关信息作为道具或工具植入游戏，把产品作为游戏的一部分，通过不断曝光，强化网络用户对广告产品的记忆。三是在活动中展示产品，借助虚拟现实技术，让用户仿佛置身于真实的场景中直接接触广告产品。

5. 适时更新广告设计

与传统媒体广告不同，网络广告发布后可根据需要随时更新。广告策划者在完成广告设计之后，还要充分利用网络的互动性，及时收集网络用户的反馈信息，对广告进行重新设计，以使广告达到更好的宣传效果。

6. 综合利用多种设计元素

网络广告表现形式丰富，集平面广告、影视广告、广播广告的表现方式于一身。广告策划者在设计网络广告时应充分注重图文、影像和声音等各种元素的融合，通过数字技术充分调动网络用户的视觉和听觉，全方位提升网络用户对广告的关注度和认可度。

（三）网络广告的制作

网络广告形式多样，不同网络广告的制作流程和方法也各不相同。受篇幅限制，本书以当前最具成长性的短视频广告为例，介绍网络广告的制作要点和流程。

1. 短视频广告的制作要点

短视频广告要想在极短的时间内吸引用户，就必须在内容上贴近用户的生活。一则好的广告通常是在潜移默化中改变用户认知的，从而让用户认同和购买产品，但传统的视频广告多以贴片形式出现，广告插入较为生硬，很容易遭到用户的抵制。短视频广告如果能够克服传统视频广告的缺点，在内容上贴近用户生活，就很容易被用户接受。因此，在制作短视频广告时应使广告内容做到原生、有趣、更加贴近用户的生活，同时要让短视频广告和其他短视频内容处于界限模糊的状态。此外，短视频广告还要以多样化的形式展现。不同于传统的视频广告，短视频广告在播出形式上更加自由，更加多样化。当前主流的短视频广告形式有真人口播、产品展示、情景剧、动画等。每一种形式都有其自身的特点，例如，真人口播可以结合产品特点真实地展现产品的使用效果；情景剧则可以给用户带来沉浸式的代入感，直击用户痛点。

2. 短视频广告的制作流程

短视频广告的制作流程一般分为以下 3 个阶段。

（1）准备阶段。在准备阶段首先要建立创作团队，同时还要与广告主深入沟通，了解广告主的企业情况及产品情况，然后在此基础上确定短视频广告的方向和选题。接下来做好文案策划和拍摄脚本撰写的工作。在此阶段，还要做好器材、道具和技术条件的准备工作，并制定拍摄方案和日程表。

（2）拍摄阶段。拍摄是短视频广告制作的关键环节，在拍摄时要尽量抓住与脚本吻合且最具表现力和感染力的镜头，其间要注意摄影摄像技巧与用光技巧的运用，要注意拍摄机位和拍摄角度的选择，还要注意景别的变化。

（3）后期制作阶段。在短视频广告的后期制作阶段，首先要根据脚本及广告主的意见进行粗剪、看片和细剪等工作。接下来要根据脚本及短视频画面进行配音、配乐和制作字幕等工作。至此，短视频广告的制作工作全部完成。

 延伸学习

其他类型广告的设计与制作

1. 户外广告的设计与制作

户外广告历史悠久，中外史书上记载的最早的广告形式均是户外广告。虽然近年来新媒体不断涌现，但户外广告依然是传递广告信息的重要载体。有意思的是，我国互联网行业的先驱者瀛海威公司的广告语"中国人离信息高速公路还有多远？前方1500米远"，就刊登在中关村的户外广告牌（见图6-10）上。

图6-10　瀛海威公司的户外广告

户外广告种类较多，各有特点，因而不同种类的户外广告在具体的设计与制作工艺上会有较大的区别。但从设计与制作的指导思想上来说，不同种类的户外广告又有很多共同之处。户外广告的受众是行人或交通工具里的乘客，人们在广告前的停留时间一般较短，很少会注意到广告的存在。因此，户外广告要想吸引受众关注，必须要具备较强的视觉冲击力。广告的设计与制作人员要根据距离、视角和周边环境这3个因素来确定户外广告的内容、大小和具体表现方式。户外广告要着重创造良好的视觉效果，画面应尽可能简洁，标题与正文一般要合一，内容要有新意，利益阐述要清晰。

2. 售点广告的设计与制作

售点广告的种类较多，且不同种类间的差异很大，如实物陈列与现场广播等，因此本书很难对其设计与制作进行统一的介绍。但不管是何种种类的售点广告，其根本目的都是突出产品的特色、展示产品的优点，从而刺激受众采取购买行为。这是售点广告的设计与制作人员需要牢记的。

3. 直邮广告的设计与制作

在设计与制作直邮广告时应该注意以下几点。一是要选择合适的投递对象，要根据受众的特征来制作有针对性的直邮广告；二是直邮广告的表现方式要精美别致，要让受众产生兴趣；三是配图时，多选择与所传递信息有紧密关联的图案，以刺激受众记忆；四是多用询问式直邮广告，其通常以奖励的方法鼓励受众回答问题，能起到双向沟通的作用，所以比介绍式直邮广告更能引起受众的兴趣。此外，直邮广告务必写清楚购买地址和方式方法，相关人员还要及时处理受众的反馈信息等。

任务实训

1. 实训目的

通过模仿写作，学会撰写电视广告脚本。

2. 实训内容及步骤

（1）阅读"伊利巧乐兹"电视广告脚本。

【产品名】伊利巧乐兹。

【创意阐述】

伊利巧乐兹面向的消费者不仅有喜欢雪糕、冰激凌的小朋友，还有青少年、恋爱中的情侣、时尚一族等。伊利巧乐兹以坚果、蓝莓、香草等独特口味与巧克力融合，充满了甜蜜、浪漫、动感、惊喜、新奇的气息，让消费者获得"喜欢你，没道理"的快感。

伊利巧乐兹坚果巧克力脆筒雪糕，不仅脆筒香甜酥脆，而且巧克力口感特别丰富。3层多样口感美味巧克力，搭配奶油口味雪糕，重重美味不断绽放，带给你无限惊喜。

时长：30秒。

【镜头】

"伊利巧乐兹"电视广告镜头如表6-4所示。

表6-4 "伊利巧乐兹"电视广告镜头

镜号	镜头景别	镜头角度或运动	画面	音效	音乐	字幕或效果
1	全景	慢推	女主角面带笑容走进大自然，四处寻找着什么	走路声，偶尔传来鸟叫声		台词："喜欢亲近大自然，喜欢神秘、快乐气息"
2	特写	推	女主角手背在身后，手里拿着巧乐兹坚果巧克力脆筒雪糕，继续向前走，继续寻找		《喜欢你没道理》前奏	画面和音乐结合，体现出寻找时神秘又欢乐的气氛

续表

镜号	镜头景别	镜头角度或运动	画面	音效	音乐	字幕或效果
3	中近景	切换	一只小松鼠突然跳出来，抢走女主角手里的雪糕，然后迅速跳到道路旁的树上，女主角先是感到吃惊，看到小松鼠后又开心地笑了起来	小松鼠跳动时碰撞树叶发出的声音	在女主角笑起来时，播放《喜欢你没道理》高潮部分	歌词：恋爱 ninety-nine，久久延续的浪漫，喜欢你没有道理，好心情用不完
4	近景	切换	女主角和小松鼠面对面吃雪糕，女主角开心地笑	小松鼠的叫声	背景音乐音量低于小松鼠叫声的音量	
5	中景	切换	好多小动物向女主角和小松鼠跑来，女主角既惊喜又开心	小动物欢乐的叫声	《喜欢你没道理》高潮部分	歌词：恋爱 ninety-nine，久久甜蜜在心坎，品尝你温柔宠爱，超完美的口感
6	中近景转特写	拉，移	小动物围着女主角吃雪糕，镜头拉近，移到女主角上半身特写，女主角开心地举着雪糕		背景音乐音量降低	台词：喜欢你，没道理，伊利巧乐兹

（2）模仿"伊利巧乐兹"电视广告脚本完成一则电视广告脚本的设计（注：广告主题不限，同学们可自主选择）。

（3）完成电视广告脚本的撰写，交由授课教师评阅。

3. 实训成果

实训作业——某产品的电视广告脚本。

 思考题

一、单选题

1. 报纸广告的制作要求一般不包括（　　）。

　　A. 色彩明亮　　　　B. 连续刊登　　　　C. 版面大小合理　　　D. 位置安排得当

2. 视觉中心一般在报纸版面中心上面的（　　）处。

　　A. 1/8　　　　　　B. 1/5　　　　　　C. 1/4　　　　　　　D. 1/3

3. 与黑白广告相比，彩色广告的注目率要高（　　）。

　　A. 5%～10%　　　B. 10%～20%　　　C. 20%～25%　　　D. 10%～30%

4. 美国广告学家卢基经过实验研究，列出了13种颜色匹配方式的易读性等级，其中（　　）的匹配易读性最高。

　　A. 红底蓝面　　　　B. 白底黑面　　　　C. 绿底赤面　　　　D. 黄底黑面

5. （　　）是指表现广告主体及其周围的空间、环境、自然景色或众多人物活动场面的电视画面。

　　A. 近景　　　　　　B. 中景　　　　　　C. 远景　　　　　　D. 全景

二、多选题

1. 以下属于印刷媒体广告的有（　　）。

　　A. 报纸广告　　　　B. 杂志广告　　　　C. 电视广告

　　D. 网络广告　　　　E. 广播广告

2. 杂志广告的设计与制作要求有（   ）。

    A. 图文并茂   B. 正确利用版面   C. 情境配合

    D. 采用相似形式   E. 有声有色

3. 广播广告的"三要素"包括（   ）。

    A. 语言   B. 文字   C. 音响

    D. 音乐   E. 广告歌曲

4. 电视广告画面构图的要求包括（   ）。

    A. 图文并茂   B. 简洁完整   C. 均衡统一

    D. 突出主题   E. 有声有色

5. 网络广告的设计要求包括（   ）。

    A. 分析目标受众   B. 突出广告产品的特点

    C. 高水平的广告设计创意   D. 适时更新广告设计

    E. 综合利用多种设计元素

三、名词解释

1. 广告设计   2. 印刷媒体广告   3. 电子媒体   4. 解说   5. 演词

四、简答及论述题

1. 报纸广告的设计与制作程序有哪些？

2. 报纸广告画面布局原则有哪些？

3. 试论述杂志广告布局设计的技巧。

4. 试论述电视广告的制作要求。

5. 试论述广播广告三要素的组合方式。

案例讨论

康龙休闲鞋微电影广告制作

"康龙"是 2001 年成立的知名休闲鞋履品牌，该品牌秉持"时尚、简约、休闲、舒适、环保"的理念，致力于为消费者提供舒适、时尚、高性价比的产品。

康龙休闲鞋的这部微电影广告创意如下：一个跳伞男孩从天而降，不小心降落在了一片丛林里，并且落在了一只恐龙身上（注：康龙的新 Logo 是一只昂首站立的小恐龙，见图 6-11）。在男孩惊扰了恐龙并试图逃跑的时候，脚上的一双康龙休闲鞋引起了恐龙的注意，这只可爱的恐龙把男孩从树上冲撞下来，并把男孩掉落的鞋子穿在自己的脚上开心地跑了，在一处风景秀美的地方跷腿休息，男孩跟踪之后偷偷潜伏试图把鞋子偷回来……广告以幽默、拟人、轻松的方式表达了康龙休闲鞋舒适休闲的特点。

图6-11 康龙的新Logo

在制作方面，广告采用了实拍和三维动画结合的方式，具体步骤如下。

（1）构思与撰写剧本。在前期沟通策划的基础上完成剧本创作。

（2）分镜头脚本的写作。此步骤的目的是使得后期拍摄和剪辑更加有条理。脚本要尽量细化，以便提高后期拍摄的效率。

（3）确定拍摄设备。一般微电影广告拍摄对器材的要求不高，有拍摄设备即可，但如果对画质要求较高，还需要灯光设备、收音器、轻型滑轨、稳定器、小摇臂车、航拍器等设备。

（4）组建剧组。组成由导演、演员、摄影师、剪辑师等构成的剧组。

（5）寻找拍摄场地。根据剧本确定场地，有些拍摄场所需提前预订。

（6）提前排练台词，根据分镜头脚本分场景拍摄以及进行对白、致白、音响效果录制。

（7）完成微电影中有关恐龙画面的三维动画制作。

（8）后期剪辑制作。根据前期的脚本和后期导演的灵感进行初剪、精剪，还需要对画面进行色调和特效处理，以及配音、配乐、字幕、片头和片尾制作等工作。

资料来源：尚恒志. 网络与新媒体广告[M]. 北京：北京大学出版社，2018.

问题讨论

结合案例谈谈微电影广告的创意与制作要求。

评估广告活动的效果

项目情境导入

在高校任教的张老师看到电子商务物流认证培训非常火爆，也萌发了办培训班的想法。张老师本人就是这方面的专家，经常受聘为校外的一些培训机构讲授电子商务物流的认证课程，很受学生欢迎，因此张老师觉得自己办培训班也是水到渠成之事。

张老师是个做事雷厉风行的人，有了想法就要尽快付诸实施。于是他拿起电话邀请好友刘先生和一名自己最信赖的学生商量办培训班事宜，没想到3人一拍即合，办培训班的事情就这样确定了下来。当天晚上，3人第一次面谈就确定了办学课程、办学场地、办学资质（挂靠培训学校）和师资等问题。

一切似乎都很顺利。刘先生很快就与一家培训机构达成了挂靠协议并租下了市中心的场地，张老师也凭借自己在电子商务物流培训圈里的人际关系找好了培训教师。张老师的学生也没闲着，很快找广告公司制作了几百张招生海报，与刘先生一道将其贴在所在城市的30多所高校中。

然而，招生海报贴出后，来电咨询的学生寥寥无几，第一届仅招了不到10名学员，所收的学费还不够支付一个月的房租。张老师对此非常不解，培训班的师资堪称一流，办学场地也很不错，学费收得也比同行要低，为何没有大批学生前来报名呢？3人经过商议，决定加大广告投入，开始印制更多的广告招贴和宣传单，并在当地的报纸上做了几期招生广告。半个月过去了，培训班的招生情况依然没有好转，虽然陆续有学生来电咨询和报名，但办培训班庞大的开支他们3人根本无力承担。在匆匆办完一届之后，3人最终关闭了这个培训班。

让张老师他们始料不及的是，在培训班停办一段时间之后，他们接到的报名咨询电话却日渐增多。张老师不禁陷入了沉思。

问题：为什么广告发布后通常很难立竿见影？请结合本案例谈谈广告效果的基本特征。

项目分析

随着市场经济的不断发展，企业间的竞争日趋激烈。为了促进销售，提升市场占有率，也为了赢得相对于竞争对手的优势地位，企业不惜投入大笔广告费用。这些广告费用的投入，到底能够为企业带来哪些收益？如何评估广告所起的作用？这些都是广告主极为关心的事情。因此，科学、客观地评估广告效果，已成为现代广告活动的重要组成部分。

那么，什么是广告效果？广告效果有哪些类型？广告效果的特征是什么？广告效果评估应遵循什么样的原则与程序？广告效果评估的内容是什么？本项目将对以上问题逐一进行解答。

项目学习任务书

本项目学习任务书如表 7-1 所示。

表 7-1　项目七学习任务书

任务编号	任务主题	需要掌握的知识点	技能目标	建议课时数
任务一	认识广告效果	广告效果的含义； 广告效果的分类； 广告效果的特征； 广告效果评估的意义	能够对广告效果的含义、类型、特征，以及广告效果评估的意义有全面的了解	1.0
任务二	熟悉广告效果评估的原则与程序	广告效果评估的原则； 广告效果评估的程序	能够为企业的广告效果评估活动制定实施方案	1.0
任务三	熟悉广告效果评估的内容	广告信息评估； 广告媒体评估； 广告活动效果评估	能够对企业广告的效果进行全面评估	1.0

 认识广告效果

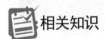 任务引入

某中端品牌化妆品曾经选用运动员、演员为产品代言，花费了巨额广告费，但效果不佳。后来，该品牌改用企业职员、教师等工薪阶层为广告模特，反而收到了很好的广告效果。对此，NK大学商学院的 L 教授解释道，新广告片中所展现的普通人的工作、生活场景对大多数消费者来说具有很强的相似性，容易引起目标受众的共情，因此觉得广告中的模特非常可信，进而乐于接受模特们在广告中所推荐的化妆品。

问题：你是怎样理解广告效果的含义的？广告效果具有哪些特征？你同意上文中 L 教授对该化妆品广告效果的解释吗？

相关知识

一、广告效果的含义

广告效果是广告对受众所产生的影响以及由于人际传播所形成的综合效应。广告效果的表现是多方面的，如对广告产品销售状况的影响、对受众的消费观念和行为的影响、对受众心理的影响等。

对广告效果进行评估具有重要的意义，它不仅能够帮助企业改进广告的创意，提升广告设计和制作水平，调整媒体策略，还能够为企业下一阶段的广告决策提供依据。

二、广告效果的分类

按照不同的划分标准，广告效果可分为多种类型。

（一）根据涵盖内容和影响范围来划分

根据涵盖内容和影响范围，广告效果可分为经济效果、沟通效果和社会效果。

1. 经济效果

经济效果又称销售效果，是指广告活动促进产品销售或增加服务频次的程度，其反映广告活动对企业利润增加的贡献程度。广告主通过付费的形式，利用各种传播媒介向受众传递产品、服务及观念等方面的信息，其最终目的就是通过广告活动刺激受众购买广告产品或接受服务。经济效果是企业广告活动最基本、最重要的效果，也是广告效果评估的主要内容。

2. 沟通效果

沟通效果是指广告活动在受众心理上的反应程度，表现为广告活动对受众的认知和心理方面的影响。广告活动能够激发受众对广告产品或服务的需求，唤起他们的购买欲望，使之产生购买动机，并培养其对广告产品或服务的信任和偏好。广告的沟通效果与销售并无直接的关系，但它可以间接地促进销售。

3. 社会效果

社会效果是指广告在社会伦理、道德、教育等精神文化方面产生的影响。广告的内容和表现手法都带有社会形态的烙印，这种烙印必然会对受众产生影响。例如，广告所倡导的消费观念、道德规范、思想意识都会产生一定的社会影响。

（二）根据广告产生效果的时间划分

根据广告产生效果的时间划分，广告效果可以分为即时效果、近期效果和长期效果。

1. 即时效果

即时效果是指广告作品发布后立即就能产生的效果。例如，超市里的打折促销海报一张贴，往往很快就能吸引不少受众前来购买。

2. 近期效果

近期效果是指广告发布后在较短时间内产生的效果。时间通常是一个月、一个季度，最多不超过一年。在此期间，广告主的广告产品或服务的销售额会出现增长，品牌知名度、美誉度等会有一定程度的提高。大多数广告都追求近期效果，它是衡量一则广告成功与否的重要标准。

3. 长期效果

长期效果是指广告发布后，在很长一段时间内都会对受众产生影响的广告效果。我们小时候看过的一些电视广告，如娃哈哈 AD 钙奶电视广告中孩子们高呼"喝了娃哈哈，吃饭就是香"的画面，时至今日依然会浮现在我们的眼前。我们在检验一则广告是否有效时，必须充分考虑到广告产生效果的时间因素，而不能仅凭广告的即时效果和近期效果来评价广告的优劣。

（三）根据广告产品所处的生命周期阶段划分

根据广告产品所处的生命周期阶段划分，广告效果可以分为导入期效果、成长期效果、成熟期效果与衰退期效果。

 课堂讨论

在广告产品生命周期的不同阶段，广告效果评估的重点分别是什么？

（四）根据广告宣传活动的整体过程划分

根据广告宣传活动的整体过程划分，广告效果可以分为事前评估效果、事中评估效果与事后评估效果。这是一种常见的划分方式，其目的是随时了解广告的具体效果，并根据效果不断调整和修改广告计划。

三、广告效果的特征

（一）时间的滞后性

广告效果会受到多种因素的影响，如广告环境、企业营销策略、广告的创意和制作水平、广告媒介的影响力、广告发布的时机等。任何一个因素的微小变化，都会影响到广告的效果。很多广告效果要经过一段时间才能产生，即广告对受众的心理认知产生影响以及引导受众采取购买行动需要一定的时间，我们将这种现象称为广告效果的时间的滞后性。

时间的滞后性使广告效果往往不能很快、很明显地体现出来。因此，评估广告的效果，首先要把握广告产生作用的周期，确定效果发生的时间间隔，区别广告的即时性和迟效性。只有这样，才能准确评估广告的效果。

（二）效果的积累性

一次广告活动由于其传输信息的偶然性与易失性，效果往往很难立竿见影。因此，广告活动一般都是反复进行的，广告活动每进行一次都会在一定程度上加深受众的印象，扩大受众对广告产品的认知范围和认知强度。所以，某一时点的广告效果都是这一时点以前的多次广告活动积累的结果。因此，我们不能因为一则广告在发布一次之后未能促使受众产生购买行为，就断定该广告无效。

受众由于受多种因素的影响而没有产生购买行为，这段时间就是广告效果的积累期。针对广告效果的这一特征，广告主在进行广告宣传时，应突出广告的诉求点，以鲜明的特色来打动受众，使他们产生购买欲望，并最终产生交易行为。

（三）效果的复合性

广告效果的复合性具有两重含义。一是广告活动不过是企业营销体系的一个环节而已，而决定产品销售业绩的因素很多，如产品开发策略、定价策略、渠道策略等；二是某一时期的广告效果也许是多种媒体广而告之的结果，因此，鉴于不同的广告媒体具有不同的特点，广告主可以加以综合利用。在评估广告效果时，要分清影响广告效果或决定广告效果的主要因素，以确保评估的客观性与真实性。

（四）效果的间接性

广告效果的间接性主要表现在两个方面：一方面，受广告宣传影响的消费者，在购买产品之后的使用或消费过程中，会对产品的质量和功能有全面的认识，如果产品质量好并且价格合理，消费者就会对该品牌产品产生信任感，从而会重复购买；另一方面，对某一品牌产品产生信任感的消费者会将该品牌推荐给亲朋好友，从而间接地扩大广告效果。

（五）效果的层次性

广告效果具有层次性，既有经济效果、认知效果和社会效果之分，又有即时效果、近期效果和长期效果之别。只有将上述效果很好地综合考虑，才有利于广告主产品的销售以及良好的企业形象与品牌形象的塑造。广告策划者在开展广告宣传活动时，不能只顾眼前利益而发布虚假广告，更不能只追求经济利益而不顾社会影响。

四、广告效果评估的意义

美国费城商人约翰·华纳梅克有一句名言："我知道我的广告费浪费了一半，但却不知道是哪一半浪费了。"这句话道出了进行广告效果评估的必要性。概括来讲，广告效果评估的意义主要体现在以下几个方面。

（一）广告效果评估是对整个广告活动经验的总结

广告效果是对整个广告活动的总结，广告效果评估是检验广告计划、广告活动合理与否的有效方式。在广告效果评估过程中，通过对广告结果与计划目标的对比，广告主能够衡量广告的实现程度，并能够据此总结经验，吸取教训，为下一阶段的广告决策打下良好的基础。

（二）广告效果评估是广告主进行广告决策的依据

在某一时期广告活动结束之后，广告主必须客观地评估广告效果，检验广告目标与企业目标、目标市场、营销目标的吻合程度，以正确把握下一阶段的广告活动。如果对广告活动的成效心中无数，广告主就容易在经营决策方面盲目行动，误入歧途。

（三）促使企业改进广告的设计与制作

通过对广告效果的评估，企业可以了解消费者对广告的接受程度，鉴定广告主题是否突出，广告形象是否有艺术感染力，广告语言是否简洁、鲜明、生动，广告商品是否符合消费者的需求，广告传播是否收到良好的心理效果等。这些都为企业未来的广告活动提供了参考资料，并有助于企业改进广告的设计和制作，使广告的宣传内容和表现形式的结合日臻完美，从而使广告的诉求更加有力。

（四）促进整体营销目标与计划的实现

广告效果评估能够比较客观地确定广告活动所取得的效益，也可以帮助找到除广告宣传因素外影响企业产品销售的原因，如产品的款式、包装、质量、价格等问题。企业可据此调整生产经营结构，开发产品，生产适销对路的产品，实现经营目标，取得良好的经济效益。

（五）增强企业的广告意识

对广告效果进行科学的评估，可以摒弃单凭经验、感觉来主观评判广告效果的做法，可以使企业的广告活动规范化、严密化和精细化，有利于企业制定可行的广告决策。同时，通过对广告效果的评估，企业可以切实感受到广告所带来的各种收益，增强其运用广告实现发展的信心，促进自身与广告业的共同繁荣。

 **任务实训**

1. 实训目的

通过了解广告对我们潜意识的影响，加深对广告效果的认识。

2. 实训内容及步骤

（1）先阅读如下案例，然后按要求完成相关任务。

王先生在某市中心商业区的写字楼上班，单位位于写字楼的第 28 层，每天上下班王先生都会看到电梯里液晶显示屏上不断播放的广告。对于电梯广告，王先生通常会不经意地看上几眼，但从未特别留心过。尽管如此，王先生对在电梯里播放的广告总有些隐隐约约、模模糊糊的记忆。五一节期间，王先生去家电商城打算给父母买一台新空调。面对众多的品牌，他一时不知该如何选择。王先生在卖场来回踱步，突然回忆起在电梯里曾看到过的某品牌空调的广告，他依稀记得该广告还特别强调空调静音效果好，非常适合老年人使用。于是王先生走到该品牌空调的专柜前认真挑选起来。

通过王先生的行为，我们不难发现，平时不被关注的广告也能发挥它的作用。

生活中，这样的例子不胜枚举。当我们随便翻开一本杂志，看见其中一个广告；打开电视机看见一个广告片段，我们潜意识中就已接受了广告的刺激，并留存一定的记忆，在将来需要时这些广告的效果就会得以体现。

从广告对我们潜意识的影响来看，广告即使未见效益（短时间内），广告费也未必就是浪费。

（2）结合本案例，请回答如下问题：

为何平常我们不太关注的广告也能对我们的消费行为产生一定的影响？这对我们认识广告效果有何启示？

（3）提交问题答案，交由授课老师批阅。

（4）授课老师对此次本次实训作业情况进行点评，完成本次实训。

3. 实训成果

实训作业——某电梯广告案例分析。

 ## 任务二 熟悉广告效果评估的原则与程序

 ### 任务引入

某企业在评估电视广告效果时非常看重如下 3 个指标。一是回忆度，即消费者看完广告一段时间后，是否还记得这个品牌。二是有没有试用潜力，即消费者看完广告后有没有产生购买意愿。三是有没有说服力和独特性，即消费者是否相信广告的主张以及广告中的产品是否具有鲜明的特点。

该企业认为，如果消费者看完电视广告后回忆度高，有购买欲望，或者认为广告有说服力并且产品具有独特性，那么这则广告就达到了较为理想的效果。

问题：你是否同意该企业的观点？请说出你的理由。

相关知识

一、广告效果评估的原则

为确保广告效果评估的科学性和准确性，广告效果评估应遵循如下原则。

（一）针对性原则

针对性原则是指评估广告效果时必须有明确而具体的目标。例如，评估的是经济效果还是社会效果？是近期效果还是长期效果？近期效果是企业的销售效果还是消费者心理效果？如果是消费者心理效果，评估的是态度效果还是认知效果？如果评估的是认知效果，评估的是消费者对产品品牌的认知效果还是对广告产品的功能特性的认知效果？只有确定了具体的评估目标，才能选择相应的手段与方法，评估的结果也才能准确、可靠。

（二）可靠性原则

广告效果只有真实、可靠，才有助于企业进行决策，提高经济效益。在评估广告效果的过程中，抽取的调查样本要具有典型性和代表意义；调查表的设计要合理，汇总分析的方法要科学、先进；考虑的影响因素要全面；评估要多次进行，反复验证。只有这样，才有可能取得可靠的评估结果。如果多次评估的结果都基本相同，则说明该评估方法的可靠程度较高；否则此评估方法一定存在问题，有必要做进一步的修订。

（三）综合性原则

影响广告效果的因素多种多样，既有可控因素，也有不可控因素。可控因素是指广告主能够

改变的因素，如广告预算、媒体的选择、广告刊播的时间、广告播放的频率等；不可控因素是指广告主无法控制的因素，如相关的法律法规、目标市场的经济发展水平、消费者的习惯等。对于不可控因素，在评估广告效果时要充分掌握它们对企业广告活动的影响程度，做到心中有数。在评估广告效果时，除了要对影响因素进行综合性分析外，还要考虑到媒体使用的并列性以及广告播放时间的交叉性。只有这样，才能排除片面性的干扰，取得客观的评估结果。

（四）经常性原则

由于广告效果具有时间的滞后性以及效果的积累性、复合性、间接性等特征，企业不能抱有临时性或一次性评估的态度。本期的广告效果也许并不是本期广告宣传的结果，而是上期或者过去一段时间内企业广告活动共同作用的结果。因此，企业在评估广告效果时必须坚持经常性原则，要定期或不定期地评估广告，同时还要进行科学的分析，从而得出客观的结论。

（五）简便易行原则

在制订广告效果评估计划时，必须坚持简便易行的原则，即在不影响评估要求和准确度的前提下，评估计划不仅要在理论上可行，还要在实施中具有较强的可操作性。

（六）经济性原则

进行广告效果评估，所选取的样本数量、评估模式、地点、方法及相关指标等，既要有利于评估工作的展开，又要从广告主的经济实力出发，考虑评估成本，充分利用有限的资源为广告主多办事、办好事，否则广告效果评估就会成为广告主的一种负担或造成资源浪费。为此，企业要做好广告效果评估的经济核算工作，用较少的成本取得较多的广告效果评估产出，以提高广告主的经济效益，增强广告主的经营实力。

二、广告效果评估的程序

广告效果评估大体上可以划分为确定广告效果评估的具体问题，制订计划、组建广告效果评估小组深入调查，收集、整理和分析资料，对广告效果评估结果进行论证分析，撰写评估分析报告等程序。

（一）确定广告效果评估的具体问题

由于广告效果具有层次性，用于评估广告效果的问题不能漫无边际，为此，评估人员应事先确定研究的具体对象以及从哪些方面对该问题进行剖析。评估人员要把广告主宣传活动中存在的最关键和最迫切需要了解的问题作为评估重点，设立正式评估目标，确定评估问题。

（二）制订计划、组建广告效果评估小组深入调查

1. 制订计划

根据广告主与评估人员双方的洽谈协商结果，广告公司应该委派负责人，制订与实际情况相符的广告效果评估工作计划。该计划内容包括评估步骤、调查范围与内容、人员组织等。如果评估研究部门与广告主不存在隶属关系，就有必要签订有关协议。按照评估要求，双方应在协商的基础上就广告效果评估研究的目的、范围、内容、质量要求、完成时间、费用酬金等内容订立正式的广告效果评估合同。

2. 组建广告效果评估小组深入调查

在确定广告效果评估问题并签订评估合同之后，评估研究部门应根据广告主所提问题和评估人员的构成情况综合考虑，组建广告效果评估小组。在组建小组的过程中，评估研究部门应选好负责人，然后根据相应要求群策群力地进行研究，认认真真深入调查，这样才能产生高质

量的评估结果。

（三）收集、整理和分析资料

广告效果评估小组成立后，要按照评估的要求收集有关资料。企业外部资料主要包括与企业广告活动有联系的政策、法规、计划及部分统计资料，企业所在地的经济状况、市场供求变化状况、主要媒体状况、目标市场上消费者的媒体习惯以及竞争企业的广告促销状况。企业内部资料包括企业近年来的销售、利润状况，广告预算状况。

整理和分析资料是对通过调查和其他方法收集的大量信息资料进行分类整理、综合分析和专题分析。资料分类整理的基本方法有按时间序列分类、按问题分类、按专题分类、按因素分类等。评估人员应在分类整理资料的基础上进行初步分析，筛选出可以用于广告效果评估的资料。

分析方法有综合分析和专题分析两类。综合分析是从企业整体出发，综合分析企业的广告效果。例如，广告主的市场占有率分析、市场扩大率分析、企业知名度提高率分析等。专题分析是根据广告效果评估问题的要求，在对调查资料进行汇总之后，对广告效果的某一方面进行详尽的分析。

（四）对广告效果评估结果进行论证分析

广告效果评估结果论证分析通常以论证会的方式进行，论证会由广告效果评估小组负责召开，对广告效果评估结果进行全方位的评议和论证。参与论证会的人员包括广告主的代表、广告效果评估小组的主要成员以及邀请的外部广告专家和学者等。

（五）撰写评估分析报告

评估分析报告由广告效果评估小组完成，包括以下内容：前言，主要阐明评估广告效果的背景、目的和意义；广告主概况，主要说明广告主的人、财、物等资源状况，广告主广告活动的规模、范围和方法等；广告效果评估的调查内容、范围与基本方法；广告效果评估的实际步骤；广告效果评估的具体结果；改善广告促销情况的具体意见。

 **任务实训**

1. 实训目的

通过实地调查，评估楼宇视频广告的效果（注：楼宇视频广告是指用液晶电子显示屏在商业楼宇、高档公寓、办公大楼等场所播放的商业广告）。

建议采用如下两种评估方法。一是通过观察法调查样本中的每个楼宇视频媒体终端每天的人流量情况，受众的年龄结构、性别分布等，同时统计受众对楼宇视频广告的关注情况，如目光停留时间、专注程度等。二是设计调查问卷，通过网络问卷调查，评估楼宇视频广告的效果。

2. 实训内容及步骤

（1）由科代表负责此次实训，以班级为单位完成实训任务。

（2）制定实训活动方案，并完成问卷设计工作。

（3）根据分工，班级成员分别完成实地调查和网络问卷调查任务。

（4）对调查收集到的资料进行整理、统计和分析，并撰写研究报告。

（5）提交研究报告，由授课教师对研究报告进行批阅和点评。

3. 实训成果

研究报告——楼宇视频广告效果研究。

任务三 熟悉广告效果评估的内容

 任务引入

20世纪八九十年代，有不少企业坚信：企业品牌是谁敢花钱谁就能做大，谁在主流电视台投入的广告费多谁就能卖得好。但曾经两度竞得央视广告标王的秦池酒业的失败案例告诉我们，这种想法并不现实。尤其是在移动互联网迅猛普及、数字媒体异军突起的当下，广告投入不是越多越好，而是越精准越好。正所谓，投得多还不如投得准。

有句话叫财大气粗，即使在当今媒体环境巨变的时代，依然有很多品牌不惜投入巨资砸广告。例如，某集团将30%以上的营收投入到广告中去，而研发的投入还不到营收的2%。巨额的广告投入吞噬了企业的利润，使企业在研发、生产、品控方面的投入捉襟见肘，企业的经营不可避免地陷入了恶性循环之中。

问题：为什么不少企业投入巨额广告费不仅未能达到预期效果还拖垮了企业？你认为该如何客观地评估广告的效果？

相关知识

广告效果评估涉及广告活动的各个环节，贯穿于广告活动的全过程。广告效果评估的内容包括广告信息评估、广告媒体评估和广告活动效果评估3个方面，其中广告活动效果评估是评估工作的难点。

一、广告信息评估

广告信息评估是对广告传播的各方面的信息进行全面的测验和评定，要在广告发布之前检验其定位是否准确，广告创意是否引人入胜，广告是否具有冲击力和感染力，广告能不能满足目标消费者的需要、激起消费者的购买欲望[1]。

广告信息评估可分为广告主题评估和广告文案评估两种。

（一）广告主题评估

广告主题是广告所要表达的中心思想，是广告内容和目的的集中体现。广告主题评估是广告效果评估的首要环节，也是最为关键的一个环节。广告主题评估主要是看广告有没有充分体现广告主的诉求，受众是否认可和接受广告主题，以及广告是否利用充分的情感来渲染主题。

（二）广告文案评估

广告文案评估包括对广告标题、广告正文、广告标语和广告附文的评估。广告标题评估主要是看广告标题是否充分反映了广告主题，是否体现了受众关注的利益，是否使用了不当的语言，采用的形式是否恰当，以及标题的长度是否适中等。广告正文评估主要是看广告正文是否紧扣了主题，语言是否流畅简洁，内容对受众是否有吸引力，是否突出了广告产品的卖点等。广告标语评估主要看广告标语是否形象生动，能否充分诠释企业的经营理念，是否能精准体现企业的产品定位，是否简洁明了、易于传播等。广告附文评估主要是看广告附文对正文是否有补充作用，能否促进销售活动的实施，以及能否帮助受众加深对企业的认识等。

---

[1] 程瑶，张慎成. 广告效果评估[M]. 合肥：合肥工业大学出版社，2009.

二、广告媒体评估

广告媒体评估是指针对广告刊播载体的评估，这些载体既包括电视、广播、报纸、杂志、网络、电影等大众媒体，也包括如户外、车体等小众媒体。广告媒体评估的主要任务是评估各种媒体的特征、受众接触媒体的情况、企业的广告媒体投放策略及方案等。具体评估内容包括以下几个方面。

（1）广告媒体的影响力、口碑、受众、价格。

（2）媒体上的广告投放效益。

（3）广告媒体近期的发行量、视听率、阅读率、点击率等的变化情况。

（4）企业的广告媒体选择及广告费用分配。

（5）企业的广告媒体组合及组合策略。

（6）企业的广告媒体执行方案。

三、广告活动效果评估

广告活动效果评估，是广告活动完成后对其所产生的经济效果、沟通效果和社会效果的评估。

（一）广告经济效果评估

广告经济效果评估是指评估广告活动所引起的产品销售额和利润的变化情况。这里的"产品销售额和利润的变化情况"包含两层含义：一是指一定时期内的广告活动所导致的广告产品销售额和利润的绝对增加量，这是一种最直观的衡量标准；二是指一定时期内的广告活动所引起的二者相对量的变化。

最常见的广告经济效果评估指标主要有：广告费用比率、单位广告费用销售增加率、广告费用利润率、单位广告费用利润率、单位广告费用利润增加率、市场占有提高率等。

（二）广告沟通效果评估

广告沟通效果评估，即对广告所产生的沟通效果所做的评估，相关指标包括受众对广告产品的回忆率及知晓率、对广告内容和诉求点的理解程度，受众与广告的接触情况，广告对受众消费意向的影响等。

（三）广告社会效果评估

广告社会效果评估是指对广告在社会道德、价值观、文化教育等方面产生的影响所做的评估。广告的社会影响既包括正面的影响，也包括负面的影响。正面的影响包括帮助受众树立正确的价值观和消费观念，以及培养良好的社会风气等。负面的影响包括误导受众盲目地追求物质消费，部分广告以虚伪、夸张的方式欺骗受众，而这些不道德的广告会降低整个社会的伦理或道德水平等。

微课堂

广告社会效果评估

广告的社会效果不同于经济效果或沟通效果，一般无法用具体的指标来衡量，而只能依靠社会公众长期建立起来的价值观来对它进行评估。

阅读资料

广告社会效果评估的原则

1. 真实性原则

真实性原则，即广告宣传的内容必须客观真实地反映产品的功能与特性，实事求是地向受众传递有关产品或企业的信息。

广告传输的信息有单面信息和双面信息之分。单面信息是指只集中告知受众产品的功能与优点，以调动受众的情绪，使他们产生购买欲望。过分强调单面信息会使受众产生逆反心理，有时甚至对广告信息的真实性产生怀疑。双面信息是指既告诉受众产品的优点，同时也告诉他们产品存在哪些缺点或不足，使受众认真对待产品。这种广告信息诚实可信，常能赢得受众的好感。一则有关微创疗法治疗甲状腺结节的电视广告，不仅谈到了该微创疗法的特点、原理和优点，同时也明确地告诉了患者该疗法的不足之处。该广告播出后，效果相当不错。随着消费者的不断成熟，一味地自吹自擂、"王婆卖瓜"式的广告今后会越来越遭到广大消费者的抵制。因此，广告使用双面信息是一种明智之举。

2. 社会规范原则

广告策划者在评估某一广告的社会效果时，要以一定的社会规范为评判标准，如法律规范、社会道德规范、语言规范、行为规范等。

 任务实训

1. 实训目的

通过实训，加深对广告文案评估的认识。

2. 实训内容及步骤

（1）阅读下面一篇由广告大师伯恩巴克为奥尔巴克百货公司所创作的经典广告文案。

标题：慷慨地以旧换新

副标题：带来你的太太，只要几元钱……

我们将给你一位新女人

正文：

为什么你硬是欺骗自己，认为自己买不起最新的与最好的东西？在奥尔巴克百货公司，你不必为买美丽的东西支付高价，这里有无数种衣物供你选择——一切全新，一切使你兴奋。

现在就把你的太太交给我们吧，我们会让她变成可爱的新女人——只用花几元钱。这将是你有生以来最轻松愉快的付款。

广告标语：做千百万元的生意，赚几分钱的利润。

附文：奥尔巴克 纽约·纽瓦克·洛杉矶

（2）根据前文提到的广告文案评估标准，从标题、正文、标语和附文4个方面对广告文案进行评估。

（3）撰写评估结论和心得体会，完成此次实训任务。

3. 实训成果

实训作业——奥尔巴克百货公司广告文案效果评估。

 思考题

一、单选题

1. 广告的（ ）是企业广告活动最基本、最重要的效果，也是广告效果评估的主要内容。

　A. 沟通效果　　　B. 经济效果　　　C. 社会效果　　　D. 心理效果

2.（　　）是指广告发布后在较短时间内产生的效果。时间通常是一个月、一个季度，最多不超过一年。

　　A. 即时效果　　　B. 近期效果　　　C. 中期效　　　D. 长期效果

3.影响广告效果的因素多种多样，既有可控因素，也有不可控因素。下列诸多因素中广告主可以控制的因素是（　　）。

　　A. 社会文化　　　B. 法律法规　　　C. 经济环境　　　D. 广告预算

4.广告效果评估的首要程序是（　　）。

　　A. 确定问题　　　B. 收集资料　　　C. 分析资料　　　D. 整理资料

5.（　　）评估是广告效果评估的首要环节，也是最关键的一个环节。

　　A. 广告主题　　　B. 广告内容　　　C. 广告文案　　　D. 广告信息

二、多选题

1.广告效果是一个集合的概念，涉及诸多方面。广告效果具有与其他经济活动效果不同的特征，主要表现为（　　）。

　　A. 时间的滞后性　　B. 效果的积累性　　C. 效果的复合性

　　D. 效果的层次性　　E. 效果的间接性

2.根据广告产生效果的时间，广告效果可以分为（　　）。

　　A. 导入期效果　　B. 即时效果　　　C. 近期效果

　　D. 长期效果　　　E. 成熟期效果

3.根据涵盖内容和影响范围，广告效果可分为（　　）。

　　A. 社会效果　　　B. 沟通效果　　　C. 近期效果

　　D. 长期效果　　　E. 经济效果

4.广告信息评估可分为（　　）两种。

　　A. 广告主题评估　　B. 广告文体评估　　C. 广告文案评估

　　D. 广告媒体评估　　E. 广告活动评估

5.广告经济效果评估指标主要有（　　）。

　　A. 广告费用比率　　　　　　　　B. 单位广告费用销售增加率

　　C. 广告费用利润率　　　　　　　D. 单位广告费用利润率

　　E. 市场占有提高率

三、名词解释

1.广告效果　　2.广告的经济效果　　3.广告的沟通效果　　4.广告的社会效果　　5.广告媒体评估

四、简答及论述题

1.广告效果评估的意义主要有哪些？

2.广告效果评估的原则是什么？

3.广告媒体评估的具体内容包括哪些？

4.试论述广告效果评估的程序。

5.试论述广告活动效果评估。

 案例讨论

2022年卡塔尔世界杯上的亮眼广告

2022年全球重大的体育赛事非卡塔尔世界杯莫属了。无数成功的案例证明了重大足球赛事在推进企业品牌全球化过程中的硬实力，因此在 2022 年卡塔尔世界杯上展现品牌实力注定是各大企业无法放弃的良机。

卡塔尔世界杯尚未开始，已有像可口可乐、百事可乐、蒙牛、伊利等国内外知名企业以"世界杯"为题进行了广告创作。

1. 可口可乐

2022 年卡塔尔世界杯于 11 月 20 日正式开幕，大赛开幕之前第一个推出借势广告大片的是可口可乐。

本次可口可乐广告大片延续了其在 2021 年新发布的品牌理念 "Real Magic"，广告的营销主题为 "Believing is Magic"（相信就是魔法）。可口可乐这则时长不到一分钟的广告片，用一场"万人狂欢"表达了对这项赛事的期待和关注，通过画面快闪切换的形式展现了品牌的激情与活力。

2. 百事可乐

在老对手可口可乐率先推出广告大片之后，百事可乐自然也不甘示弱，携手梅西、罗纳尔迪尼奥、博格巴等足球运动员推出了名为《Nutmeg Royale》的广告片。该广告片以足球比赛中的花式技巧"穿裆"为核心（片名中的 nutmeg 就是穿裆过人的意思），上演了一场精彩的街头足球对抗。广告片运用许多直播和游戏的特效元素，营造了一个足球运动与游戏娱乐无缝切换的世界，再加上经典游戏 FIFA 足球 99 的背景音乐《Rockafeller Skank》，引爆了社交媒体的狂欢。

3. 蒙牛

蒙牛在 2018 年俄罗斯世界杯上成为世界杯史上首个来自乳业的官方赞助商，并在那届世界杯上凭借梅西"我不是天生强大，我只是天生要强"的广告语和梅西表情包成为当年世界杯营销的最大赢家。

在 2022 年卡塔尔世界杯倒计时 40 天之际，蒙牛发布了世界杯回忆电视广告片，引发了两代球迷对于过往 12 届世界杯的回忆。而此次在开赛倒计时 10 天之际发布的《要强出征》广告片中，蒙牛重温了一位位世界杯球队队长的高光时刻，向那些世界杯史上的队长们致敬：贝肯鲍尔、阿尔贝托、马拉多纳、卡西利亚斯、梅西……一位位队长心怀梦想、秉承永不服输的要强精神，指挥进攻、组织防守、鼓励伙伴、乘胜追击……

4. 伊利

早在 2022 年卡塔尔世界杯开赛之前，伊利就以"热爱"为思考点，签约了多个最受中国球迷喜爱的球星球队。无论从出街的物料，还是推出的创意视频，伊利都没有用笔墨来描述世界杯，甚至也没有聚焦比赛，而是纯粹地呈现球星球队们对足球运动单纯的热爱。

相较于其他品牌强化赛事竞技的输赢成败，伊利着重刻画球星球队的精神世界，用一种更加松弛、更加普世的视角来引导人们全身心地享受比赛的乐趣，而非挑起球迷的比拼情绪。例如，在 2022 年卡塔尔世界杯开赛当天，伊利也针对自身的"梦之队"特别打造了"为热爱上场"的主题视频。

针对女球迷，伊利签下老球星贝克汉姆及罗纳尔多，一个场外帅，一个场内酷。

针对关注梅罗大战的球迷，伊利签下阿根廷和葡萄牙球队，这两个球队是话题的焦点。

在决赛到来前，伊利又发布了一则以"诸神黄昏"为主题的广告片。该广告片把关于足球的回忆，抽象成球员球衣号码的传承。这支广告片的文案为"诸神之所以被谈论黄昏，是因为他们曾像初升的太阳一样，照亮过我们的清晨。"

问题讨论

案例中 4 家企业所做的广告哪一个给你留下的印象最深？请从广告信息的角度对其沟通效果进行评价。

第四篇

专题篇

导语： 本篇是对前两篇内容的补充和延伸，主要介绍广告模特、网络广告和广告监管这 3 项内容。通过对本篇的学习，我们能够了解广告模特的含义及类型，掌握广告模特的选择策略；熟悉网络广告的概念与特点，掌握网络广告的策划流程，了解网络广告预算与效果评估；熟悉我国广告监管体系，掌握政府对广告的监管手段，了解广告行业自律及社会对广告的监督。

解读广告模特

 项目情境导入

根据 2021 年《福布斯》全球运动员收入排行榜，罗纳尔多（C罗）以 1.15 亿美元排名第三，仅次于同是足球运动员的梅西和 NBA 篮球运动员詹姆斯。除了俱乐部支付的高额薪水外，C罗的广告代言收入也是高得惊人。凭借自己帅气健康的形象，C罗备受广告商的青睐。他穿的都是自己代言的产品，这些都会给 C罗带来不菲的代言收入。仅 2020 年 C罗的广告代言收入就高达 4500 万美元。除此之外，他和耐克公司签订了一份价值 10 亿美元的终身代言合同，此前，耐克公司只和乔丹、詹姆斯签订了价值 10 亿美元的终身代言合同。2018 年 C罗转会加盟意甲尤文图斯俱乐部之后，带动俱乐部会员数激增，推动球队股价迅速上升。

2022 年 12 月 31 日，37 岁的 C罗正式加盟沙特利雅得胜利足球俱乐部，C罗在利雅得胜利足球俱乐部的年薪最高将达到 2 亿欧元，合约期至 2025 年 6 月。签约 C罗后，利雅得胜利足球俱乐部获得 C罗社交媒体账号的管理权，这无疑会大大提升俱乐部的影响力。在签 C罗前利雅得胜利足球俱乐部官方账号的粉丝数才 80 万，此后以每天超过 200 万的速度激增，该俱乐部的粉丝数很快就超过了罗马足球俱乐部的粉丝数。而 C罗的 7 号球衣也获得热卖，预计年销售量将高达 100 万件，销售额将达 1 亿欧元，利雅得胜利足球俱乐部将从中获利至少 1000 万欧元。

问题：为何企业愿意花重金请 C罗这样的运动员代言？

 项目分析

企业利用模特，尤其是名人模特推荐或代言产品，实质上是一种借势营销。借助这些模特的影响力，可以提高产品的身价，塑造产品的良好形象，进而带动产品的销售。所以广告模特是广告研究领域中一个非常重要的话题。

那么，什么是广告模特？广告模特有哪些类型？广告模特该如何选择？本项目将对以上问题进行解答。

项目学习任务书

本项目学习任务书如表 8-1 所示。

表 8-1 项目八学习任务书

任务编号	任务主题	需要掌握的知识点	技能目标	建议课时数
任务一	认识广告模特	广告模特的含义； 广告模特的类型	掌握各类广告模特的特点	1.0
任务二	掌握广告模特的选择策略	考察广告模特的可信性； 考察广告模特与产品之间的相关性； 考察名人模特是否存在多家代言情况	能够为企业制定广告模特选择策略	1.0

 任务一 认识广告模特

 任务引入

1996 年，日本某名人接拍佳丽宝（Kanebo）的唇膏广告开启了男性名人代言口红的先河，广告中涂抹口红的该名人为该款口红带来了两个月卖掉 300 万支的销售神话。佳丽宝广告成功靠的不是该名人涂口红的使用效果，而是该名人个人魅力的表现。口红大卖的真实原因是，粉丝们认为"我们要买××喜欢的东西"。

近年来，我国男性名人代言彩妆护肤品日渐成为一种趋势。2015 年，SK-II 官博宣布某男性名人为 SK-II 中国区品牌大使。紧接着在 2016 年，男性名人 Y 成为了娇兰中国区帝皇蜂姿系列与唇妆产品代言人。2016 年以后，越来越多的男性名人加入了代言美妆护肤品的行列，如 W 成了兰蔻彩妆与香水大使，H 成了紫罗兰的彩妆大使，Z 成了完美日记的唇妆代言人。到了 2018 年，越来越多的男性名人开始进入美妆品牌的代言领域。据统计，2018 年，有超过 18 个美妆品牌起用男性名人代言，而到了 2019 年已有 24 个美妆品牌由男性名人代言。一些男性名人因为一部电视剧或一个综艺节目走红后，迅速与美妆品牌签约。

2019 年"双 11"明星带货人气榜单的前 15 名中，有 12 个都是男性名人或者团体，前 5 名全部都是男性名人。综观这些成功拿到大牌化妆品代言人身份的男性名人，其基本上都可以称为"流量明星"，流量名人的最大优势自然就是流量。例如，某大牌化妆品通过官方微博宣布知名演员 L 为该品牌亚太区护肤及彩妆代言人。该消息发布不久，网友的评论数就高达 3.4 万条，点赞将近 30 万次，转发量突破了 43 万次。

资料来源：根据百度百家号及南方都市报文章汇编。

问题：你是如何看待性别逆向代言这一现象的？男性名人代言女性化妆品，这正常吗？

相关知识

一、广告模特的含义

所谓广告模特，是指为拥护企业、产品及品牌而在广告上出现的人物或象征物。企业将广告模特作为信息的传递者，利用其形象、可信性、魅力、类似性等属性来提高广告的说服力，改变消费者对企业或产品的态度。

广告模特的作用如下：增强广告的可读性（或可看性、可听性），能够使消费者信任企业或其产品，可代表品牌形象。

在理解广告模特的概念时要注意其与广告代言人的区别。广告代言人是从企业营销战略层面

提出来的概念，作为广告模特拍摄广告只是广告代言人工作的一部分。广告代言人的工作还包括对企业公关活动的支持、促销活动的参与以及在代言期内完成企业分派的其他任务等。广告代言人不仅要帮助企业促进产品销售，还要帮助企业树立良好的品牌形象。所以可以这样说，广告代言人一定是广告模特，但广告模特未必是广告代言人。

二、广告模特的类型

广告模特有多种类型，除了人物模特，如名人模特、专家模特、典型消费者模特、最高经营者模特之外，还有非人物模特，如动物模特、动画模特、身体部位模特等。广告模特的类型如图 8-1 所示。

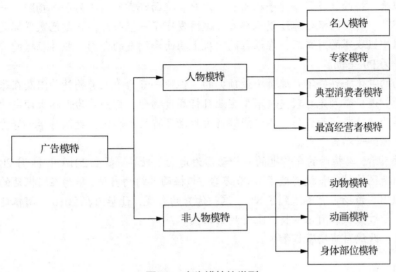

图8-1　广告模特的类型

（一）名人模特

在众多的模特类型中，名人模特应该是最引人注目的。他们一个个或青春靓丽，引领时尚；或演技出众；或运动天赋异禀；又或学有所长，为某一领域之翘楚。不管是哪一类名人，他们的一言一行都会受到众多粉丝的追捧。很显然，名人模特拥有其他模特难以企及的高人气。

1. **名人模特的优点**

（1）名人模特能够提高广告的被关注程度。名人本身具有广泛的影响力和较高的知名度，一旦在广告中出现，就很容易引起受众的注意。名人广告正是利用人们喜欢名人、崇拜名人、模仿名人的心理来吸引受众的。

（2）名人模特能够迅速提升产品的形象。由于大多数名人都具有特殊的地位，所以名人往往被定义为具有较高生活品质的人。名人模特代言的产品档次和形象也会因此得以大大提升。

微课堂

名人模特

（3）名人模特更易为受众所信赖。名人在特定的范围或领域当中往往具有一定的权威性，从而易于获得受众的信赖。例如，篮球运动员斯蒂芬·库里代言安德玛之后，这个小众品牌很快就得到了无数球迷的认可，并迅速成长为全球知名的运动品牌。

（4）名人模特有助于塑造产品的个性。当企业的产品属性或功能与竞争产品的类似时，企业利用名人模特做广告，可有效借助名人的个人魅力和形象赋予产品独特的个性，从而将其与竞争产品区别开来。

案例

华为签约梅西开拓全球市场

2016 年 3 月 18 日，华为正式签约梅西为全球品牌形象大使及其商务旗舰机华为 Mate 8 的代言人。按照华为的说法，之所以聘请梅西作为其产品的形象代言人，源于梅西与 Mate 8 在 Security（安全）、Energy（能量）、Speed（速度）3 个方面拥有高度的一致性。

Security——比赛场上值得信赖的可靠队友、超低的过人失误率、进攻助攻全能王。

Energy——永远能量满满、表现强劲的"10 号先生"。

Speed——绿茵场上的速度之王。

自签约以来，梅西就成了华为手机忠实的用户。梅西经常使用华为手机拍照，并在社交媒体上分享这些照片。其中阿根廷球迷俱乐部官方微博发布了一张照片，正是巴塞罗那足球俱乐部获得西班牙足球甲级联赛的冠军后，在返程的飞机上梅西和朋友的合影。照片拍摄的瞬间，梅西手上拿的正是华为 P9 手机。

虽然梅西的身体条件并不是球员中最顶尖的，但他一直力争上游的精神以及在球场上展现的气质，与华为打造世界领先的顶尖技术型企业目标高度吻合。梅西作为世界上顶尖的球员之一，广为人知。华为选择与梅西合作，不仅能够有力推动品牌的国际化，更能将华为努力进取、不断突破的精神传递到世界各个角落。

从实际效果看，与梅西的合作也的确推动华为走向了世界。截至 2016 年 11 月 28 日，华为手机在拉丁美洲地区的销售量就突破了 1000 万台。与梅西签约的当年，华为在阿根廷的手机销售量同比增长了 60%，市场占有率达到了 8%。这一优秀的表现，让华为在 2016 年阿根廷手机市场的供应商排名中超过微软和阿尔卡特，上升到第四位。

资料来源：改编自市场营销智库。

案例分析

梅西在社交媒体上拥有数以亿计的粉丝。梅西球技精湛，性格坚毅，形象阳光，深受全世界许多球迷的喜爱。超高的人气，使得梅西具有强大的品牌号召力和全球影响力。签约梅西为全球品牌形象大使，不仅大大提升了华为的全球形象，同时也为华为赢得了丰厚的市场回报。

（5）名人模特使服务类产品形象具体化。服务类产品又称无形产品，该类产品没有确定的形态，只能使用语言和思维理解来把握。其无形的特点使得消费者很难直观感受到产品的品质，这也为该类产品的形象定位增加了难度。在做此类产品的广告时，可以借助名人模特的独特形象，为此类产品赋予具体的形象与特点。

2. 名人模特的缺点

我们也应认识到，名人模特也有缺点，主要包括以下几个方面。

（1）喧宾夺主，广告为名人做嫁衣。名人模特往往富有独特的魅力，当他们在广告中出现时，消费者往往更加关注广告模特而不是广告产品本身。最后的结果是，消费者记住了广告模特，却记不住广告产品，造成广告投入的浪费。例如，我们能记住某些名人，并不是因为他们有多么好的作品，而是因为我们天天都能在广告中见到他们——是企业的广告帮助名人提高了知名度，而不是名人帮助企业提高了产品的知名度。企业花了钱，却为这些名人做了嫁衣。

延伸学习

如何避免"名人广告"变成"广告名人"

名人广告除了具有诸多优点外，也存在着一定的不足和风险。"名人广告"变为"广告名人"

的现象就是其中较为常见的一种。为了避免这种情况的出现，企业需要掌握一定的策略。

1. 注重代言人与品牌个性的关联性

如果代言人不符合品牌的个性，就会造成品牌个性的稀释。因此，在选择代言人时，企业有必要了解代言人与品牌个性之间的关联性。企业应该清楚地知道，品牌要迎合哪种类型消费者的喜好以及要找什么样的意见领袖来做品牌的代言人。只有代言人与品牌个性有一定关联，才能对品牌产生加法效应甚至乘法效应，否则只会对品牌产生副作用，甚至稀释品牌已有的个性。

2. 考察代言人是否代言了多种同类产品

在挑选代言人时，企业应该尽量去寻找那些还没有被过度开发的对象。找一个以前没有代言过其他品牌的人，能唤起消费者清晰的感觉，企业就可以利用消费者的这种感觉与所宣传的品牌建立联系。有些代言人，其代言的品牌数不胜数，这样的代言人对企业而言，就失去了独特性，消费者想起这个人，不知道能想起什么产品。在这种情况下，代言的效果就会降低，代言人甚至会引起消费者的反感：你一会儿说这个好，一会儿说那个好，是不是真的？

3. 不要只看知名度，更要注重美誉度

很多企业考虑的最多的是代言人的人气高低，而至于其是否适合为本企业、本品牌做广告，却不关注，这是错误的做法。

代言人的知名度无疑是他们最大的财富，他们的名字就是一块招牌，可以帮助企业省下一部分广告费用。有研究表明：消费者对于自己喜欢的名人所推荐的产品，会更加信任。但是，代言人仅有知名度是不够的，还要具备美誉度。由于代言人大多为演员、歌手，而其所处的娱乐圈容易出绯闻，这些名人的名气稳定性不好。例如，某代言人尽管名气很大，但如果名声不好，这样的代言人肯定不会受到消费者的欢迎。

企业如果能够选中目前还不是很红但潜力很大的代言人，就能用最少的费用达到最好的效果。

4. 系列代言人的选择要有策略性、针对性和连续性

如果企业之前已经用过代言人，那么在选择新的代言人之前，一定要考虑新旧代言人之间的连续性，要让人感觉一脉相承。

蓝马啤酒曾经用腾格尔做代言人，2004年，蓝马起用新的代言人胡兵。我们知道，腾格尔是一位来自内蒙古的歌手，其粗犷的外形与激越高昂的歌声，让人体会到的是纵马飞驰、豪情盖天的草原风情。蓝马啤酒通过腾格尔建立的是粗犷豪爽的形象。而胡兵与腾格尔的差别实在太大，胡兵有俊朗的外形与阳光男孩的气质，让人感受到的是健康、明朗的气息。这与蓝马啤酒从前建立的形象大不相同，如果蓝马啤酒坚持改变形象，那么以前的广告就失效了，甚至会产生负面作用。

5. 掌握代言人的风险规避策略

企业对于风险要事先与代言人进行合同约定，事中密切跟踪，事后迅速更换。

目前，"代言人出了事怎么办"已经成为一个难题。在国外为了防范类似风险，一般企业在与代言人签约时都有附加条款。例如，约定在代言人发生丑闻或诉讼案件时，合同自动终止，或约定企业此时有权停付代言费用甚至要求赔偿。

6. 要确保代言人广告的真实性

欧美一些国家均视代言人广告为"证言广告"和"明示担保"，消费者可据此索赔；美国更要求做广告的代言人必须是此产品的直接受益者和使用者，一旦查出不实，就要处以重罚，而且已有好莱坞影星被罚50万美元的事例。

目前，代言人的假证言广告已经引起了消费者的普遍反感。因此，企业在拍摄代言人广告时，应该把握分寸，以免引火烧身。

7. 要避免记住了代言人忘记了品牌

代言人毕竟只是品牌宣传的一个工具，广告的重心应该是品牌而不是代言人。还有一些广告，代言人在广告里吆喝了一通，消费者只记住了代言人，而并没有记住广告的具体内容，也就是企业花钱为代言人做了广告。这样的广告不应该叫作"名人广告"，而是"广告名人"。

（2）消费者对名人模特的看法不一。对同一个名人模特，消费者反应（或反响）并不一致。因此，企业请名人模特代言广告产品时，一定要清楚这一点。无论名人模特的名气有多大、声望有多高，也总会有人不喜欢，甚至是深感厌恶。最坏的结果是，讨厌该名人模特的人恰恰是广告产品的目标消费者，这样的广告还不如不做。

> **思考题**
>
> 2020年5月31日，娃哈哈官宣将此前已为娃哈哈纯净水代言20余年的某名人替换为新的广告代言人，由此引发了消费者的广泛热议，其原因是什么？企业在更换广告代言人时需要注意哪些问题？

（3）容易让消费者产生认知不协调的感觉。如果名人模特的形象与其所代言的产品不匹配，容易让消费者产生认知不协调的感觉，进而影响广告效果。例如，某企业邀请了一位年过四旬的女演员为一款新潮的少女服饰代言，虽然该女演员在广告中表现很好，但目标消费者可能并不会接受和认可。对于消费者来说，名人模特的形象是特定的，年过四旬的女演员不管如何"逆生长"，为少女服饰代言都是不合时宜的。

（4）名人模特出事会波及所代言的品牌。当名人模特出现负面事件时，会对所代言的产品造成极大的伤害。因此，企业在选择名人模特代言时，一定要注意事先采取防范措施，以尽可能规避与其合作可能带来的风险。

（二）专家模特

专家一词并没有确切的定义，但人们普遍认为专家是对某一门学问有专门研究的人，是擅长某项技术的人，也是知道如何找到解决某类问题的方法的人。因此，在消费者的心目中，专家往往具有一定的权威性和较高的可信度。

由于消费者对专家有着较高的信任度，专家模特在说服消费者方面往往具有更好的效果。专家模特尤其适合代言技术壁垒高、工艺复杂、价格高昂、同类之间难以辨识优劣的产品或服务，如药品、医疗服务、汽车等。

需注意的是，广告中的专家模特一定要是真正的专家，请演员在广告中扮演专家是一种欺骗行为，需承担法律责任。还需注意的是，当某一专家在广告中的主张与其他专家群体的主张不一致的时候，可能会引起消费者对该产品或该专家的不信任感。例如，2017年，一位名叫刘洪滨的"老专家"被发现多次在各大电视台的"健康医药"节目中，参与推广的药品功效五花八门。他有时是苗医传人，有时是蒙医传人，偶尔还会客串一下北大专家和医院退休的老院长……数年间，"老专家"刘洪滨在电视台节目中语出惊人，以权威身份"打包票"推销可治疗多种不同疾病的药品，这些药品所治疗的疾病包括咳嗽、糖尿病、痛风、骨病、心脑血管疾病、失眠等。由于刘洪滨出现在各大节目中的身份完全不同，其也被网友戏称为"虚假药品广告表演艺术家"。

（三）典型消费者模特

典型消费者模特是指那些不具备广告产品相关专业知识的普通消费者所充当的模特。利用典型消费者模特做广告的目的在于，通过消费者知觉的类似性来提高广告产品的可信度。也就是说，在利用典型消费者模特时，企业主要考虑的因素就是这些典型消费者模特与受众之间的类似性。图 8-2 所示是海尔所做的一则洗衣机广告的画面，画面中一家三代人看起来很幸福，给人的感觉既温馨又真实。

（四）最高经营者模特

最高经营者模特又称首席执行官（chief executive officer，CEO）模特，是较为常见的一类广告模特。在 20 世纪八九十年代，广告的创意还比较匮乏，很多企业的厂长或经理直接出现在广告中介绍产品，其广告基本上不会使用名人之类的模特。当前，最高经营者充当模特的情况也不少见，我们比较熟悉的是格力电器董事长董明珠，如图 8-3 所示。

图8-2　海尔的洗衣机广告画面

图8-3　格力电器董事长董明珠为公司代言

企业的最高经营者作为广告模特亲自出现在广告中，有助于利用权威提高产品或企业的可信度。利用企业最高经营者模特做广告时需要注意的是，不要突出最高经营者个人的特点，而要强调企业的理念和产品的质量，从而使消费者的注意力集中在企业或产品上。

（五）动物模特

在广告中利用动物模特可以使广告内容富有趣味而引起更多关注。利用动物模特时要注意的是，由于动物缺乏像人一样的表达能力，在广告拍摄过程中可能需要利用特殊的装备，并且为预防意外发生，要配备一定数量的备选动物。还需注意的是，消费者可能只记住了动物模特有趣的表现，而忘记或忽视了广告产品本身。

（六）动画模特

除了人物和动物以外，广告中还可以使用动画模特。这些动画模特能体现产品或企业的性质或特点，把产品的特点具体化，如动画模特七喜小子（见图 8-4）。

（七）身体部位模特

有时广告模特只需展示身体的一部分，以强调或者表现产品的特点，如苗条的曲线、柔顺的头发（见图 8-5）等。利用身体部位模特做广告，不仅可以节省费用，还能够把身体某一部位突出展示，因而更容易汇聚消费者的视线。但利用身体部位模特做广告时，应注意不能违反相关规定，如不能暴露隐私部位等。

图8-4　七喜小子

图8-5　飘柔洗发水广告

1. 实训目的

了解广告模特的概念，熟悉广告模特的分类，通过对比分析近年来名人广告的成功与失败案例，加深对广告模特作用的理解。

2. 实训内容及步骤

（1）将全班同学划分为若干实训团队，各团队推选一名队长负责此次实训活动。

（2）各实训团队收集有代表性的成功与失败的名人广告各 3 个。

（3）各实训团队对每一个案例进行分析，然后做对比研究。

（4）各实训团队总结名人广告成功与失败的原因，并对名人广告的利弊进行分析。

（5）各实训团队提交分析报告，并做成 PPT 在班级汇报。

3. 实训成果

实训作业——基于实例的名人广告利弊分析。

任务二 掌握广告模特的选择策略

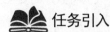 任务引入

大学生小康远在河北青县的二叔是当地远近闻名的企业家，他有一家有 500 多名员工的服装生产企业。以前该企业都是为其他服装企业代生产的，虽然产值不低，但实际利润微薄。因此，小康的二叔决定创立自己的品牌，将目标消费者定位为小镇青年。小康的二叔虽然对服装生产很在行，可对于做品牌还是门外汉。于是他打电话找到了小康，希望小康能在品牌建设方面给予他帮助。

小康思索了一晚后，建议二叔先通过广告来塑造品牌形象，最好请小镇青年喜欢的名人做广告模特，然后通过网络广告来做市场推广。小康二叔听完后表示赞同。他给小康布置了一项新任务，让小康尽快给他推荐最合适的广告模特。

问题：如果你是小康，你将如何帮助二叔找到最合适的广告模特？

 相关知识

一、考察广告模特的可信性

广告模特的可信性（credibility）是指影响受众接收广告信息传递者的肯定主张的特性，通俗地讲，就是我们相信广告模特及其在广告中向我们传递的信息。受众只有信赖广告模特，广告模特在广告中才具有说服力。我们可以从以下几个方面考察广告模特的可信性。

（一）真实性

真实性（trustworthiness）是指受众对广告模特的信赖程度。可以用友好倾向、接受、心理上的安全等词来解释真实性的结果。受众对广告模特真实性的信赖程度越高，就越能够接受广告模特所代言的企业或产品。

（二）专业性

专业性（expertise）是受众对广告模特的专门技能或者专门知识等特性的知觉。专业性一般与权威、能力等密切相关，受众对广告模特专业性的知觉取决于广告模特所具有的专业特长、技能、知识和经验。广告模特的专业性越强，其就越能够对受众的消费意向产生影响。

（三）魅力性

魅力性（attractiveness）是指受众对广告模特的外表（appearance）与个性（personality）的知觉。广告模特的魅力性可以成为受众判断广告产品品质好坏的一个重要线索。所以大部分企业在选择广告模特时，都会关注广告模特的魅力性，尤其是在化妆品行业这种情况更为常见。例如，我们所熟知的香奈儿5号香水广告，长期邀请世界知名的女演员，如奥斯卡影后妮可·基德曼（见图8-6）等为其代言。广告模特非凡的魅力，对于塑造香奈儿5号香水的形象起到了积极的作用。

图8-6　妮可·基德曼为香奈儿5号香水代言

魅力性在很大程度上取决于受众的主观判断，所以企业不仅要正确地把握广告模特的魅力性，还需要调查受众对广告模特魅力性的认知程度。

（四）类似性

类似性（similarity）是指广告模特与广告产品的受众之间的相似程度。与受众类似的广告模特在传递信息时，更容易被认可和接受。例如，在油漆广告中，利用典型消费者模特可能比专家模特效果更好。

二、考察广告模特与产品之间的相关性

在选择广告模特时，还要考察广告模特与产品之间的相关性。如果广告模特的形象与产品的内在属性不吻合，则不仅难以起到树立品牌形象及促进产品销售的作用，而且可能对企业的品牌及产品造成不利的影响。因此，在选择广告模特时一定要谨慎行事。具体来说，企业应从以下几个方面考察广告模特与产品之间的相关性。

（一）同一化与内在化

同一化是指受众产生的有与广告模特类似感觉的过程。因为有这种类似的感觉，受众很容易就会顺应或支持广告模特的意见和主张。内在化是指由于广告模特有可信性或专业性，受众出于对广告模特的肯定态度，会接受他们在广告中的意见和主张。

（二）名人模特与产品卷入度

利用名人模特可以提高受众对广告或产品的关注度——但是对于高卷入产品，如商品房等，名人模特的影响力会大打折扣；而对于低卷入产品，如饮料、洗发水等，利用名人模特的广告效果往往较好。这也很好地解释了为什么可口可乐、百事可乐、宝洁等公司愿意花重金请名人来做产品代言。

（三）专家模特与产品特性

对于知识较为复杂、技术壁垒较高的产品，选择专家模特代言是较为恰当的。此时受众对专家的信赖就会转化为对产品的信赖，从而愿意购买专家所推荐的产品。

（四）典型消费者模特与产品特性

受众在接触与自己类似的信息源的时候会有亲切的感觉，因而典型消费者模特具有较强的说服力。利用典型消费者模特做广告的时候，消费者与他们之间的类似性容易引起消费者的仿效性购买。当广告产品为洗衣粉、肥皂等日常生活用品时，利用典型消费者模特做广告将会收到较好的效果。

（五）外国模特与产品特性

外国模特一般具有以下优势。一是强化与用外语来表示的产品或品牌名称之间的联结感。目前在我国，有不少外国品牌名称是直接用外语来表示的，外国品牌名称与外国模特可以形成一致性。二是利用外国模特做广告可以形成比较强烈的视觉冲击效果，异国形象能够加深受众对产品的记忆。三是可以提升产品的国际形象。

 课堂讨论

哪些产品使用外国模特会带来更好的广告效果？请阐述理由。

但在广告中使用外国模特也存在着一定的弊端。一是外国模特的气质和形象往往不适合国内企业或产品。二是外国模特的形象带来的视觉冲击过于强烈的时候，会妨碍受众对产品的记忆。三是外国模特有可能误导消费者，让消费者误将国内产品视为国外产品。

所以，利用外国模特的时候，企业要充分考虑自身和广告产品的特性，并通过预先调查与评价，正确把握外国模特的特点及形象。

利用外国模特的时候，也要注意符合我国广告审查标准。我国的《国家工商行政管理局广告审查标准》规定："国内产品，用外国人做模特的，应能够识别为国内产品；国外产品广告，用中国人做模特的，应能够识别为国外产品。"

三、考察名人模特是否存在多家代言情况

当前名人广告可能存在的最大问题是一个名人模特往往会同时代言若干产品，这时受众就会有无所适从的感觉，甚至会怀疑这些名人模特见钱眼开，随意代言。一个名人模特代言众多产品后，名人效应就会减弱，甚至会引起受众识记的混乱和对名人广告的不信任。

事实上，选择一个代言产品数量很少的名人模特，在广告效果方面可能会优于选择那些有强烈吸引力但已被过度使用的名人模特，而且这样还能大大节省广告费用。

有研究指出，如果企业的广告战略是塑造长期的品牌形象，那么最好不要使用那些在其他广告中频繁出现的名人模特，因为选择这些模特不利于维持品牌独特、持久的形象。但对于那些生命周期较短或是仅流行一时的产品，这些模特还是可以使用的，也能起到一定的短期效果。

任务实训

1. 实训目的

了解广告模特在电视广告中的运用情况。

2. 实训内容及步骤

（1）成立实训团队。

（2）团队各成员分工记录 CCTV-1、CCTV-2、湖南卫视、江苏卫视和浙江卫视一周内 19:30—22:00 刊播的广告。

（3）各实训团队统计各电视台广告中出现的模特类型、对应的广告产品以及采取的广告诉求方式。

（4）各实训团队对统计结果进行分析，并撰写分析报告。

（5）各实训团队提交分析报告，并做成 PPT 进行展示。

3. 实训成果

研究报告——广告模特在电视广告中的运用研究。

思考题

一、单选题

1.（   ）是指那些不具备广告产品相关专业知识的普通消费者所充当的模特。

    A. 最高经营者模特　B. 典型消费者模特　C. 动画模特　　　　D. 名人模特

2.（   ）尤其适合代言技术壁垒高、工艺复杂、价格高昂、同类之间难以辨识优劣的产品或服务。

    A. 名人模特　　　　B. 专家模特　　　　C. 动画模特　　　　D. 动物模特

3.（   ）是指广告模特与广告产品的受众之间的相似程度。

    A. 魅力性　　　　　B. 专业性　　　　　C. 类似性　　　　　D. 真实性

4. 格力电器董事长董明珠为自己的公司代言，在这里董明珠属于（   ）。

    A. 典型消费者模特　B. 最高经营者模特　C. 专家模特　　　　D. 身体部位模特

5. 对于知识较为复杂、技术壁垒较高的产品，选择（   ）代言是比较恰当的。

    A. 最高经营者模特　　　　　　　　B. 名人模特

    C. 专家模特　　　　　　　　　　　D. 典型消费者模特

二、多选题

1. 非人物模特包括（   ）。

    A. 动物模特　　　　B. 最高经营者模特　C. 动画模特

    D. 身体部位模特　　E. 典型消费者模特

2. 人物模特包括（   ）。

    A. 名人模特　　　　B. 专家模特　　　　C. 身体部位模特

    D. 典型消费者模特　E. 最高经营者模特

3. 考察广告模特与产品之间的相关性的内容包括（   ）。

    A. 同一化与内在化　　　　　　　　B. 名人模特与产品卷入度

    C. 专家模特与产品特性　　　　　　D. 外国模特与产品特性

    E. 专业性与魅力性

三、名词解释

1. 广告模特　2. 最高经营者模特　3. 广告模特的可信性　4. 广告模特的专业性　5. 广告模特的魅力性

四、简答及论述题

1. 广告模特的作用主要有哪些？
2. 广告代言人和广告模特的概念有何不同？
3. 在广告中使用外国模特的弊端有哪些？
4. 试论述名人模特的优缺点。
5. 试论述选择广告模特的策略。

案例讨论

阿里 AI 造模特

"给衣服拍个正面和背面照并上传至后台，选择想要的模特形象，最快 1 天左右就能生成 8 张模特图，商家还可以选择想要的模特的脸……"

试用 AI 虚拟模特 3 个多月后，在淘宝经营着一家潮牌店的李珊（化名）仍惊叹于它的效率和效果。如果不是在后台亲自操作，她大概率和其他人一样，被展示出来的这些模特的颜值给"骗"了。

这项自主研发的技术，是阿里创新技术与机制、保护原创和知识产权的尝试之一，有一个"时尚"的名字——"塔玑"。塔玑被称为国内首款 AI 虚拟模特。经过系统迭代优化，塔玑不断成熟，服务了诸多商家。

"塔玑"诞生

主打街头年轻潮流服饰，"圈叉潮品服饰"天猫旗舰店的首页，展示了清一色的高颜值模特。如果不是店主李珊（化名）告诉记者，这些模特中有部分是"AI 虚拟模特"，很难从这些"俊男美女"中辨出真假。

这些 AI 虚拟模特由阿里巴巴安全技术团队自主研发，被命名为"塔玑"。"塔玑"研发团队告诉记者，这一名字取自 Target Face 的谐音，"原理是利用算法技术在目标人脸（Target Face）模块基础上，生成上万种五官组合，塔玑就是 Target Face 比较时尚的谐音名字，我们也希望它能为商家带来更时尚、便捷的经营体验"。

2020 年 12 月，塔玑在阿里巴巴原创保护平台正式上线，淘宝、天猫、1688、速卖通和阿里巴巴国际站的商家都可以申请免费使用。阿里巴巴方面提供的统计数据显示，自塔玑上线测试以来，已有上万家店铺主动申请试用。

李珊正是其中之一。4 月中旬，李珊开始试用塔玑，"给衣服拍个正面和背面照并上传至后台，选择想要的模特形象，3 天左右就能生成 8 张模特图，直接下载就可以用了，商家还可以在后台自己选择想要的虚拟模特人脸。"李珊说，店铺上新节奏很快，每周约 10 款。现在，若来不及拍模特图，她就会使用塔玑。

开网店卖服装离不开拍模特图。通常来说，拍模特图需要多个步骤：找模特、找拍摄团队、搭建场景、模特换装、拍摄、修图等。整个过程可能长达两周，而且需要支付高额的模特费和拍摄费。对一些小本经营的商家来说，并不划算。

2020 年 8 月，在一次商家访谈中，有商家称拍模特图的成本太高，使得他们不得不选择从第三方网站下载。阿里巴巴调研发现，这可能会导致一个"双输"的局面：拍图方因图片侵权遭受损失，侵权人也同样因为平台处罚而损失惨重。

为此，阿里巴巴技术团队研发了塔玑。塔玑能够通过算法技术在目标人脸模块基础上，生成成千上万种五官组合，形成全世界"独一无二"的虚拟人脸，同时利用算法技术将服装平铺图转化成 3D 图"穿"在模特身上，降低商家上新的人力和财力成本。阿里"塔玑"生成虚拟模特的技术原理如图 8-7 所示。

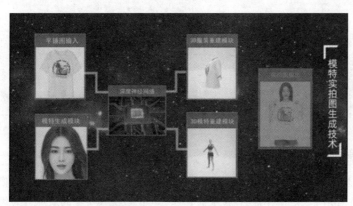

图8-7　阿里"塔玑"生成虚拟模特的技术原理图

省钱的 AI 模特

淘宝店啊啦柏 ALABO 店主方钟宏是塔玑的第一个试用用户。

在他看来，请模特和摄影团队拍图，确实是一笔不小的经营成本。"请优质模特一年需要近百万元。"据他估算，作为中腰部服装商家，若使用塔玑，一年可以节约数十万元费用。

李珊也算了一笔账。每拍一个款的费用是 700 元左右，一个图案款式可能至少要找一男一女两个模特拍多个颜色。如果上新 40 款，拍摄费用就至少要 5 万元，拍完还要等至少 14 天。出于拍摄费用等考虑，以前，她一般会凑齐 40 个款式一起拍摄。但"如果有款式突然在市场上火爆，很难单独拎出这一件两件来拍"。

速卖通商家番茄经营着一家名为 GONTHWID 的潮牌店铺，主要客户群体是荷兰、法国、德国等欧美国家 20 岁左右的年轻人。她也曾使用真人模特，但成本较高。

"我们请的模特都是外国人。后来他们回国了，而国内其他有经验的模特价格很高，100 件衣服谈下来的拍摄单价在 220-280 元一件，而有经验的外模每件还要贵上 100-500 元。"番茄说。

时间久、效率低也是困扰番茄等店主的问题。"国内还是夏季时我们就要上新冬装了，发 100件衣服给到拍摄公司，要等 2-3 周才能收到成片，我们一周可能会出几百款甚至几千款，这个时间太长了，我们根本等不起"。

试用塔玑后，番茄发现，"效率和性价比都很高"。和番茄想象中的 AI 模特相比，塔玑的 AI模特几乎没有生成痕迹，"我第一眼看到时就震惊了，完全看不出是生成的，而且都很符合西方的审美"。她也发送了部分模特展示图给外国客户，"他们完全看不出来这是虚拟模特"。

资料来源：南方都市报。

问题讨论

1. AI 模特的优点有哪些？
2. AI 模特会取代真人模特吗？请谈谈你的观点。

开展网络广告活动

 项目情境导入

QuestMobile 发布的 2022 全景生态年度报告显示，2022 年 1—10 月，抖音、微信、快手、今日头条、百度、微博 App 位居互联网广告收入前 6 位。其中短视频平台的表现最为优异，排名第一的抖音广告营收占比高达 28.4%，排名第三的快手营收占比 12.6%，快手也即将赶超营收占比为 13% 的微信。

截至 2022 年 10 月，微信、支付宝、百度等 App 流量优势显著，月活用户分别为 10.36 亿、8.66 亿、6.43 亿，带动小程序生态持续发展，整体（微信小程序+支付宝小程序+百度智能小程序）月活用户总量为 9.97 亿，同比增长 6.8%；其中，生活服务类小程序依旧是各平台主要活跃类型，在微信、支付宝、百度的 TOP100 小程序中占比分别达到 43%、52%、26%。

问题：近年来我国的网络广告市场发生了哪些变化？发生这些变化的原因是什么？

 项目分析

随着互联网的兴起与迅猛发展，数字媒体已成为继语言、文字和电波之后新的信息传播载体。数字媒体的发展极大地改变了人们的生活，也对传统的广告活动产生了深远的影响。广告领域的变化主要体现在网络广告异军突起，逐渐取代传统广告，成为主流的广告形式。

与传统广告相比，网络广告具有传播迅速、形式多样、费用较低、能够与目标受众实时互动等诸多优势。从 2016 年开始，我国网络广告媒体的营业额就已超过传统四大媒体的营业额的总和，而且领先优势还在继续扩大。

那么，什么是网络广告？网络广告有何特点？网络广告如何分类与发布？如何开展网络广告策划？如何编制网络广告预算？如何对网络广告效果开展评估？本项目将对以上问题进行解答。

 项目学习任务书

本项目学习任务书如表 9-1 所示。

表 9-1　项目九学习任务书

任务编号	任务主题	需要掌握的知识点	技能目标	建议课时数
任务一	了解网络广告的概念与特点	网络广告的概念；网络广告的特点	正确理解网络广告的概念并掌握其特点	0.5
任务二	熟悉网络广告的类型与发布方式	网络广告的类型；网络广告的发布方式	掌握不同类型的网络广告的特点	1.0

续表

任务编号	任务主题	需要掌握的知识点	技能目标	建议课时数
任务三	掌握网络广告的策划流程	确定网络广告目标； 确定网络广告的目标受众； 选择网络广告的发布渠道； 打造网络广告创意； 选择网络广告发布平台	能够为企业制定网络广告策划方案	1.0
任务四	了解网络广告预算与效果评估	网络广告预算； 网络广告效果评估	能够为企业的网络广告预算编制与效果评估提供建议	0.5

了解网络广告的概念与特点

 任务引入

广告专业的大学毕业生小董在天津一家广告公司工作了 5 年，其间他见证了公司发展由盛到衰的过程。小董所在的这家公司业务较为单一，主要是做传统媒体的广告代理，网络广告的异军突起使得传统媒体广告对客户的吸引力变得越来越小，业务很难开展。为此，小董打算向老板赵总建议开拓网络广告业务。

赵总是小董所在公司的创始人，以前在报社工作，算是老一代的媒体人。他对网络广告不是很感兴趣，即使是在当前经营状况不好时也没想过带领公司转型。小董觉得，说服赵总不是一件容易的事，但为了公司的发展，小董决定还是要尝试一下。

问题：如果你是小董，你将如何说服赵总？

 相关知识

一、网络广告的概念

网络广告是指以数字代码为载体，以互联网为传播媒介，以文字、图片、音频、视频等形式发布的广告。通俗地讲，网络广告是指广告主为了实现促进产品交易的目的，通过网络媒体所发布的广告。网络广告诞生于美国，1994 年 10 月 14 日，美国著名的 Wired 杂志推出了网络版的 Hotwired，其主页上开始有 AT&T 等 14 个客户的广告横幅。这是广告史上里程碑式的一个事件。虽然网络广告与传统广告一样，其最终的目标都是促进实现产品的交易，但与传统广告相比，网络广告以数字代码为载体，采用先进的电子多媒体技术设计制作，通过互联网广泛传播，因而具有良好的交互功能。

二、网络广告的特点

（一）非强迫性

传统广告具有一定的强迫性，无论是通过广播、电视还是报纸、杂志等发布的广告，均要千方百计吸引受众在视觉和听觉上的注意力，将有关信息强行灌输给受众。而网络广告属于按需广告，接收与否的主动权掌握在受众手里，这有效避免了受众注意力的无效和被动集中。

（二）实时性与交互性

网络广告的另一个突出优点是能按照需要及时变更广告内容，包括改错。而对于在传统媒体

上发布的广告而言，广告一旦播（刊）出，就很难再变。例如，某促销产品价格发生了变化，如在网络上更改广告信息可能瞬间就能完成，并且更改成本可以忽略不计，这是传统广告无法做到的。网络广告的实时性可以帮助企业做到广告变化与经营决策变化同步，从而有助于增强企业经营决策的灵活性。

网络广告是一种交互式的广告，查询起来非常方便。网络广告的载体基本上是多媒体、超文本格式文件，只要受众对某件产品感兴趣，仅需轻按鼠标就能一步一步深入，获取更多更为详细、更为生动的信息，从而亲身"体验"产品、服务。

（三）广泛性

网络广告的广泛性表现在以下几个方面。一是传播范围广，无时间地域限制。网络广告通过互联网可以把广告传播到互联网所覆盖的所有区域，受众浏览广告不受时空限制。二是内容详尽。传统广告由于受媒体的时间和版面的限制，其内容也必然受限；而网络广告则不存在上述问题，广告主可根据需要将广告做得十分详尽，以便受众进一步了解相关信息。三是形式多样。网络广告的表现形式包括动态影像、文字、声音、图像、表格、动画、三维空间、虚拟现实等，广告主可以根据广告创意需要对广告的表现形式进行组合，从而最大限度地调用各种艺术表现手段，制作出形式多样、生动活泼且能够激发受众购买欲望的广告。

（四）易统计性和可评估性

运用传统媒体发布广告，评价广告效果比较困难，广告人员很难准确地知道有多少人接收到了所发布的广告信息。而对于网络广告，广告人员可通过权威公正的访客流量统计系统，精确统计出每个广告被多少受众看过，以及受众的浏览时间分布、所在的地理区域分布等，从而有助于广告主和广告公司正确评估广告效果，审定广告投放策略。

（五）检索性和重复性

网络广告可以将文字、声音、画面、视频等完美地结合之后供受众主动检索，重复观看。

（六）视听效果的综合性

随着多媒体技术、网络技术及编程技术水平的提高，网络广告可以集文字、动画、全真图像、声音、三维空间、虚拟现实等于一体，让受众体验到身临其境的感觉，这样的广告既满足了浏览者收集信息的需要，又提供了视觉、听觉方面的享受。

（七）经济性

与传统广告相比，网络广告更具经济性。广告主可以根据自身预算的多少选择不同的广告平台和投放方式，从而控制广告费用。此外，网络广告还存在按效果付费的方式，即只有当广告被点击或转化时才需要支付费用，这种付费方式可以让广告主更加精准地控制广告费用。

（八）广告发布方式的多样性

传统媒体广告的发布主要是通过广告代理制实现的，即由广告主委托广告公司实施广告计划，广告媒体通过广告公司来承揽广告业务，广告公司同时作为广告主和广告媒体的代理人提供双向的服务。而在网络上发布广告对广告主来说有更大的自主权，广告主既可以选择自行发布，又可以选择通过广告代理商发布。

 **任务实训**

1. 实训目的

加深对网络广告的认识。

2. **实训内容及步骤**

（1）每一位同学选择家中闲置的一件二手物品并将其作为网络广告发布对象。

（2）为该物品设计广告文案，要求有文字和图片（如果是视频广告，要求设计广告脚本并拍摄视频）。

（3）通过微博、微信、短视频平台等渠道发布广告，并在发布后截图发至本课程学习群。

（4）统计反馈信息。

（5）对本次实训活动进行总结，完成实训作业。

3. **实训成果**

实训作业——××网络广告活动的实施过程与总结。

任务二 熟悉网络广告的类型与发布方式

任务引入

赵总在小董的建议下决定尝试开展网络广告业务。但他觉得自己作为公司老总，还应该对网络广告有更为深入的认识。他让小董尽快写个汇报材料，将不同类型的网络广告的特点、优势、劣势、适用情况等做比较分析，材料要求要言简意赅，一目了然，而且要附上实例，以便他今后做决策时参考。

问题：网络广告的类型有哪些？它们各自的特点是什么？如果你是小董，你觉得该怎样写这个汇报材料？

相关知识

一、传统的网络广告类型

（一）旗帜广告

旗帜广告是常见的网络广告形式，又名横幅广告，是互联网上较为传统的广告形式。网络媒体在自己网站的页面中分割出 2 厘米×3 厘米、3 厘米×16 厘米或 2 厘米×20 厘米的一个区域（视各媒体的版面规划而定）用于发布广告，因其像一面旗帜，故发布在此处的广告被称为旗帜广告（见图9-1）。旗帜广告允许企业用简练的语言、图片介绍自己的产品或品牌形象。

图9-1 旗帜广告

旗帜广告分为非链接型和链接型两种。非链接型旗帜广告不与广告主的主页或网站相链接；链接型旗帜广告与广告主的主页或网站相链接，受众单击广告，可以看到广告主想要传递的更为详细的信息。为了吸引更多的受众注意并单击链接，旗帜广告通常会运用多种多样的艺术形式，如做成动画跳动效果或霓虹灯闪烁效果等。

（二）企业网站广告

企业网站广告是指企业在自建的网站上所发布的广告。企业在自建网站上发布广告不受第三方媒体的限制，因此拥有完全的自主权。企业可以根据需要在网站上发布企业形象广告和产品/服务广告等，从而让受众全面地了解企业及企业的产品和服务。海信官网主页广告如图9-2所示。

图9-2 海信官网主页广告

（三）文字链接广告

文字链接广告以一个词组或一行文字的形式展现，受众单击后可以进入相应的广告页面。文字链接广告的位置灵活，它可以出现在页面中的任何位置，可以竖排呈现，也可以横排呈现。这是一种对受众干扰最少的网络广告形式，但对受众的吸引力有限。文字链接广告如图9-3所示。

图9-3 文字链接广告

（四）电子邮件广告

电子邮件广告是指广告主通过互联网将广告信息发送到目标受众电子邮箱的一种网络广告形式。电子邮件广告具有推送目标精准、推广成本低、运作简单且广告内容不受限制等优点，但广告主需注意不能滥发，否则电子邮件广告很容易被受众当作垃圾邮件删去。

（五）搜索引擎广告

搜索引擎广告是指广告主借助搜索引擎，通过关键词搜索和数据库技术，把受众输入的关键词和广告信息相匹配的一种网络广告形式。目前，竞价排名是搜索引擎广告所采用的主要模式。受众在搜索栏中输入关键词之后，搜索引擎广告即可在搜索结果中按竞价的高低顺序显示。搜索引擎广告如图9-4所示。

图9-4　搜索引擎广告

二、创新的网络广告类型

（一）流媒体广告

流媒体广告是指广告主借助流媒体技术在网络上发布广告的一种网络广告形式。流媒体技术可将一连串的媒体数据进行压缩，通过分段发送数据，在网上即时传输影音，从而实现媒体数据边传送边播放，因此大大节省了下载等待时间和存储空间。根据广告所传达的内容，流媒体广告可以分为静态广告和动态广告两类。静态广告指的是图文结合或高品质动画形式的广告，比旗帜广告更具观赏性。动态广告又可分为音频流广告和视频流广告，这两种广告可分别被认为是传统的广播广告和电视广告在网络媒体上的再现。

（二）富媒体广告

富媒体广告是基于富媒体技术的一种用浏览器插件或其他脚本语言编写的具有视频效果和交互功能的网络广告形式。其实富媒体并不是一种真正的媒体，而是指目前在网络上应用的一种高频宽带技术。借助富媒体技术，网络广告能够突破网络带宽的限制，实现流畅播放。同时，富媒体广告自身通过程序设计就可实现调查、竞赛等相对复杂的用户交互功能。此外，相对于传统的网络广告，富媒体广告的表现形式更为丰富，不仅有视频广告、扩展类广告和浮层类广告等，还包含地址栏广告、网页背景广告等表现形式。

（三）网络游戏广告

网络游戏广告是以网络游戏为载体，将广告植入网络游戏之中，以网络游戏玩家为目标受众的一种网络广告形式。网络游戏广告将广告变成游戏的一部分，使广告与游戏紧密结合，让玩家在游戏状态下体验产品的特性，从而大大增强了广告的传播效果。OPPO 和 vivo 的网络游戏广告如图 9-5 所示。

图9-5　OPPO和vivo的网络游戏广告

（四）网络视频广告

网络视频广告是目前较为流行的一种网络广告形式，可分为传统的视频广告和用户自发制作的视频广告。传统的视频广告是指直接在线播放广告主提供的网络视频，相当于将电视广告放到网络上。而用户自发制作的视频广告是用户自制的原创广告，通过网络平台尤其是移动端网络平台进行展示，以传播广告信息，我们在微信和各类短视频平台上经常可以看到这种类型的广告。抖音 App 上的必胜客广告如图9-6 所示。

图9-6　抖音App上的必胜客广告

（五）OTT广告

OTT（over the top）是指通过互联网向用户提供各种应用服务，现在泛指互联网电视业务，一般包括智能电视、各类机顶盒终端。OTT 广告是指通过 OTT 终端投放的广告，如图 9-7 所示。OTT 广告实现了"互联网广告+电视广告"的叠加溢出效果，OTT 给电视大屏带来诸多互联网元素，使之媒体属性更加丰富。

图9-7　雪佛兰OTT广告

OTT 具备可寻址、可构建用户画像等特点，平台覆盖海量人群标签，为广告主开展精准营销奠定基础。目前各平台根据品牌需求，支持人群圈选和广告定向投放。具体来看，可以实现精准人群/城市/社区定向，将创新的广告内容，分时段进行定向投放，精准触达目标消费人群。

（六）移动广告

移动广告是以智能移动终端（智能手机、平板电脑等）为载体发布的广告，具有针对性和交互性强、送达率高等特点。近年来，随着移动网络用户的不断增加，移动广告开始受到广告主的青睐。移动广告的表现形式丰富，不仅包括传统的图片广告、文字广告、插播广告、链接广告、视频广告等，还有各种 App 和小程序上出现的创新广告形式，如开屏广告、插屏广告等。喜马拉雅 App 的开屏广告如图 9-8 所示。

三、网络广告的发布方式

网络广告有多种发布方式，企业既可以通过内部网络平台进行发布，也可以利用现有的外部网络平台发布；既可以通过传统的 PC 端发布，也可通过移动端（如平板电脑、智能手机等）发布。其中，内部网络广告发布平台包括企业网站、企业微博账号和企业微信公众号等，外部网络广告发布平台包括搜索引擎网站、专类销售网、友情链接、虚拟社区和公告栏、网上报纸或杂志、新闻组、网络黄页等。此外，PC 端的广告发布形式和移动端的广告发布形式有很大的不同。到底采取哪一种或哪几种网络广告发布方式，取决于企业自身的实力和具体的业务需要。

图9-8　喜马拉雅App的开屏广告

 课堂讨论

你知道的创新网络广告形式还有哪些？它们的特点是什么？

 任务实训

1. 实训目的

了解我国移动端网络广告的发展情况。

2. 实训内容及步骤

（1）组建任务团队。

（2）登录艾瑞网、艾媒网、网经社、中国互联网络信息中心等网站，收集我国移动端网络广告发展的相关资料。

（3）各任务团队撰写研究报告。

（4）提交研究报告，并做成 PPT 在班级进行展示。

3. 实训成果

研究报告——我国移动端网络广告发展现状。

任务三　掌握网络广告的策划流程

 任务引入

小董的公司开展网络广告业务后，谈成的第一个客户是一家在当地颇有名气的农家院。该农家院位于风景优美的山脚下，地理位置得天独厚。农家院干净整洁，设施一流，提供的美食也很有特色。以前竞争对手少，该农家院的生意非常火爆。但随着竞争对手越来越多，该农家院的生意已大不如从前。该农家院发现竞争对手通过网络广告把客户都吸引了过去，因此决定找小董的公司帮他进行网络广告宣传。

因为是第一个网络广告客户，公司上下都非常重视。赵总为此还召集各部门经理和小董一块开了一个碰头会。在会上，赵总决定由小董制定网络广告策划方案并负责实施，其他部门必须全力配合。

小董在接到任务后深感责任重大，虽然业务不大，但这毕竟是公司开展网络广告业务后的第一笔业务，他下决心一定要设计出一套完美的网络广告策划方案，争取实现开门红。

问题：如果你是小董，你该如何设计网络广告策划方案？

 相关知识

网络广告策划是根据互联网的特征及目标受众的特征对广告活动进行的运筹和规划，其在本质上与传统的广告策划思路相似，包括确定网络广告目标、确定网络广告的目标受众、选择网络广告的发布渠道、打造网络广告创意、选择网络广告发布平台等一系列活动。

一、确定网络广告目标

网络广告目标是一定时期内广告主期望通过在网络上发布广告而实现的广告活动成果，如促进产品销售，提高产品知名度、美誉度，改变消费者认知，加强与消费者的互动，增强市场竞争力等。因此，网络广告目标不是单一的，而是多元的。

确定网络广告目标的目的是通过信息沟通，使消费者对品牌产生认识、情感、态度和行为等方面的变化，从而实现企业的营销目标。在确定网络广告目标时应遵循以下原则：第一，网络广告目标要符合企业的营销目标；第二，网络广告目标要切实可行；第三，网络广告目标要明确具体；第四，网络广告目标要有一定弹性；第五，同一企业前后发布的网络广告目标要有协调性；第六，网络广告目标要考虑公益性。

二、确定网络广告的目标受众

广告的目标受众（target audience）即广告传播的诉求对象。目标受众决定了广告媒体的选择和传播策略，也决定了广告文案的内容。因此，企业发布网络广告必须要根据网络广告的营销目标确定目标受众，这样所做的网络广告才具有针对性。

艾瑞咨询认为，网络用户在广告接受态度较理性的情况下，希望能够看到与自身需求相关的广告。以目标受众为核心的网络广告能够精准定位用户需求，提升用户体验并增强广告效果，因而日益受到广告主的重视。

> **课堂讨论**
>
> 如何确定网络广告的目标受众？可采取的方法主要有哪些？

三、选择网络广告的发布渠道

网络广告的发布渠道有多种，企业可根据自身的需求，本着广告效应最大化的原则从中选择一种或多种。

微课堂

网络广告的发布渠道

（一）企业主页

企业主页不但是企业良好形象的载体，也是企业进行产品宣传的绝佳窗口。在互联网上发布的网络广告，无论是旗帜广告，还是按钮广告，大都可快速链接至企业主页，所以，企业建立自己的主页是非常有必要的。企业主页是企业在互联网上进行广告宣传的主要形式。如今企业的主页地址已经与企业的品牌一样，成为企业独有的标志，是企业重要的无形资产。

（二）微博、微信等自媒体平台

随着微博、微信等自媒体平台的兴起，网络广告有了新的发布渠道。企业可通过自建的微博账号、微信公众号来推送广告，这类广告定位准确，针对性很强，受关注程度较高。

（三）搜索引擎网站

搜索引擎是仅次于即时通信应用的第二大网络应用，截至 2020 年 3 月，我国的搜索引擎用户规模高达 7.5 亿，占网民整体的 83%。百度、搜狗、360、神马等搜索引擎是网民检索信息的主要工具，每天的访问量巨大。在搜索引擎网站上投放的广告，覆盖面广、针对性强、目标精准，而且搜索引擎网站通常按广告效果收费，因此投放这类广告性价比高。百度搜索引擎网站上的激光打标机广告如图 9-9 所示。

图9-9 百度搜索引擎网站上的激光打标机广告

企业也可以选择与门户网站合作，如搜狐、网易、新浪等，它们提供了大量的网络用户感兴趣并需要的免费信息服务，包括新闻、评论、生活、财经等方面。因此，这些网站的访问量非常大，是引人注目的站点。目前，这样的网站是网络广告发布的主要阵地，并且网络广告的发布形式多种多样。

（四）专类销售网

专类销售网是指汇聚某一类直接在互联网上进行销售的产品的网站。以汽车之家网站（见图 9-10）为例，消费者只要在一张表中填上自己所需汽车的类型、价位、制造者、型号等信息，然后单击搜索，网页上就会马上出现满足其需要的汽车信息，当然还包括此种汽车购买渠道的信息。另外，消费者在考虑购买汽车时，很有可能先通过此类网站进行查询。所以，对于汽车代理商和销售商来说，这是一种很有效的网络广告发布渠道。

图9-10 汽车之家网站主页

（五）友情链接

利用友情链接，企业间可以相互传播广告信息。建立友情链接要本着平等的原则，这里所谓的平等有着广泛的含义，网站的访问量、在搜索引擎中的排名、相互之间信息的补充程度、链接的位置、链接的具体形式等都是必须要考虑的因素。

（六）虚拟社区和公告栏

虚拟社区和公告栏是网上比较流行的交流渠道，任何用户只要注册账号，都可以在虚拟社区和公告栏中浏览、发布信息，企业在其上发表与企业产品相关的评论和建议，可以起到非常好的宣传作用。

（七）网上报纸或杂志

在互联网日益发达的今天，新闻界也不甘落后，一些著名的报纸和杂志纷纷涉足互联网，在互联网上建立自己的主页。更有一些新兴的报纸与杂志，干脆脱离了传统的纸媒体，完完全全地成为一种"网上报纸或杂志"。

（八）新闻组

新闻组也是一种常见的网络服务，它与公告栏相似。人人都可以订阅它的信息，并可成为新闻组的一员。成员可以在其上阅读大量的公告，也可以发表自己的公告，或者回复他人的公告。新闻组是一种讨论与分享信息的渠道。对于企业来说，选择在与本企业产品相关的新闻组发表自己的公告是一种非常有效的传播广告信息的方法。

（九）网络黄页

网络黄页是指互联网上专门提供查询检索服务的网站，代表性的网络黄页有中国黄页（见图 9-11）。这类网站如同电话黄页一样，按类别划分，便于用户进行站点的查询。这种方法的好处在于：一是针对性强，查询过程都以关键字区分；二是醒目，广告处于页面的明显位置，容易被用户注意到。

图9-11 中国黄页网站主页

（十）短视频平台

短视频相较于文字和图片，表现方式更为直观，对受众的刺激更为强烈，而且在内容上更为有趣。随着移动互联网技术的发展，网速越来越快，视频播放也越来越流畅，同时，手机流量资费的大幅下降使得资费因素对受众的限制越来越小，这为短视频的快速发展奠定了坚实的基础。如今，短视频 App 已成为互联网上最热门的应用之一，抖音、快手等短视频平台的用户规模数以亿计，因此其成为企业投放网络广告的重要平台。

四、打造网络广告创意

网络广告策划中极具魅力、最能体现水平的部分就是创意。它包括两个方面：一是内容、形式、视觉表现、广告诉求的创意，二是技术上的创意。网络广告的创意主要来自互联网本身，互联网是一个超媒介，它融合了其他媒介的特点。不同的网络广告有不同的传播目的、传播对象，而互联网可以承载不同的广告创意。同时，互联网运用了计算机技术和网络技术，注定具有高科技特性，这也为网络广告带来了更加多变的表现方法，为网络广告创意提供了更多的方向。

 案例

网易严选"双 11"广告短片不走寻常路

网易严选于 2021 年推出了广告短片《离了吧，11·11》（见图 9-12），从消费者视角对"双11"复杂的套路来了一次吐槽，玩的虽然还是"反套路"风格，但剧情依旧让人直呼"想不到"。

图9-12　网易严选广告短片《离了吧，11·11》截图

广告中，女主角的名字是"买家美少女壮士 1991"，代表广大买家；而男主角的名字则是"11·11"，代表那个曾经"单纯"、但现在"套路"满满的"双 11"，在他们的"婚姻生活"中，妻子想要轻松愉快地买东西，丈夫想的却是自己的业务增长逻辑……

资料来源：鸟哥笔记 App。

案例分析

网易严选的这则广告短片表面上是控诉"感情危机"，实际上剑指"双 11"套路营销的行业陋习。网易严选作为"双 11"的一股"清流"，通过该广告短片既输出了其"回归真实生活，拒绝套路"的消费观念，也为品牌从消费者好感度到产品销量的转化埋下了伏笔。

网络广告要吸引受众，就应是生动、能够抓住人的视线、邀请人们参与、有趣味的，并且是让人无法拒绝的。网络广告要形成突破，必须要依靠卓越的创意。在打造网络广告创意的过程中，要注意以下关键点。

> 延伸学习
>
> 网络广告创意的原则

（一）打造强有力的视觉冲击效果

网络信息浩如烟海，网络广告如果不具有强大的视觉冲击力，必然不能为目标受众所关注。因此，广告创意者一定要创作出能瞬间吸引受众注意的网络广告作品，以便引起受众的兴趣。

（二）传递简单易懂而又有趣的信息

当今社会生活节奏加快，网络用户的时间越来越碎片化，网络广告如果内容冗长、晦涩难懂或平淡无奇，则难以吸引网络用户。事实上，简单易懂而又有趣的网络广告更容易被受众所关注。为什么抖音上的很多广告我们不反感？这是因为这些广告时长很短而又非常有趣，很难让我们产生厌烦的感觉。当然，这也与抖音强大的后台算法有关，它可以根据用户的喜好，进行精准的广告推送。

（三）适度的曝光率

网络用户的一个基本特点是"喜新厌旧"，即网络用户对广告的关注度会随着广告发布时间的增加而降低。因此，当一则广告的曝光率达到某种程度，并且出现下降倾向时，广告创意者就必须考虑更换该广告。

（四）发展互动性

随着网络技术的发展，未来网络广告必定朝着互动性方向发展。例如，网络广告如能增加游戏活动功能，则点击率会大大提高。索尼在线的娱乐站发布的凯洛格仪器公司的网络游戏广告，以一组游戏为特色，用户在参加其中一个游戏后有机会赢得一盒爆米花。发布这则广告后，凯洛格仪器公司主页的访问量增加了 3 倍，访问时间增加了 2 倍，该广告的浏览率高达 14.5%。

五、选择网络广告发布平台

选择网络广告发布平台应注意以下问题：平台用户是否与广告目标受众一致、该平台是否有足够多的活跃用户、平台是否具备流量和数据优势、平台的管理水平如何、广告计价是否合理、平台支持哪些广告形式、平台在审核方面是否有特殊要求等。

 阅读资料

快手的广告形式

短视频平台快手目前有两种广告形式。一种是快手粉丝头条，主要对快手短视频进行推广，如果用户拍摄了快手短视频，并且有推广的需求，即可申请开通推广服务，该项服务按曝光量收费。快手粉丝头条适用于增加视频曝光量、增加快手粉丝量等推广需求，因为其推广的素材为快手短视频，并且快手粉丝头条有严格的审核标准，对于不适合使用快手粉丝头条服务的视频，平台将会拒绝用户使用该服务进行推广。另一种是视频信息流广告，快手"发现""同城"频道页的第 5 个位置是一个广告位，用户可以通过官方的广告后台投放符合需求的广告。该广告形式支持视频、图片及超链接等，相比于快手粉丝头条，该广告形式可以更好地满足用户的宣传需求。

 任务实训

1. 实训目的

了解品牌的网络广告创意。

2. 实训内容及步骤

（1）组建任务团队。

（2）各任务团队在广泛收集资料的基础上，对江小白、卫龙辣条和喜茶这 3 个品牌的网络广告创意进行分析。

（3）撰写分析报告，并做成 PPT 进行展示。

（4）由教师给出实训成绩，作为本课程的平时成绩之一。

3. 实训成果

实训作业——基于实例的网络广告创意分析。

任务四　了解网络广告预算与效果评估

📖 任务引入

小董所在公司的网络广告业务开展了一段时间之后，市场部的王经理向赵总反映，由于销售人员不太了解网络广告预算与网络广告效果评估方面的知识，一旦客户问及上述问题他们就很难回答，因此失去了不少业务。王经理请求赵总安排一次公司内部培训，以帮助销售人员更好地开展业务。赵总同意了王经理的请求，并委托小董来负责此次培训。

问题：假定你是小董，你会如何设计本次培训方案？具体的培训内容包括哪些？

📋 相关知识

一、网络广告预算

（一）网络广告预算编制的方法

目前常用的网络广告预算的编制方法主要有以下几种。

1. 期望行动制

这种编制方法是指以购买者的实际购买行动为参照来确定广告费用。一般的做法是，先设定一个可能的购买人数的范围，再用它乘每单位购买行动的广告费用，取其平均值就能得到广告预算。预期的购买人数一般参照同类产品以往年份的统计数据，每单位的广告费用可根据产品及企业的目标来定。这种方法尤其适合农产品、大众消费品、家用电器等有较稳定购买量的产品，根据它们的购买量较容易得到接近实际情况的数字。

2. 产品跟踪制

这种编制方法通常只确定每单位产品用多少广告费，再根据实际成交量来确定预算，常常使用以往的数据，具有时滞性。其好处是便于操作，具有一定的客观性。

3. 阶段费用制

这是广告预算编制中最常用的方法之一，就是根据企业营销计划要达到的阶段性目标来编制广告预算。这种方法能够根据变化的市场环境和产品生命周期的广告要求，及时调整广告投入，因而被普遍采用。

4. 参照对手制

这种编制方法主要是根据竞争对手的广告投入情况来编制广告预算，不仅具有较强的针对性，也较为灵活。

5. 市场风向制

这种编制方法是依据商业环境的变化来编制广告预算，在商业环境恶化时，一般采取加大广告投入、增加预算的措施，这有助于乘机扩大市场。但这时打开市场往往要有较大的预算投入，并且要在商业环境改善后才能有所收获。在市场繁荣、产品销售情况好时，广告预算则可以适当减少。

6. 比例提成制

这种编制方法是根据销售比例或盈利比例来编制广告预算。按销售额计算的方法是先确定销售额基数，然后根据一定的广告投入比率得出广告预算。这种方法简便易行，编制预算的过程也不复杂，有一定的科学性。

（二）网络广告的收费模式

1. 千人成本

在传统媒体广告业中，通常以千人成本（cost per mille，CPM）作为确定该媒体广告价格的基础。由于各网站可以精确地统计其页面的访问次数，所以这种收费模式比较适用。

2. 每千次点击成本

每千次点击成本（cost per thousand click-through，CPC）是以网页上的广告被点击并链接到相关网站或详细内容页面 1000 次为基准的网络广告收费模式。

3. 每行动成本

每行动成本（cost per action，CPA）是按广告投放的实际效果，即按回应的有效问卷或订单来计费，而不限广告投放量的收费模式。CPA 收费模式对于网站而言有一定的风险，但若广告投放成功，其收益也比 CPM 广告收费模式的收益要多得多。

4. 每购买成本

每购买成本（cost per purchase，CPP）是广告主为防范广告费用风险而采用的一种广告收费模式，也称销售提成收费模式，即广告主在广告带来产品的销售量后，按销售量付给广告网站较一般广告价格更高的费用。

5. 按业绩付费

按业绩付费（pay-for-performance，PFP）是从 CPM 转变而来的一种收费模式。基于业绩的定价计费标准有点击次数、销售业绩和导航情况等。

二、网络广告效果评估

网络媒体具有较强的机动性和可调整性，一旦网络广告效果不佳，广告主就应该对其进行调整，如调整曝光次数、修正广告内容等，一般检测期为一周或 10 万次曝光后。

对网络广告效果评估，较准确的评价指标是曝光次数（impression）及广告点击率（click through rate，CTR）。曝光次数是指有广告的页面被访问的次数，即广告管理软件的计数器上所统计的数字。广告点击率是指访客单击广告的次数占广告曝光次数的比率。

评估网络广告效果还要考虑事先设定的网络广告目标，不同的目标将导致不同的结果。例如，当网络广告目标是建立品牌形象时，点击率并不是主要的评价指标，优质的、有效的曝光次数才是评估的重点。

为了获得公正的网络广告效果评估结果，广告主除了运用网站自身的广告管理软件和稽核工具外，还可以利用第三方认证机构。

 任务实训

1. 实训目的

熟悉网络广告的收费模式，并分析不同收费模式的优缺点。

2. **实训内容及步骤**

（1）组建任务团队。

（2）收集相关资料，分析不同网络广告收费模式的优缺点。

（3）撰写分析报告，并做成 PPT 进行展示。

（4）由教师给出实训分数，作为本课程的平时成绩之一。

3. **实训成果**

分析报告——不同网络广告收费模式的比较分析。

 思考题

一、单选题

1.（　　）的一个突出优点是能按照需要及时变更广告内容，包括改错。

　　A. 杂志广告　　　　B. 网络广告　　　　C. 报纸广告　　　　D. 电视广告

2.（　　）是常见的网络广告形式，又名横幅广告，是互联网上较为传统的广告形式。

　　A. 按钮广告　　　　B. 分类广告　　　　C. 旗帜广告　　　　D. 视频广告

3.（　　）可以将文字、声音、画面结合之后供受众主动检索，重复观看。

　　A. 杂志广告　　　　B. 网络广告　　　　C. 电视广告　　　　D. 报纸广告

4. 网络广告策划首要关注的是（　　）。

　　A. 确定网络广告目标　　　　　　　　B. 进行市场调研

　　C. 确定网络广告的目标受众　　　　　D. 选择网络广告的发布渠道

5. 在（　　）上投放的广告，覆盖面广、针对性强、目标精准，而且搜索引擎网站按广告效果收费，因此投放这类广告性价比高。

　　A. 网络黄页　　　B. 企业主页　　　C. 门户网站　　　D. 搜索引擎网站

二、多选题

1. 网络广告的主要特点有（　　）。

　　A. 非强迫性　　　B. 实时性与交互性

　　C. 广泛性　　　　D. 易统计性和可评估性

　　E. 视听效果的综合性

2. 网络广告的广泛性表现在（　　）。

　　A. 内容详尽　　　B. 形式多样　　　C. 传播范围广，无时间地域限制

　　D. 传播速度快　　E. 经济性

3. 以下属于传统网络广告的有（　　）。

　　A. 网络游戏广告　　B. 网络视频广告　　C. 电子邮件广告

　　D. 企业网站广告　　E. 搜索引擎广告

4. 网络广告的发布渠道包括（　　）。

　　A. 企业主页　　　B. 微博、微信等自媒体平台

　　C. 搜索引擎网站　　D. 专类销售网

　　E. 友情链接

5. 目前常用的网络广告预算的编制方法包括（　　）。

　　A. 期望行动制　　B. 产品跟踪制　　C. 阶段费用制

　　D. 参照对手制　　E. 市场风向制

三、名词解释

1. 网络广告　　2. 移动广告　　3. 网络游戏广告　　4. 网络广告策划　　5. 网络广告目标

四、简答及论述题

1. 在确定网络广告目标时应遵循哪些原则？
2. 网络广告创意包括了哪两个方面？
3. 选择网络广告发布平台需注意哪些问题？
4. 试论述网络广告的发布方式。
5. 试论述网络广告的策划流程。

案例讨论

接地气的淘菜菜广告短片

或许，对于很多人来说，买菜是生活中的小事，琐碎而繁杂。但会生活的人，总能从一餐一粟的烟火气里收获满满的幸福感。

在我国消费升级的大背景下，下沉市场用户也不再仅仅追求低价格，而是对商品品质、商品品类和品牌信誉有了更多的关注。而且相对一线城市，下沉市场的人们，生活节奏慢，更关注生活本身的乐趣。

基于上述消费市场洞察，阿里巴巴旗下社区电商平台淘菜菜整合盒马集市和淘宝买菜，开启全新的品牌升级。从与消费者强关联的"生活"出发，打出"会生活，淘菜菜"的广告口号，将买菜和幸福生活的智慧巧妙相连，助力用户消费升级，重塑平台心智。

此次淘菜菜品牌升级，瞄准的是下沉市场用户群体，目的是让他们的买菜场景从传统菜市场转到线上。对此，淘菜菜应如何打破这群特殊的大众家庭买菜决策用户的固有认知？

淘菜菜通过短片所呈现的4个生活场景——"好牌靠好运，好菜凭好价""舞伴不常有，好货常在手""好女婿难找，好菜任你选""远亲上门难，鲜货易达"，传达出平台优价好菜、鲜货直达和好货任选的差异化优势。

短片中的4组人物群像，正是淘菜菜精准沟通的目标人群。而短片营造的极具烟火气和人情味的生活场景，和他们的生活十分契合，再加上人物用方言沟通，增强用户的代入感，引发用户产生情感共鸣，进而打破他们对买菜的固有认知。

淘菜菜的广告短片通过市井烟火气生活，以及平台买菜的价值点露出，传递人间真实的生活幸福感，无形中增强了用户对"会生活，淘菜菜"的广告口号的价值认同，淘菜菜也由此树立了充满烟火气和温情的品牌形象。

资料来源：品牌营销官。

问题讨论

结合本案例，请谈谈网络广告创意的关键点。

遵守政府、行业及社会对广告的监管

 项目情境导入

2021年，知名羽绒服品牌加拿大鹅频频"翻车"。其广告由于宣传羽绒服填充物时，在羽绒产地、保暖性能方面对消费者存在误导，被上海市黄浦区市场监督管理局认定构成虚假广告，该品牌被罚款45万元。11月，"加拿大鹅处罚决定书简直是羽绒服购买指南"这一话题冲上热搜榜单。紧接着，加拿大鹅又因退货搞"双标"再登热搜榜单。央视网微博还专门发文对该企业的"双标"行为进行了斥责（见图10-1）。

图10-1　央视网微博截图

被上海市消费者权益保护委员会约谈后，加拿大鹅终于在 12 月 1 日发布声明，表示在符合相关法律规定的情况下，可以退货退款。

资料来源：中国市场监管报。

问题：结合本案例，请谈谈你对我国广告监管体系的认识。

 项目分析

广告活动和其他经济活动一样，要受到一定的约束和限制。广告监管体系规定了广告活动过程中各方必须遵守的行为规范、必须履行的义务和享有的权利，这对于广告业的健康发展具有重大的意义。尽管我国有较为规范的广告审查制度和严厉的违法广告惩治体系，但违法广告现象却是屡禁不止，从四大传统媒体到新兴的网络媒体，违法广告几乎无处不在。现阶段我国对广告活动的监管依然任重而道远。

那么，我国广告监管体系由哪些部分组成？我国政府对广告实施监管的手段有哪些？我国《广告法》的主要法律条文有哪些？我国广告行业自律有哪些特点？社会对广告的监督途径有哪些？本项目将对以上问题进行解答。

 项目学习任务书

本项目学习任务书如表 10-1 所示。

表 10-1　项目十学习任务书

任务编号	任务主题	需要掌握的知识点	技能目标	建议课时数
任务一	熟悉政府对广告的监管	广告监管体系； 政府对广告实施监管的手段； 广告法规； 广告监管的行政部门	熟悉政府对广告实施监管的手段	1.0
任务二	了解我国《广告法》的主要规定	《广告法》对商品、服务类广告的法律规定； 《广告法》对特殊商品广告的法律规定； 《广告法》对广告主、广告经营者与发布者的法律规定； 《广告法》对广告代言人的法律规定	基本掌握我国《广告法》的主要内容	1.0
任务三	了解广告行业自律及社会对广告的监督	我国广告行业自律； 社会对广告的监督	熟悉社会对广告的监督途径	1.0

 熟悉政府对广告的监管

 任务引入

广告监管是市场监督管理部门、各类广告组织、社会和消费团体等，依照一定的广告法规、组织章程，对广告行业和广告活动所实施的监督、检查、控制和指导，以达到保护合法经营、取缔非法经营、查处违法广告、维护广告行业正常运行的目的。广告活动本质上是商业活动，为防止企业间的不正当竞争，保护消费者的合法权益，以及树立良好的社会消费风尚，必须要对广告活动进行监管。

但长期以来，违法广告屡禁不止，已对整个社会造成严重的危害。这其中，医疗、医药和保健品行业更是违法广告的重灾区。几乎每一次市场监督管理部门曝光典型违法广告案例，上述 3 个行业都是当仁不让的"主角"。

问题：为何医疗、医药和保健品行会成为虚假违法广告的重灾区？针对上述行业广告违法乱象，该如何监管？

相关知识

一、广告监管体系

由于不同国家在经济与社会发展方面存在着较大的差异，其广告监管的方式或领域也是不同的。但一般来说，广告监管体系主要由政府监管、广告行业自律和社会监督这 3 个部分组成，如图 10-2 所示。

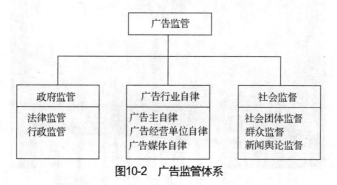

图10-2　广告监管体系

（一）政府监管

政府监管也叫他律监管，包括法律监管和行政监管。法律监管是指市场监督管理部门和其他部门依据我国《广告法》及其他政策、法规对广告参与者进行监督、检查、控制、协调、指导、规划和提供服务的过程。行政监管是以行政手段对广告活动所进行的管理、监督、审查等。

（二）广告行业自律

广告行业自律是由广告主、广告经营单位、广告媒体等自发成立的民间行业组织，通过自行制定的广告行业自律章程、公约和会员守则等一系列规则，对自身从事的广告活动进行自我约束、自我协调和自我管理。

广告行业自律是广告业发展到一定时期的产物，是广告行业的自我监管，具有非强迫性、道德约束性和灵活性等特点。

课堂讨论

有人说杜绝违法广告最好的手段就是广告行业自律，你认可这种说法吗？

（三）社会监督

广告的社会监督是指社会各界和消费者组织，按照国家广告管理的法律、法规，对广告活动进行日常监督，对违法广告进行举报与投诉，并向立法机关提出有关广告监管的立法请求和建议。社会监督的目的在于制止虚假、违法广告对消费者权益的侵害，以维护消费者的正当权益，确保广告市场健康有序的发展。

广告的社会监督包括社会团体（如中国消费者协会等）监督、群众监督和新闻舆论监督。

🍵 案例

"五个女博士"广告惹争议

2023年4月，美容品牌"五个女博士"投放的一则电梯广告引发广泛争议。广告中一位女性面目狰狞，握拳嘶喊"老公气我，喝""熬夜追剧，喝""又老一岁，喝""喝五个女博士，都是你们逼的！"广告画面如图10-3所示。该广告引起了不少网友的不满和反感，有网友称其"宣传了女性的负面刻板印象""贩卖性别焦虑"。

图10-3 "五个女博士"电梯广告画面截图

"五个女博士"是主营补充胶原蛋白肽的功能性饮品，由北京大学五个女博士联合创立。不过在宣传上却屡打擦边球，在此次电梯广告引发关注前，还曾被北大医学部官方"辟谣"。"五个女博士"曾以北京大学、北京大学医学部及相关专家教授的名义为其产品进行宣传，但北大医学部网站早在2020年就发布声明，表示"五个女博士"与北大医学部无任何投资及科技成果转化关系。宣传中涉及的公共卫生学院营养系教授李勇也明确表示，其本人与该企业无合作、无授权，不存在对其研究成果进行成果转化事宜。

有网友评论："广告看了让人不舒服"。也有法律博主表示该广告涉嫌低俗宣传。

随后网友的不满也从广告转移到了品牌。"姐妹们不要买，做出这样广告的产品都是智商税。""这牌子刚开始在抖音直播的时候，是几个女老板自己播，也没啥流量，很像三无产品……"。

案例分析

当下公众的社会责任及文明意识不断提高，对涉女性营销内容也变得更加敏感。"五个女博士"目标客户是女性群体，却制造容貌、年龄焦虑。"女博士"在大众眼里本是智慧、刻苦、理性的学术女性形象，利用当下社会崇尚高学历的心理，这则广告却打着"女博士"的名头，刻意刻画出焦虑愤怒、歇斯底里的女性形象，令人不适与厌恶。

企业找到噱头增加卖点，可以短暂提高知名度，但如果过度营销，不尊重消费者，会引起广大消费者的反感；依靠概念炒红产品，引导消费者为未经证实的功效买单，则会降低公众对品牌的信任。

资料来源：中国妇女报。

二、政府对广告实施监管的手段

（一）制定和颁布广告法律法规

政府对广告实施监管，首先要根据广告活动的特点和社会公众利益的要求，制定和颁布广告法规，使广告活动有法可依、有规可循，这是广告监管的首要任务。

广告监管是广告发展的必然要求，所以广告监管的发展程度与广告的发展水平紧密联系在一起。中华人民共和国成立以后，广告业迎来了良好的发展契机。当时经济基础较好的上海、重庆、天津、西安等城市，均先后发布了地方性的广告监管法规。

根据广告业发展的需要，1982 年，国务院颁布了我国第一部全国性广告法规《广告管理暂行条例》。后来，国务院于 1987 年发布了《广告管理条例》，使广告监管法制建设又进了一步。20世纪 90 年代，我国经济建设进入了一个新的快速发展时期，广告业更是发展迅速，因此国家需要将广告法规地位提高，并进一步完善有关内容。在这种发展形势下，全国人民代表大会常务委员会（以下简称全国人大常委会）于 1994 年 10 月 27 日审议通过了《广告法》，该法自 1995 年 2月 1 日起正式施行。2015 年 4 月 24 日第十二届全国人民代表大会常务委员会第十四次会议修订了《广告法》，该法于 2015 年 9 月 1 日起正式施行。2021 年 4 月 29 日第十三届全国人民代表大会常务委员会第二十八次会议通过了对《广告法》作出修改的决定，删去第二十九条中的"并向县级以上地方市场监督管理部门办理广告发布登记"；删去第五十五条第三款、第五十七条、第五十八条第三款中的"吊销广告发布登记证件"；删去第六十条。

（二）确立专门的广告监管部门

有了广告法律法规，还必须组建专门的广告监管部门对广告活动进行管理和监督。虽然广告活动是集信息传播活动、经济活动、社会活动、文化活动于一体的综合性活动，但是其最终还是为经济发展服务，因此，广告监管属于工商管理的范畴。我国 1982 年颁布的《广告管理暂行条例》首次规定了由各级工商行政管理部门代表政府对广告进行管理，标志着我国广告监管部门的正式确立。

（三）对违法广告行为进行查处

广告监管部门的任务虽然涉及多个方面，但是其中最重要的是对违法广告行为进行查处，以维护广告业的正常秩序，使广告业健康发展。所以，广告监管部门要利用广告法律法规赋予的权力，监督社会上的广告活动，对出现的违法广告行为，按照广告法律法规和其他相关法规予以处理。只有不断地对违法广告行为进行查处，才能净化广告运营环境。

查处违法广告行为是保护消费者和社会公众利益的重要手段，也是预防违法广告行为发生、保护合法广告行为的重要措施，尤其要把查处虚假广告和违法经营广告作为重点。

三、广告法规

（一）广告法规的范围

广告法规是广告监管部门行使监督职能，对广告宣传、广告经营、广告发布等涉及广告的活动和行为实施监管的各种法律、行政法规及行政规章的总称。广告法规规定所有从事广告活动的当事人，哪些行为是必需的，哪些行为是许可的，哪些行为是禁止的。它是广告监管部门依法管理、依法办事的依据，也是广告主、广告经营者和广告发布者从事合法广告活动的法律保障。

广告法规不是单指某一部具体的法律，而是指所有约束广告行为的法律规范的集合。它包括以下几个方面。

（1）法律。法律是国家最高权力机关根据立法程序制定和颁布的规范性文件，例如《中华人民共和国刑法》《商标法》《广告法》等。《广告法》是专门规范广告行为的法律。此外，与广告监管相关的法律有《消费者权益保护法》《产品质量法》《食品安全法》《反不正当竞争法》《商标法》《烟草专卖法》《未成年人保护法》《环境保护法》等。

（2）行政法规。行政法规是国家行政管理机关为执行法律和履行职能，在其职权范围内，根据法律赋予的权限，所制定和颁布的规范性文件。在我国，国务院是制定和颁布行政法规的最高行政机关，有权根据法律规定行政措施，制定行政法规，颁布决定和命令如，《广告管理条例》。

（3）行政规章。行政规章是指国务院市场监督管理部门会同有关部、委、办、局联合制定的部门规章。这些行政规章数量众多，涉及多个领域，且几乎每年都会有新的内容颁布和实施。如仅医药行业就有《药品广告审查办法》《医疗器械广告审查办法》《药品广告审查办法》《医疗广告管理办法》等多个行政规章。

（二）《广告法》的基本内容

2021 年修订后的《广告法》共六章七十三条，分为总则、广告内容准则、广告行为规范、监督管理、法律责任、附则 6 个方面。

"总则"一章阐述了制定《广告法》的目的，界定了广告活动、广告主、广告经营者、广告发布者、广告代言人等基本概念，把真实、合法、诚实、健康、不得欺骗和误导消费者等作为从事广告活动的根本原则。

"广告内容准则"一章则对广告内容和广告表现形式做了详细的规定，并对医疗、药品、医疗器械、保健食品、农药、兽药、饲料、烟草、酒类等特殊广告的发布做出了明确的规定。

"广告行为规范"一章对所有从事广告活动的当事人的资格、条件和必须遵守的义务做了详细的规定，并对需要禁止的广告活动做了界定。

"监督管理"一章对医疗、药品、医疗器械、农药、兽药和保健食品广告，以及法律、行政法规规定应当进行审查的其他广告做了规定，并规定了市场监督管理部门履行广告监督管理的职责和职权。

"法律责任"一章对广告的各种违法行为进行了界定，并给出了相应的处罚规定。

"附则"一章指出，国家鼓励、支持开展公益广告宣传活动，传播社会主义核心价值观，倡导文明风尚。大众传播媒介有义务发布公益广告。广播电台、电视台、报刊出版单位应当按照规定的版面、时段、时长发布公益广告。公益广告的管理办法，由国务院市场监督管理部门会同有关部门制定。

 案例

微信上发布的烟草广告被查处

原北京市工商行政管理局朝阳分局互联网烟草广告监管专项机构在开展日常监测时发现，××公司（以下称当事人）涉嫌利用微信公众平台发布烟草广告，相关机构随即根据此线索立案调查。

经查，当事人于 2015 年 4 月 27 日在微信公众平台申请注册了一个公众号。该公众号于 2015 年 8 月 19 日发布"世界上你最爱的十款卷烟大排名""No.1 品牌名称：××。所属公司：××公司。特征：极高的品质和勇于冒险的自由精神""看来全球的烟民中很多是××迷，Mr. ××很高兴自己朋友遍布全世界"等内容，同时配有××香烟烟盒图片；于 2015 年 11 月 20 日发布"大牌驾到！原来他也是×迷""金装××是社交界的宠儿，在一些社交场合经常会见到金装××，这也正是××需要经常出席的场合，而金装××柔顺的口感又契合了他那认真谦逊的性格""完全诠释了金装××在××中所代表的卓越领导风范"等内容，同时配有××揣着××烟盒的图片；

于 2016 年 5 月 5 日发布"在这些刺激和快感面前，男人永远是个孩子""Mr. ××的最爱，当然是那部红××涂装的摩托车，经典还是经典"等内容，同时配有印有××商标的××摩托车及由××香烟烟盒拼成的××摩托车的图片。

资料来源：搜狐财经。

案例分析

烟草危害是我国面临的最突出的公共卫生问题之一。为全面推进烟草控制工作，保护公众健康，我国先后出台多部控烟法律法规及相关政策。自 2015 年起施行的《广告法》明确规定"禁止向未成年人发送任何形式的烟草广告"，并禁止在大众传播媒介、公共场所、公共交通工具、户外发布烟草广告，禁止变相发布烟草广告。自 2016 年 9 月起施行的《互联网广告管理暂行办法》进一步明确全面禁止利用互联网络发布烟草广告。

本案例当事人通过微信公众平台发布含有烟草广告的行为，违反了《互联网广告管理暂行办法》第五条"禁止利用互联网发布处方药和烟草的广告"的规定。有关部门可依据《互联网广告管理暂行办法》第二十一条转至《广告法》第五十七条对当事人予以处罚。

四、广告监管的行政部门

根据我国《广告法》第六条的规定，国务院市场监督管理部门主管全国的广告监督管理工作，国务院有关部门在各自的职责范围内负责广告管理相关工作。县级以上地方市场监督管理部门主管本行政区域的广告监督管理工作，县级以上地方人民政府有关部门在各自的职责范围内负责广告管理相关工作。

广告监管机关由国家市场监督管理部门，省、自治区、直辖市市场监督管理部门，地区、市市场监督管理部门，县市场监督管理部门组成网络，按照分级管理和属地原则对广告活动实施监督和管理。

所谓分级管理，就是按照广告活动的性质和设计的范围，由不同级别的市场监督管理部门实施管理。例如，对涉及国际、国家级的广告活动，如在我国境内举办的国际性运动会等的广告活动，需由国家市场监督管理总局监督管理或授权给有关省区市市场监督管理部门监督管理；对一般性广告活动，则由所在地的市场监督管理部门监督管理。

所谓属地原则，即由广告发布地区的市场监督管理部门负责对当地的广告活动实施监督管理。如果发生违法广告行为，不论其广告主、广告经营者、广告发布者具体隶属关系在哪里，均由广告发布地的市场监督管理部门负责查处。

 任务实训

1. 实训目的

通过案例讨论，认识电商时代网络广告监管面临的挑战与对策。

2. 实训内容及步骤

（1）阅读以下案例。

某年 12 月 13 日，在成都居住的熊先生通过网络电商平台购买护肤品，该护肤品由中通快递从北京寄往成都。17 日晚，熊先生拿到快递，第一眼看到的不是快递单号，而是快递上红白相间的优惠券广告，上面印有醒目的私人电话。熊先生向护肤品卖家询问，对方表示不清楚此广告。

熊先生说："在没有得到授权的情况下，我的快递被张贴了广告，我觉得我的私人财产受到了侵犯。"熊先生回到家后发现，同小区里其他业主的快递上也被张贴了广告。熊先生并不要求快

递公司和广告商家赔偿，只是呼吁快递公司，保护消费者隐私。

（2）以小组为单位，对案例进行讨论。重点讨论如下问题：快递包装上出现广告是否违规或违法？其法律依据是什么？在电商时代，网络广告监管会遇到哪些新问题和新挑战？如何解决这些问题和挑战？

（3）各小组对案例进行充分的讨论，然后将最终的讨论结果做成PPT，并推选一位代表在班级汇报。

（4）授课教师对各小组的汇报进行点评，并给出此次的实训成绩。

3. 实训成果

案例讨论——电商时代广告监管面临的新挑战及相关对策建议。

 **了解我国《广告法》的主要规定**

📖 任务引入

自2015年9月1日起施行的《广告法》突出的一大亮点是完善了广告代言制度，尤其对明星代言和未成年人代言进行了严格限定。《广告法》明确规定明星代言虚假广告的将被禁止代言三年，还将承担连带民事责任。此外，2015年版《广告法》的亮点还包括：充实和细化广告内容准则，明确虚假广告的定义和典型形态，严控烟草广告发布，新增关于未成年人广告管理的规定，新增关于互联网广告的规定，加大对大众传播媒介广告发布行为的监管力度，规定大众传播媒体有义务发布公益广告，扩大《广告法》调整范围，明确和强化工商机关及有关部门对广告市场监管的职责职权，明确以工商机关为主、各部门分工配合的管理体制，提高行政执法效能、提高法律责任的震慑力。

问题：2015年版《广告法》的修订背景是什么？如何解读该版《广告法》的上述亮点？

📋 相关知识

自2015年9月1日起，修订后的《广告法》正式施行。2021年4月29日全国人民代表大会常务委员会通过对《广告法》作出修改的决定，删除了部分法律条文。下面就我国《广告法》的主要规定进行简要的介绍。

一、《广告法》对商品、服务类广告的法律规定

（一）广告不得含有的情形

《广告法》第九条规定，广告不得有下列情形。

（1）使用或者变相使用中华人民共和国的国旗、国歌、国徽，军旗、军歌、军徽；

（2）使用或者变相使用国家机关、国家机关工作人员的名义或者形象；

（3）使用"国家级""最高级""最佳"等用语；

（4）损害国家的尊严或者利益，泄露国家秘密；

（5）妨碍社会安定，损害社会公共利益；

（6）危害人身、财产安全，泄露个人隐私；

（7）妨碍社会公共秩序或者违背社会良好风尚；

（8）含有淫秽、色情、赌博、迷信、恐怖、暴力的内容；

（9）含有民族、种族、宗教、性别歧视的内容；

（10）妨碍环境、自然资源或者文化遗产保护；

（11）法律、行政法规规定禁止的其他情形。

（二）有关保护消费者合法权益的规定

为防止广告经营者利用广告对消费者进行欺骗和误导，切实保护消费者的合法权益，《广告法》对商品性能、功能、产地、用途、质量、价格、生产者、有效期限的承诺，以及服务的内容、形式等都做了明确的规定。

《广告法》第二十八条规定，广告以虚假或者引人误解的内容欺骗、误导消费者的，构成虚假广告。

广告有下列情形之一的，为虚假广告。

（1）商品或者服务不存在的；

（2）商品的性能、功能、产地、用途、质量、规格、成分、价格、生产者、有效期限、销售状况、曾获荣誉等信息，或者服务的内容、提供者、形式、质量、价格、销售状况、曾获荣誉等信息，以及与商品或者服务有关的允诺等信息与实际情况不符，对购买行为有实质性影响的；

（3）使用虚构、伪造或者无法验证的科研成果、统计资料、调查结果、文摘、引用语等信息作证明材料的；

（4）虚构使用商品或者接受服务的效果的；

（5）以虚假或者引人误解的内容欺骗、误导消费者的其他情形。

（三）关于公平竞争的规定

《广告法》第十三条规定，广告不得贬低其他生产经营者的商品或者服务。

（四）有关广告可识别性的规定

《广告法》第十四条规定，广告应当具有可识别性，能够使消费者辨明其为广告。

大众传播媒介不得以新闻报道形式变相发布广告。通过大众传播媒介发布的广告应当显著标明"广告"，与其他非广告信息相区别，不得使消费者产生误解。

广播电台、电视台发布广告，应当遵守国务院有关部门关于时长、方式的规定，并应当对广告时长作出明显提示。

微课堂

《广告法》对特殊商品广告的法律要求

二、《广告法》对特殊商品广告的法律规定

《广告法》对涉及国计民生的某些特殊商品，如药品、医疗器械、农药、房地产、烟草、食品和化妆品等的广告进行了进一步的专门规定，具体内容如下。

《广告法》第十五条规定如下。

麻醉药品、精神药品、医疗用毒性药品、放射性药品等特殊药品，药品类易制毒化学品，以及戒毒治疗的药品、医疗器械和治疗方法，不得做广告。

前款规定以外的处方药，只能在国务院卫生行政部门和国务院药品监督管理部门共同指定的医学、药学专业刊物上作广告。

《广告法》第十六条规定，医疗、药品、医疗器械广告不得含有下列内容。

（1）表示功效、安全性的断言或者保证；

（2）说明治愈率或者有效率；

（3）与其他药品、医疗器械的功效和安全性或者其他医疗机构比较；

（4）利用广告代言人作推荐、证明；

（5）法律、行政法规规定禁止的其他内容。

药品广告的内容不得与国务院药品监督管理部门批准的说明书不一致，并应当显著标明禁忌、不良反应。处方药广告应当显著标明"本广告仅供医学药学专业人士阅读"，非处方药广告应当显著标明"请按药品说明书或者在药师指导下购买和使用"。

推荐给个人自用的医疗器械的广告，应当显著标明"请仔细阅读产品说明书或者在医务人员的指导下购买和使用"。医疗器械产品注册证明文件中有禁忌内容、注意事项的，广告中应当显著标明"禁忌内容或者注意事项详见说明书"。

《广告法》第十七条规定，除医疗、药品、医疗器械广告外，禁止其他任何广告涉及疾病治疗功能，并不得使用医疗用语或者易使推销的商品与药品、医疗器械相混淆的用语。

《广告法》第十八条规定，保健食品广告不得含有下列内容。

（1）表示功效、安全性的断言或者保证；

（2）涉及疾病预防、治疗功能；

（3）声称或者暗示广告商品为保障健康所必需；

（4）与药品、其他保健食品进行比较；

（5）利用广告代言人作推荐、证明；

（6）法律、行政法规规定禁止的其他内容。

保健食品广告应当显著标明"本品不能代替药物"。

《广告法》第十九条规定，广播电台、电视台、报刊音像出版单位、互联网信息服务提供者不得以介绍健康、养生知识等形式变相发布医疗、药品、医疗器械、保健食品广告。

《广告法》第二十条规定，禁止在大众传播媒介或者公共场所发布声称全部或者部分替代母乳的婴儿乳制品、饮料和其他食品广告。

《广告法》第二十一条规定，农药、兽药、饲料和饲料添加剂广告不得含有下列内容。

（1）表示功效、安全性的断言或者保证；

（2）利用科研单位、学术机构、技术推广机构、行业协会或者专业人士、用户的名义或者形象作推荐、证明；

（3）说明有效率；

（4）违反安全使用规程的文字、语言或者画面；

（5）法律、行政法规规定禁止的其他内容。

《广告法》第二十二条规定，禁止在大众传播媒介或者公共场所、公共交通工具、户外发布烟草广告。禁止向未成年人发送任何形式的烟草广告。

禁止利用其他商品或者服务的广告、公益广告，宣传烟草制品名称、商标、包装、装潢以及类似内容。

烟草制品生产者或者销售者发布的迁址、更名、招聘等启事中，不得含有烟草制品名称、商标、包装、装潢以及类似内容。

《广告法》第二十三条规定，酒类广告不得含有下列内容。

（1）诱导、怂恿饮酒或者宣传无节制饮酒；

（2）出现饮酒的动作；

（3）表现驾驶车、船、飞机等活动；

（4）明示或者暗示饮酒有消除紧张和焦虑、增加体力等功效。

《广告法》第二十四条规定，教育、培训广告不得含有下列内容：

（1）对升学、通过考试、获得学位学历或者合格证书，或者对教育、培训的效果作出明示或者暗示的保证性承诺；

（2）明示或者暗示有相关考试机构或者其工作人员、考试命题人员参与教育、培训；

（3）利用科研单位、学术机构、教育机构、行业协会、专业人士、受益者的名义或者形象作推荐、证明。

《广告法》第二十五条规定，招商等有投资回报预期的商品或者服务广告，应当对可能存在的风险以及风险责任承担有合理提示或者警示，并不得含有下列内容。

（1）对未来效果、收益或者与其相关的情况作出保证性承诺，明示或者暗示保本、无风险或者保收益等，国家另有规定的除外；

（2）利用学术机构、行业协会、专业人士、受益者的名义或者形象作推荐、证明。

《广告法》第二十六条规定，房地产广告，房源信息应当真实，面积应当表明为建筑面积或者套内建筑面积，并不得含有下列内容。

（1）升值或者投资回报的承诺；

（2）以项目到达某一具体参照物的所需时间表示项目位置；

（3）违反国家有关价格管理的规定；

（4）对规划或者建设中的交通、商业、文化教育设施以及其他市政条件作误导宣传。

《广告法》第二十七条规定，农作物种子、林木种子、草种子、种畜禽、水产苗种和种养殖广告关于品种名称、生产性能、生长量或者产量、品质、抗性、特殊使用价值、经济价值、适宜种植或者养殖的范围和条件等方面的表述应当真实、清楚、明白，并不得含有下列内容。

（1）作科学上无法验证的断言；

（2）表示功效的断言或者保证；

（3）对经济效益进行分析、预测或者作保证性承诺；

（4）利用科研单位、学术机构、技术推广机构、行业协会或者专业人士、用户的名义或者形象作推荐、证明。

三、《广告法》对广告主、广告经营者与发布者的法律规定

《广告法》第二条规定，在中华人民共和国境内，商品经营者或者服务提供者通过一定媒介和形式直接或者间接地介绍自己所推销的商品或者服务的商业广告活动，适用本法。

本法所称广告主，是指为推销商品或者服务，自行或者委托他人设计、制作、发布广告的自然人、法人或者其他组织。

本法所称广告经营者，是指接受委托提供广告设计、制作、代理服务的自然人、法人或者其他组织。

本法所称广告发布者，是指为广告主或者广告主委托的广告经营者发布广告的自然人、法人或者其他组织。

《广告法》第四条规定，广告不得含有虚假或者引人误解的内容，不得欺骗、误导消费者。

广告主应当对广告内容的真实性负责。

《广告法》第五条规定，广告主、广告经营者、广告发布者从事广告活动，应当遵守法律、法规，诚实信用，公平竞争。

《广告法》第三十一条规定，广告主、广告经营者、广告发布者不得在广告活动中进行任何形式的不正当竞争。

《广告法》第三十二条规定，广告主委托设计、制作、发布广告，应当委托具有合法经营资格的广告经营者、广告发布者。

《广告法》第三十三条规定，广告主或者广告经营者在广告中使用他人名义或者形象的，应当事先取得其书面同意；使用无民事行为能力人、限制民事行为能力人的名义或者形象的，应当事先取得其监护人的书面同意。

《广告法》第三十四条规定，广告经营者、广告发布者应当按照国家有关规定，建立、健全广告业务的承接登记、审核、档案管理制度。

广告经营者、广告发布者依据法律、行政法规查验有关证明文件，核对广告内容。对内容不符或者证明文件不全的广告，广告经营者不得提供设计、制作、代理服务，广告发布者不得发布。

《广告法》第三十五条规定，广告经营者、广告发布者应当公布其收费标准和收费办法。

《广告法》第三十六条规定，广告发布者向广告主、广告经营者提供的覆盖率、收视率、点击率、发行量等资料应当真实。

 引以为戒

北京"李白在世"广告被撤　专家：大众广告不能"任性"

2021年7月14日，北京晚报刊发《个人广告怎能想登啥登啥》一文，报道了北京的多个公交站点出现一则自称"李白再世"的个人广告，引发社会广泛关注的事件。目前，该广告已经被撤下。

当事人称"放手一搏"求关注。记者联系到广告投放者张某时，他登在公交站点的个人广告已经开始撤下。他解释说，之所以做这样的广告，是想引起文学界的注意，对其诗歌进行评价。

张某说，他上大学时喜欢上了写诗，2014年出版了一本诗集。当年，他将诗集寄给了许多文学院的教授，想让教授对其诗歌进行评判，但没有回音。他也曾在北京大学门口竖起"李白再世"的招牌给北京大学的学生送书，只因觉得北京大学的学生里或许有自己的诗歌"知音"。然而，7年过去了，他的诗作依然没有引起关注。

虽然张某在北京一家车企工作，但诗歌始终是他难以割舍的情结，他渴望能有一个机会与文学界的专家对诗歌进行一次讨论。"所以才想到登这样的个人广告，自称'李白再世'也只是吸引大家关注的一种手段，算是我的'放手一搏'吧。"张某解释说。

按照张某的特别要求，广告公司把广告张贴在中国作家协会、中国文学艺术界联合会以及《诗刊》杂志社附近的公交站点。对此，不少市民质疑，难道广告公司不对广告内容进行审核吗？难道只要花了钱，就能随意登广告，并且随意登在任何地方吗？

据了解，广告公司在审核张某自己编写的广告内容时，也曾认为其广告词中的"李白再世"不合适，最终协商的结果是删掉其广告词中的这一说法，只保留张某诗集封面上"李白再世"4个字。当时，张某还给了广告公司一份"免责声明"，说明广告发出后可能产生的不良后果，均由其本人承担。

然而，北京市常鸿律师事务所的彭艳军律师表示，这种"免责声明"无效。《广告法》第三十四条第二款明确规定："广告经营者、广告发布者依据法律、行政法规查验有关证明文件，核对广告内容。对内容不符或者证明文件不全的广告，广告经营者不得提供设计、制作、代理服务，广告发布者不得发布。"因此，即便有这样的"免责声明"，广告经营者、广告发布者的法定义务也不可轻易免除。

资料来源：北京晚报。

四、《广告法》对广告代言人的法律规定

《广告法》第二条规定，本法所称广告代言人，是指广告主以外的，在广告中以自己的名义或者形象对商品、服务作推荐、证明的自然人、法人或者其他组织。

《广告法》第三十八条规定，广告代言人在广告中对商品、服务作推荐、证明，应当依据事实，符合本法和有关法律、行政法规规定，并不得为其未使用过的商品或者未接受过的服务作推荐、证明。

不得利用不满十周岁的未成年人作为广告代言人。

对在虚假广告中作推荐、证明受到行政处罚未满三年的自然人、法人或者其他组织，不得利用其作为广告代言人。

课堂讨论

修订后的《广告法》为什么要增加对广告代言人的法律规定？

任务实训

1. 实训目的

通过对名人虚假代言的研究，熟悉《广告法》对广告代言人的规定。

2. 实训内容及步骤

(1) 收集近年来名人虚假代言的典型案例。

(2) 对案例进行研究，分析名人虚假代言的社会危害。

(3) 结合《广告法》中有关广告代言人的法律规定，判定广告代言人应负的法律责任。

(4) 提交案例及分析结论，由授课教师进行评阅。

3. 实训成果

实训作业——名人虚假代言的法律责任分析。

任务三　了解广告行业自律及社会对广告的监督

任务引入

某门户网站上出现了某服装企业的一则动漫广告，画面上，一名年轻人戴着耳机享受音乐，巨大的广告词"我管不了全球变暖，但至少我好看"占据了很大的面积。该广告立即受到网友关注并招致无数责骂。该企业服装的销售对象主要是16～26岁的年轻人，此次率先站出来反对这则广告的，正是一群青少年网友。他们认为，这则广告误解了年轻人，是对年轻人的一种侮辱。随后，网上讨论不断升级。

问题：这则广告为何会引发众怒？该服装企业是否要对这则争议广告承担责任？

相关知识

一、我国广告行业自律

（一）我国广告行业自律的特点

我国广告行业自律主要有以下特点。

1. 自愿性

广告行业自律是广告活动参与者完全自愿的行为，不受任何组织或个人的强制约束。他们一般是在自愿的基础上组成行业组织，制定组织章程和共同遵守的行为准则，目的是通过维护行业整体的利益来维护各自的利益。因此，行业自律主要依靠广告活动参与者的信念以及社会和行业同仁的舆论监督来实现，违反者也主要以受到舆论的谴责作为惩戒。

2. 广泛性

广告行业自律调整的范围比法律、法规调整的范围更加广泛。广告活动涉及面广且不断发展变化，广告法律、法规不可能把广告活动的方方面面都规定得十分具体，而行业规范可以做到这一点。行业规范不仅能在法律、法规规定的范围内发挥作用，也能在法律、法规没有规定的地方发挥其自我约束的作用。因而，广告行业自律是限制广告法律、法规所不能约束的某些行为的思想和道德武器。

3. 灵活性

广告法律、法规的制定、修改和废止要经过严格的法定程序，而规范等自律规章一般经过大多数广告活动参与者同意即可进行修改、补充。

（二）我国广告行业组织与行业自律

实施广告行业自律首先要成立行业组织，这些组织通常以广告协会的形式出现。有了它们，广告行业自律便能从组织上得以落实。下面以中国广告协会为例进行阐述。

中国广告协会成立于 1983 年 12 月，是由具备一定资质的广告主、广告经营者、广告发布者、广告代言人（经纪公司）、广告（市场）调查机构、广告设备器材供应机构等经营单位，以及地方性广告行业组织、广告教学及研究机构等自愿结成的行业性、全国性、非营利性的社会组织。

中国广告协会的职能是在市场监督管理部门的领导下，承担抓自律、促发展，指导、协调、服务、监督的责任。

《中国广告协会自律规则》包括总则、广告内容、广告行为、自律措施、规则体系和附则 6个部分。

《中国广告协会自律规则》规定，对于违反该规则的相关责任者，经查证后，中国广告协会将采取自律劝诫，通报批评，取消协会颁发的荣誉称号，取消会员资格，降低或取消协会认定的中国广告业企业资质等级，报请政府有关部门处理等措施。

受篇幅所限，本书不对该自律规则内容进行详述。有学习需要的读者可登录中国广告协会网站阅读全文。

二、社会对广告的监督

（一）社会监督的必要性

一方面，社会监督是社会各方主动参与广告监管的重要手段。

由于广告的特殊性，广告监管已经并不只是关系广告行业的事，而是关系到社会公共利益的大事，要求社会各方共同关心和参与，社会监督就是社会和公众主动参与广告监管的重要手段。

另一方面，社会监督是广告监管公开化、透明化的具体体现。

社会参与广告监管，对违法广告行为进行揭露，能让全社会都认识到广告管制的重要性。社会各方都来关心广告，使广告管制公开化、透明化，不仅不会影响国家对广告的管理，反而会对广告的管理起到促进和帮助作用。

（二）社会监督的主要途径

社会各方对广告实施监督的途径主要有以下3个。

1. 新闻媒体的舆论监督

对违法广告行为，新闻媒体通过报道和揭露，公之于众，既可以为广告监管机关提供线索；也可以使消费者了解真相，避免上当受骗；还能使这些违法广告行为的制造者感受到舆论压力，从而迅速采取措施，改正错误。

2. 社会团体的积极参与

对广告行为的监督，社会团体的积极参与是必不可少的。因为这些社会团体成立的宗旨就是关注社会公众利益，保护公民的合法权益不被侵犯。在我国，对损害消费者利益的违法广告行为，中国消费者协会应义不容辞地给予消费者关心和帮助；对损害妇女合法权益的违法广告行为，中华全国妇女联合会参与监督是理所当然的；中国残疾人联合会关注损害残疾人利益的违法广告行为等，都是合理且正当的社会监督行为。

 阅读资料

中国消费者协会

中国消费者协会是于1984年12月经国务院批准成立的全国性社会团体。其经费由政府资助和社会赞助。

中国消费者协会的宗旨是，对商品和服务进行社会监督，保护消费者的合法权益，引导广大消费者合理、科学消费，促进社会主义市场经济健康发展。

法定职能

根据《消费者权益保护法》，中国消费者协会及其指导下的各级协会履行以下7项职能。

（1）向消费者提供消费信息和咨询服务；

（2）参与有关行政部门对商品和服务的监督、检查；

（3）就有关消费者合法权益的问题，向有关行政部门反映、查询，提出建议；

（4）受理消费者的投诉，并对投诉事项进行调查、调解；

（5）投诉事项涉及商品和服务质量问题的，可以提请鉴定部门鉴定，鉴定部门应当告知鉴定结论；

（6）就损害消费者合法权益的行为，支持受损害的消费者提起诉讼；

（7）对损害消费者合法权益的行为，通过大众传播媒介予以揭露、批评。

组织机构

中国消费者协会的组织机构是理事会。理事由各政府有关部门，人民团体，新闻媒体，各省、自治区、直辖市及计划单列市消费者协会（委员会，下同）以及各有关方面的消费者代表协商推举产生。理事会全体会议每年召开一次。闭会期间，由常务理事会行使理事会职权。协会的日常工作由常设办事机构承担，秘书长、副秘书长专职管理，并向会长负责。

3. 公民举报投诉

每个公民都有责任和义务对违反法律的行为进行揭露。同时，在个人的合法权益受到不法侵犯时，公民既可以向政府主管部门反映和投诉，也可以通过法律途径提起法律诉讼。当发现某一广告行为违反法律法规或侵犯自己的合法权益的时候，公民可以向广告监管部门举报和投诉，或者向司法机关提起法律诉讼，以保障社会公共利益和自己的合法权益不被侵犯。

 任务实训

1. 实训目的

借鉴发达国家在广告管制方面积累的经验，讨论如何进一步完善我国的广告管制。

2. 实训内容及步骤

（1）收集与美国、英国、法国、日本等发达国家广告管制相关的文献资料。

（2）对文献资料进行梳理分析，了解发达国家的广告法律法规、广告行业自律、政府对广告管制实施的手段等，总结其中对我国有益的经验和做法。

（3）在研究的基础上提出进一步完善我国广告管制的建议。

（4）同学们将自己的建议发到班级学习群，在课代表的组织下进行在线讨论。

3. 实训成果

在线讨论——借鉴发达国家经验进一步完善我国广告管制的建议。

 思考题

一、单选题

1. 全国人大常委会于 1994 年 10 月 27 日审议通过了《广告法》，该法从（　　）起正式施行，我国广告法制建设又进入了一个新的阶段。

    A. 1994 年 12 月 1　　　　　　　　B. 1995 年 1 月 1 日

    C. 1995 年 2 月 1 日　　　　　　　　D. 1995 年 3 月 1 日

2. 我国《广告法》规定，县级以上地方（　　）主管本行政区域的广告监督管理工作，县级以上地方人民政府有关部门在各自的职责范围内负责广告管理相关工作。

    A. 市场监督管理部门　　　　　　　　B. 公安局

    C. 检察院　　　　　　　　　　　　　D. 城管大队

3. 根据属地原则，由（　　）的市场监督管理部门负责对当地的广告活动实施监督管理。

    A. 广告制作地区　　　　　　　　　　B. 广告主注册地

    C. 广告设计地区　　　　　　　　　　D. 广告发布地区

二、多选题

1. 广告行业自律的特点包括（　　）。

    A. 非强迫性　　　B. 道德约束性　　　C. 法律强制性

    D. 法规约束性　　　E. 灵活性

2. 2015 年新版《广告法》共六章七十四条，分为总则、广告内容准则、（　　）、附则 6 个方面。

    A. 法律责任　　　B. 行为准则　　　C. 广告行为规范

    D. 法律义务　　　E. 监督管理

3. 《广告法》中的"广告行为规范"一章对所有从事广告活动的当事人的（　　）做了详细的规定，并对需要禁止的广告活动做了界定。

    A. 资格　　　B. 年龄　　　C. 性别

    D. 条件　　　E. 必须遵守的义务

三、名词解释

1. 广告监管　2. 广告法规　3. 广告经营者　4. 广告行业自律　5. 中国消费者协会

四、简答及论述题

1. 政府对广告实施监管的手段主要有哪些？
2. 《广告法》对医疗、药品、医疗器械广告有何具体规定？
3. 试论述《广告法》对广告代言人的法律规定。
4. 试论述社会对广告进行监督的必要性。
5. 试论述社会各方对广告实施监督的主要途径。

案例讨论

谁是虚假违法广告的"钉子户"？

发布"国产瘦脸针"广告、以患者名义卖药酒……日前，记者从广州市市场监督管理局获悉，该局曝光了 2021 年第二批虚假违法广告典型案例。据统计，2021 年上半年，全市市场监督管理系统累计查处各类虚假违法广告案件 156 宗，罚没 1978 万元，移送司法机关 1 宗。

虚假违法广告像苍蝇、蚊子一样，令人厌恶又难以消灭。市场监督管理部门每隔一段时间就会发布一批典型案例，那么谁是虚假违法广告的"钉子户"？请看记者所做的统计。

在广州市 2021 年第二批虚假违法广告典型案例中，涉及医疗医药保健行业的占比近 70%，高得惊人；再看 2021 年 4 月 13 日发布的 2021 年第一批虚假违法广告典型案例，在 15 个案例中，医疗医药保健行业有 7 个。将时间线拉长到往年，或将地域扩大到全省、全国，仍然是这种情况。医疗医药保健行业广告"百病缠身"，虽屡被打击、整治，局面并没有太大改善。

医疗医药保健行业广告最主要的问题有两个：一是广告中含有夸大宣传的虚假或引人误解的内容，误导与欺骗消费者；二是非医疗、药品及医疗器械的广告中，涉及疾病治疗功能用语。其中以第二种情况最常见。例如，根据典型案例描述，理想科技集团宣传销售"理想鲜三七口服液"保健食品、"理想三七花甜睡片"普通食品等时，图文详情页有"预防心脑血管疾病"等涉及疾病预防、治疗功能的内容。法律明文规定，保健品广告不得明示或暗示广告商品具有疾病预防或治疗功能，理想科技集团明知故犯。

医疗医药保健行业虚假违法广告又牵扯出另一个问题——"坑老"。哪个群体对这个行业关注度最高、需求量最大？毫无疑问是老年群体。数据显示，我国每年保健品销售额高达 2000 亿元，其中老年消费者占一半以上。多年来，保健品"坑老"问题不断恶化、涉案金额不断增加、作案手法不断翻新，成为社会风险点之一。其中，夸大疗效、虚假宣传是蒙骗老年人最主要的手法。

对于虚假违法广告这个"钉子户"，相关职能部门要主动作为、有所作为，敢于出手、敢出重手，不让医疗医药保健行业中的虚假违法广告有藏身之所。

资料来源：广州日报。

问题讨论

1. 为什么长期以来医疗医药保健行业都是虚假违法广告的重灾区？
2. 结合案例，请谈谈如何杜绝医疗医药保健行业的虚假违法广告。

参 考 文 献

[1] 严学军，汪涛. 广告策划与管理[M]. 3版. 北京：高等教育出版社，2015.

[2] 赵红. 广告设计[M]. 北京：清华大学出版社，2010.

[3] 崔晓文. 广告学概论[M]. 北京：清华大学出版社，2009.

[4] 维尔斯. 广告学：原理与实务[M]. 桂世河，王长征，译. 7版. 北京：中国人民大学出版社，2009.

[5] 蔡嘉清. 广告学教程[M]. 4版. 北京：北京大学出版社，2015.

[6] 陶应虎. 广告理论与策划[M]. 北京：清华大学出版社，2007.

[7] 秦勇，李东进. 广告原理与实务[M]. 北京：北京交通大学出版社，2013.

[8] 丁俊杰，初广志. 中国广告传播研究轨迹[M]. 北京：中国传媒大学出版社，2015.

[9] 樊志育. 广告效果研究[M]. 北京：中国友谊出版社，1998.

[10] 李静. 影视广告设计[M]. 北京：人民邮电出版社，2016.

[11] 尚恒志. 网络与新媒体广告[M]. 北京：北京大学出版社，2018.